U0920293

# 当代中国群团组织研究（2000-2021）

葛 亮 著

中国社会科学出版社

**图书在版编目(CIP)数据**

当代中国群团组织研究：2000－2021／葛亮著．—北京：中国社会科学出版社，2021.11

ISBN 978－7－5203－8431－5

Ⅰ.①当…　Ⅱ.①葛…　Ⅲ.①社会团体—研究—中国　Ⅳ.①C232

中国版本图书馆 CIP 数据核字（2021）第 082594 号

出 版 人　赵剑英
责任编辑　冯春凤
责任校对　张爱华
责任印制　张雪娇

出　　版　中国社会科学出版社
社　　址　北京鼓楼西大街甲 158 号
邮　　编　100720
网　　址　http://www.csspw.cn
发 行 部　010－84083685
门 市 部　010－84029450
经　　销　新华书店及其他书店

印　　刷　北京君升印刷有限公司
装　　订　廊坊市广阳区广增装订厂
版　　次　2021 年 11 月第 1 版
印　　次　2021 年 11 月第 1 次印刷

开　　本　710×1000　1/16
印　　张　14
插　　页　2
字　　数　209 千字
定　　价　88.00 元

# 目　　录



## 第一部分



## 第二部分

## 第三部分

# 导　论

## 一　研究背景

群团组织发挥枢纽型作用研究，这不是一个新问题，而是一个老问题。本轮群团改革，起始于 2014 年底中共中央政治局召开会议并审议通过的《中共中央关于加强和改进党的群团工作的意见》以及 2015 年召开的中央党的群团工作会议。群团组织是介于中国共产党与群众之间的组织，群团改革就是为了更好地发挥枢纽作用。

1949 年以后，中国共产党成为执政党。改革开放以后，中国共产党带领广大人民群众开展社会主义现代化建设。这些大背景，决定了群团组织不断寻找在党委、政府、广大人民群众、社会组织、企业之间的定位。群团组织不是党委、政府，但和党委、政府有一定的相似度，我国科层体制的特性也决定了大部分群团组织及其干部都是渴求有所作为的。如何上接党委、政府领导，下接普通群众；如何加强与同级党委、政府部门的联动和协作；如何协同社会组织、企业及各种社会力量；如何适应互联网对群团工作提出的新要求，这些都是群团干部在日常工作中感到困惑的地方。

早在 20 世纪 80 年代末，一轮群团改革就已经提出群团组织要“去机关化、去行政化”。所谓“去机关化、去行政化”，并不能将其理解为要在组织层面改变群团组织的性质，而是要从工作方式的角度理解这一问题。本轮群团改革开始以后，上海、重庆开始探索群团组织干部的减上补下、专兼挂，其他地方也相应跟上。这些举措仿佛都是在组织层面探索“去机关化、去行政化”，但实质上只是从组织层面探索如何为工作方式的“去机关化、去行政化”创造条件。

中央对群团组织提出了增“三性”的要求，并把它写入了党章。坦率说，这是对较长一段时间以来群团组织工作短板的凝练，也是对未来很长一段时间内群团组织工作的纲领要求。然而，在对工青妇等群团组织干部和普通工作人员的访谈中，笔者能够感受到，围绕“三性”产生的一系列问题也是他们普遍存在的困惑。他们的困惑并非要不要遵从“三性”，对于中国共产党的干部而言，这是无须讨论的问题。而是说，如何在现有体制条件下，动员一切可以动员的力量，围绕“三性”更好地发挥群团组织的作用。

具体说来，群团组织如何在相互间建立紧密的联动关系？群团组织如何与党委、政府建立联动关系？群团组织是否有可能打破组织界限探索整合？群团组织如何利用互联网进行组织再造进而提升服务能力？群团组织如何就自身的历史定位进行新的理论探索？这些实践与理论问题都是本轮群团改革中非常受关注的焦点议题，同时也是本书拟讨论的问题。

## 二 研究意义

群团组织是一种古老的组织。按照中国共产党早期工人运动领袖邓中夏的观点，中国共产党成立之前的行会、帮口、秘密结社都在不同程度上是一种劳动者的组织，都在一定意义上组织过工人运动。然而，邓中夏也清晰地指出，中国“现代式的”工会运动，是1920年中国共产党成立以后才开始的。[①] 工会、共青团、农民协会等群团组织虽然与封建时期的民间组织、社会组织颇有几分神似，但两者是性质完全不同的组织。说其古老，只是从结社的角度，现代意义上的群团组织有其直接的历史原型。

群团组织是中国共产党的群团组织。强调这点，不仅是要把群团组织与封建时期的各种社会组织区分开来，也是要与国民党的工会、三青

① 邓中夏：《中国职工运动简史（1919—1926）》，人民出版社1953年版，第1、3页。

团等组织区分开来。虽然中国共产党的群团组织在名称上与国民党的组织确实有几分相似，但追本溯源，1949 年之前，国民党群团组织阻碍中国革命进程，发挥着违背历史潮流的作用。这与中国共产党的群团组织截然相反。

在本书的开头提出群团组织的两个“伪兄弟”是想说明，政治性、先进性、群众性实乃中国共产党群团组织的身份标识。中国共产党第十九次全国代表大会对《中国共产党章程》进行了修订。新版党章一如既往地要求“党必须加强对工会、共产主义青年团、妇女联合会等群团组织的领导”，更重要的是，在总纲中提出了“保持和增强政治性、先进性、群众性”的“三性”要求。“三性”，既是中国共产党就新时代群团工作作出的战略部署，也是新时代群团工作的纲领要求。

2014 年 12 月 29 日，中共中央政治局召开会议并审议通过《中共中央关于加强和改进党的群团工作的意见》，会议同时提出“新形势下党的群团工作更为重要和紧迫，只能加强、不能削弱，只能改进提高、不能停滞不前”。2015 年 7 月 6 日至 7 日，中共中央召开党的群团工作会议。时任中央政治局 7 名常委全部出席。中共中央总书记习近平同志在本次会议上强调：“工会、共青团、妇联等群团组织要增强自我革新的勇气，开展工作和活动要以群众为中心。”会议为群团组织确立了改革的工作重心。改革，就是要求群团组织从自身入手主动寻求自我革新，匡正群团组织出现的实践方向和认知导向的偏离。

群团组织自身的实践方向发生了偏离，机关化、行政化成为群团组织日常行动的内在逻辑。群团组织伴随中国共产党历经革命、建设和改革年代。执政时期的群团组织从组织结构、运行方式、思维体系、资源保障等各方面都朝着机关化、行政化的方向越偏越远。

群团组织自身实践方向的偏离也带动了群众对其认知的偏离。久而久之，群众和群团组织日渐疏远。群团组织疏离群众的后果是群众也在远离群团组织。

对群团组织的认知偏离更多来自其自身。有相当数量的群团干部聚焦于具体工作，忙于凸显它的公益性、服务性、程序性等，忘却了群团组织的政治属性，从而弱化了群团工作的功效。这一偏离实际上反映了群团干部在工作中混淆了群团工作的手段和目标，强化了工作手段，弱化甚至虚化了工作目标。

因此，研究群团组织如何发挥联系群众的枢纽作用，实际上就是在全面深化改革的大背景下研究解决群团组织如何纠偏机关化、行政化以及社会化的极端取向，从而在两者之间寻求平衡点。

## 三　文献回顾

2015 年 2 月，中共中央印发《关于加强和改进党的群团工作的意见》，并于当年 7 月召开了中央党的群团工作会议，时任中央政治局常委全部出席。在这一大背景下，学术界旋即掀起一股群团研究的热潮。以“群团”为篇名关键词在 CNKI 检索发现，2015 年、2016 年、2017 年、2018 年、2019 年间，相关期刊文献数量分别为 152、82、80、88、42 篇。在这之前，即便算上以“人民团体”为篇名关键词检索，每年的期刊文献数量至多也就 10 余篇。以“工会”或“共青团”为篇名关键词检索可以发现，虽然 2012 年以前相关期刊文献数量较为庞大，但这之后呈现明显增长态势。上述数据从总体上反映了近年来群团研究日益受到学者的关注。回望浩瀚的文献，从中可以透露出学者们在群团研究中的一些取向。

### 1. 群团组织研究的社会组织取向

通过文献回顾发现，当前存在运用社会组织的理论视野研究群团组织的取向。这类取向将群团组织与社会组织进行关联，或把群团组织完全视作社会组织，或分析群团组织与社会组织的共通性，并将社会组织的研究议题和理论旨趣用于群团组织研究。这类取向进一步可分为或强或弱的三种表现。

第一，群团组织就是或应是社会组织。这些研究从实然或者应然的角度将群团组织和社会组织等同视之，进而应用社会组织的理论关注点研究群团组织。

在群团组织研究者中，关注点横跨社会组织和群团组织的不在少数。“理论过桥”现象多表现为研究议题或者理论旨趣的“跨组织衔接”。例如，有的学者认为：“工会组织应当并且可以作为一个独立的社会团体法人存在。”① 还有学者认为：“人民团体作为基层社会重要的非营利组织，是基层治理现代化过程之中重要的依托与载体。”② 近十来年，中国本土社会组织研究中，独立性和自主性一直是研究焦点。这类研究要么从去行政化的角度认为群团组织应当保持独立性，要么更进一步，从独立性切入，探讨群团组织在治理中的实践路径选择。

部分学者将中国的群团组织等同于想象中的“西方”工会，将“西方”工会的非营利性质嫁接于中国的群团组织。有学者认为：“无论在中国还是外国，工会都是非常重要的社会组织……正如（西方）学者指出的，工会是非营利组织；是工人阶级的社团。”③ 在美国，确实存在一部分作为非营利组织存在的工会，例如 NBA 的球员工会。但是，有更多欧洲国家的政党保有作为附属组织的工会。在西方“政党衰落”趋势兴起之前，这些工会为在野党掌权执政发挥了不可或缺的作用。

除此之外，部分学者认为群团组织的未来发展方向应当是社会组织。这类学者以工会研究学者为主，他们较为一致地认为中国工会作用发挥的梗阻在于工会行政化倾向，致使工会无法有效代表职工群体利益。因此，未来工会的发展方向应当是去行政化。特别是体制外单位的基层行业工会或区域工会应当显著增强其社会属性，使之成为代表职工利益的社会组织。例如，有学者认为，非公企业工会应当社会化，这是基层应对工会行政化倾向的一种“变通”方法④。

第二，群团组织建设成为枢纽型社会组织。这些研究在地方党委、政府政策文件基础上，探讨把群团组织建设成为枢纽型社会组织的可

① 蔡金荣：《走向独立社团：中国工会发展之进路选择》，《行政法学研究》2009 年第 3 期。

② 薛美琴、马超峰：《人民团体的独立性与治理转型》，《学习与实践》2016 年第 11 期。

③ 李力东：《国内外学术界关于中国工会功能的研究述评》，《政治学研究》2012 年第 5 期。

④ 李鸿：《非公企业工会的社会化是劳资关系协调的关键》，《理论探讨》2011 年第 4 期。

能、路径、方法等。例如，宋道雷虽然充分认识到工会的“国家性存在”，但也同时指出“工会作为枢纽型社会组织定位的确立”①。以工会为例，岳经纶和陈泳欣认为应把群团组织打造成枢纽型社会组织②。徐双敏、张景平认为，“工会、共青团、工商联、学联等‘人民团体’是主要的枢纽型社会组织”③。沈荣华、鹿斌认为：“将来，甚至应该将工会、妇联、青年团都纳入这样的社会组织范畴。”④ 即便是身处群团系统的研究者，或者在群团系统自己的刊物上，也存在类似观点。例如，王向民的研究认为，工会应建设成为枢纽型社会组织⑤。陈姣姣认为：“枢纽型社会组织往往由体制内的人民团体构成。”⑥ 或者说，工会去行政化的导向是枢纽型社会组织建设。孙晋的研究认为，把工会建成枢纽型社会组织是工会改革的机遇和挑战⑦。

这些研究观点和结论可能与地方党委、政府政策文件出台或被误读存在一定联系。按照北京市政策文件的精神，确实有将群团组织建设成为枢纽型社会组织的意图。例如，《关于加快推进社会组织改革与发展的意见》和《北京市加强社会建设实施纲要》分别提到，构建“枢纽型”社会组织工作体系；充分发挥人民团体等“枢纽型”社会组织在社会组织管理、发展、服务中的重要作用，努力探索中国特色的社会组织管理模式；以人民团体为骨干，确认一批“枢纽型”社会组织。但是广东省的政策文件就存在被误读的可能。例如，广东省委办公厅、省

① 宋道雷：《国家与社会之间：工会双重治理机制研究》，《上海大学学报》2017 年第 3 期。

② 岳经纶、陈泳欣：《社会管理创新与“枢纽型”社会组织的打造——以广东省总工会为例》，《黑龙江社会科学》2013 年第 4 期。

③ 徐双敏、张景平：《枢纽型社会组织参与政府购买服务的逻辑与路径——以共青团组织为例》，《中国行政管理》2014 年第 7 期。

④ 沈荣华、鹿斌：《制度建构：枢纽型社会组织的行动逻辑》，《中国行政管理》2014 年第 10 期。

⑤ 王向民：《利益协调与社团整合：将工会建设成枢纽性社会组织的运行机制》，《工会理论研究》2013 年第 4 期。

⑥ 陈姣姣：《工会去行政化与枢纽型社会组织建设》，《工会理论研究》2014 年第 6 期。

⑦ 孙晋：《建设枢纽型社会组织：中国工会改革发展的重大机遇和挑战》，《中国劳动关系学院学报》2015 年第 5 期。

政府办公厅转发的《省社工委关于构建枢纽型组织体系的意见》中要求，把工会、共青团、妇联建设成为枢纽型组织。这里的表述是枢纽型组织而非枢纽型社会组织。《广东省总工会关于构建枢纽型社会组织工作体系的指导意见》确实提出了构建枢纽型社会组织工作体系的明确要求。然而，这份文件并非是说把工会本身朝着枢纽型社会组织方向建设，而是要把职工服务类社会组织联合会建设成为枢纽型社会组织。

第三，群团组织是特殊的社会组织。实际上，这类研究不仅没有混淆群团组织和社会组织，反而清晰地界定了两者的区别。但是，也存在被误读的现象。其一，这类研究认为群团组织是特殊的社会组织。例如，褚松燕早年的研究认为："政治社团生存的主要宗旨就是围绕政权、政治过程展开的。"① 因此，政治社团只是一种特殊的社会团体，要与一般的社会团体区分开来。梁丽萍清晰地指明："政治社团作为一种特定的社会政治组织，既不同于一般性的社会团体，也不同于政党。"② 其二，与之相关的是，因为群团组织同时拥有社会性，所以才被称之为特殊。例如，康晓强的研究指明："从外延上看，社会团体比群众团体更宽……作为一种特殊类型的社会团体，群众团体具备社会团体的普遍性特征——社会性。"③ 虽然这些研究人员对于两种组织的差异有着清醒的认识，但是他们的观点在传播的过程中存在被断章取义的现象，从而形成把群团组织和社会组织混为一谈的现象。

群团组织不是社会组织，最根本原因是其显著的政治性。混淆群团组织与社会组织，实际上就是弱化群团组织的政治性。有学者将我国的群团组织称为中国共产党的外围组织，共产党组织与群团组织之间是中心与外围的关系。④ 群团组织之所以处在中国共产党这个轴心体系内，也是因为它的政治性。

---

① 褚松燕：《政治社会团体涵义辨析：概念比较》，《上海行政学院学报》2011 年第 3 期。

② 梁丽萍：《当代中国政治社团发展状况研究》，《当代世界与社会主义》2009 年第 2 期。

③ 康晓强：《群众团体与人民团体、社会团体》，《社会主义研究》2016 年第 1 期。

④ 林尚立：《轴心与外围：共产党的组织网络与中国社会整合》，《中国民主的制度结构：复旦政治学评论》，上海人民出版社 2008 年版，第 356 页。

其实，关于群团组织是否是社会组织的纷争由来已久，民国年间就有论述。一种观点认为，群团组织就是社会组织。曾任国民政府南京市长的马超俊认为："欲述我国劳工组织之史的发展，当确认行会为第一阶段。"[①] 在他看来，公所、会馆、帮会都是劳工组织的前身。"工人以地位相同、利害相同，彼此互相结合。"[②] 现代意义上的工会都是在这些"劳资协同体"[③] 基础上兴起的。作为反动势力的代言人，马超俊从维护旧式政权稳固的角度有意无意忽略工会的政治性，从而论证了现代工会与封建时期社会组织形态同根同种。

马超俊的观点与中国共产党人的立场是截然相反的。作为早期中国工人运动的领袖，邓中夏在其著作开篇就阐明："虽然中国劳动者的团体，有它自己的特殊历史，有种种特殊的形式，但无论如何是不能与'现代式的'工会同日而语的。"[④] 虽然行会、帮口、秘密结社都是中国劳动者的组织，但它们都不是工会。按照邓中夏的观点，旧式组织主要由手工业者组成，或依照神权或依照地缘形成团体，而中国共产党领导下的工会组织，是由现代产业工人组成。这些产业工人是当时先进生产力的代表，是那一时代推动社会发展和社会变革的动力。中国共产党是中国工人阶级的先锋队，在政治上，这些产业工人是我们党可以发动而且应该加以发动的力量。事实上，中国共产党自建党起，十分注重强调群团组织的政治性。早在 1922 年 7 月，《中国共产党第二次全国代表大会关于"工会运动与共产党"的决议案》就明确指出："我们的同志也时常有主张工会不做政治运动的，这是无政府工团主义的趋势，也是一个很大的错误……工会的性质，不能与行会一样。"[⑤] 归根结底，工会与旧式社会组织因其体现政治性而不同。

改革开放以后，国家主动催生社会组织。科技和社科学会、基金

---

① 马超俊：《中国劳工运动史》，商务印书馆 1942 年版，第 63 页。

② 马超俊：《中国劳工运动史》，商务印书馆 1942 年版，第 63 页。

③ 马超俊：《中国劳工运动史》，商务印书馆 1942 年版，第 78 页。

④ 邓中夏：《中国职工运动简史——1919—1926》，人民出版社 1953 年版，第 1 页。

⑤ 中华全国总工会：《中共中央关于工人运动文件选编》（上），档案出版社 1985 年版，第 12、13 页。

会、行业团体等各类社会组织蓬勃兴起。20 世纪 80 年代和 90 年代中后期，社会组织走过弯路，但很快被纠偏。纠偏，就是说我国的社会组织不能在追求政治目标的道路上越走越远。因此，自此之后的社会组织始终秉持去政治化的发展宗旨。虽然群团组织与社会组织在实际工作中自始至终都存在交集，但就组织性质而言却是完全不同的。

**2. 群团组织研究的法团主义取向**

法团主义理论本身是舶来品，运用法团主义理论研究中国群团组织的始作俑者也是海外中国研究的学者，如 Anita Chan①、Gordon White②，他们往往将中国工会视作法团主义的中国经验。

法团主义的理论标靶是多元主义。多元主义的主旨在于国家、社会等多种主体之间的相互抗衡、制约关系。法团主义认为多元主体之间并不必然是这类抗衡、制约关系，相反，也可以共存于一个经由国家合法化的制度化层级结构内，并展开协商与合作。因此，运用法团主义研究中国群团组织的学者大多聚焦国家与社会如何在群团组织这类组织结构中从抗衡、制约关系走向协商、合作关系。虽然共青团和妇联都身兼维权职能，但《工会法》将维护职工合法权益定位为中国工会的基本职责，于是在工会中，国家与社会的张力更为显著。经由海外中国研究学者的引导，出现了一批运用法团主义理论研究中国工会的本土成果。

这些研究认可运用法团主义理论研究中国工会的可行性，或者倡导在实践中把中国工会建设成为法团主义的组织结构。国内学者中较早形成这一结论的是张静。她提出这一主张主要基于两个原因。其一，工会是介于国家和社会之间的；其二，近些年来，工会内含的阶级对抗性角色弱化，使得国家与社会在工会中展开协商与合作成为可能③。刘泰洪

① Anita Chan. Revolution or Corporatism? Workers and Trade Unions in Post - Mao China, *The Australian Journal of Chinese Affairs*, 1993 (29): 31 - 61.

② Gordon White. Chinese Trade Unions in the Transition from Socialism: Toward Corporatism or Civil Society, *British Journal of Industrial Relations*, 1996, 34 (3): 433 - 457.

③ 张静：《“法团主义”模式下的工会角色》，《工会理论与实践》2001 年第 1 期。

的研究从应然的角度提出政府和劳资双方应在法团主义视野下合作调解劳资矛盾[①]。陈晓运的研究试图运用法团主义理论分析群团组织与社会组织的竞争与合作关系[②]。吕景春试图在法团主义的视野下，倡导在政府、工会、行业协会之外引入非政府组织，形成四方构成的劳动关系调节机制。他的研究梳理了法团主义的理论精神，但仍需进一步回答四方机制中各主体及其相互关系如何与法团主义理论精神相契合[③]。龙宁丽把工资集体协商放到国家法团主义的视野下加以研究，突出强调工会组织介入过程反映的“国家在场”的逻辑。[④] 虽然她的研究没有将法团主义的理论精神面面俱到地用以分析经验现象，但其突出的有限的理论精神对本土经验是具有解释力的。

还有的研究在总体上认可上述立场的前提下，对中国工会的法团主义特质进行了细致的解剖。例如，王向民从本质上倡导中国工会转型的方向应是社会法团主义，但他充分认识到，其前提条件必然是“工人成熟”。要实现这一步，应当是工人主体意识和理性算计能力的增强[⑤]。他的研究是一种倡导性结论，不论其倡导方向是否符合中国社会的发展趋势，其实现路径符合法团主义的理论精神。谢玉华和何包钢的研究运用沃尔玛工会的经验案例证明基层工会很难充分实现维权职能，向社会法团主义转型较为困难。但他们的预设是将中国基层工会视作法团主义主体，在非此即彼的逻辑下，基层工会转向了国家法团主义。[⑥] 赵沛和赵天舒清晰地指出当前中国工会只具有法团主义的形，不具有法团主义的神，但他们并未切断中国工会与法团主义的关系，而是倡导，未来中

① 刘泰洪：《法团主义视角下的劳资冲突治理》，《中国特色社会主义研究》2009 年第 6 期。

② 陈晓运：《群团组织、竞合式镶嵌与统合主义的运作》，《青年研究》2015 年第 6 期。

③ 吕景春：《和谐劳动关系的“合作因素”及其实现机制——基于“合作主义”的视角》，《南京社会科学》2007 年第 9 期。

④ 龙宁丽：《准政府身份：工会工资集体协商的“罪与罚”？——基于浙江温岭的个案研究》，《黑龙江社会科学》2013 年第 4 期。

⑤ 王向民：《工人成熟与社会法团主义：中国工会的转型研究》，《经济社会体制比较》2008 年第 4 期。

⑥ 谢玉华、何包钢：《基于新自由主义与社团主义的工会功能分析：以沃尔玛工会为例》，《浙江社会科学》2013 年第 7 期。

国工会应从行业工会建设入手为法团主义确立独立主体①。闻效仪的经验研究实际上是对这一倡导的呼应。他运用温岭羊毛衫行业的案例，呈现了基层行业工会诞生及其与行业协会、政府互动的过程与机制②。

然而，也有研究从分析法团主义的理论基础和前提条件入手，明确表示这一理论不适用于分析中国的群团组织。褚松燕认为法团主义并不适用于分析中国经验。她的结论主要源于三个方面的原因。其一，中国国家规模过大使其区别于北欧各国的国情；其二，中国的利益分化并未形成代表性的利益团体；其三，她担忧中国名义上的法团代表有可能演化为个人利益的代言人③。吴建平也认为中国缺乏适用于法团主义的社会基础。这一结论主要来源于两方面的原因。其一，法团主义结构形成的前提是，需要有独立的、边界清晰的市民社会主体，然而，中国缺乏这类主体；其二，法团主义是一种松散可变迁的结构，国家与社会主体如果无法在这一结构中协商与合作，社会主体可以选择退出，进而迫使其解体，然而，中国不具有这样的条件④。

### 3. 群团组织的职能

（1）对工会职能的研究。

在对中国工会职能的研究中，大致存在两种类型。其一，倡导性研究。这类研究大致认为当前中国工会维护职工合法权益职能发挥相对不足，但基于《中华人民共和国工会法》对工会基本职责的界定，倡导中国工会应当回归工会本源，加大对职工合法权益的维护。例如，汪新蓉的研究以职工个人的“权利”为逻辑起点，倡导工会职能应当回归本源，维护职工的基本权益。全国总工会、省级总工会、市级总工会应

---

① 赵沛、赵天舒：《市场经济条件下中国工会转型探析》，《河南师范大学学报》2011年第6期。

② 闻效仪：《集体谈判的内部国家机制——以温岭羊毛衫行业工价集体谈判为例》，《社会》2011年第1期。

③ 褚松燕：《政治社会团体之法团主义分析框架评析》，《国家行政学院学报》2010年第5期。

④ 吴建平：《理解法团主义——兼论其在中国国家与社会关系研究中的适用性》，《社会学研究》2012年第1期。

当从推动制度建设的路径维护职工基本权益。基层总工会应当切实代表职工利益，参与企业决策，制止企业侵害职工利益的行为，并主张制定保护基层工会工作人员利益的制度。[①] 李贺平的研究倡导行业工会通过制定行业标准、集体谈判等途径在非正规就业群体权益保护中发挥职能[②]。

其二，描述性研究。这类研究运用各种实证研究方法，或者基于当前各级工会工作的经验，对工会的实际职能进行描述。这类研究的一大特征在于，虽然研究结论或积极或消极，但都从实践逻辑出发描绘中国工会。例如，许晓军和吴清军的研究认为，当前中国工会的核心职能实质上是维稳和维权。维稳职能的依据是其组织力量来源，即工会在党政系统内的合法地位与身份。维权职能，主要表现为“外部维权”和“社会化维权”。若要超越当前维权职能的局限，就要到会员自身力量中去寻找工会的组织力量。[③] 李力东的研究对中国工会维护职工合法权益的方式进行了历史纵深的梳理。他认为，2000 年以来，工会主要通过制度化的方式为职工进行权益维护，建构了劳动关系预警机制、集体合同协商机制、三方协调机制等。[④] 胡恩华等人运用扎根理论方法对中国各级工会工作的内容进了定性分析。他们认为，中国各级工会正在履行的职能主要分为五种，包括维护、关怀、提升、参与、建设。自全国总工会至基层工会，相互间的职能履行分布大致相同。但在不同区域的工会之间，职能履行分布有所差异。中国工会实际履行职能分布比国外工会更为广泛，不能仅凭维权职能判断中国工会不如国外工会作用发挥明显。[⑤] 谢玉华和何包钢通过典型案例研究发现，基层工会组建和运行

① 汪新蓉：《“权利”时代我国工会职能的拓展于完善——以国家治理现代化为分析视角》，《社会主义研究》2014 年第 6 期。

② 李贺平：《非正规就业群体权益保护中行业工会的作用研究》，《吉林大学社会科学学报》2012 年第 2 期。

③ 许晓军、吴清军：《对中国工会性质特征与核心职能的学术辨析——基于国家体制框架内工会社会行为的视角》，《人文杂志》2011 第 5 期。

④ 李力东：《改革开放以来中国工会维护职能的演进路径》，《中国劳动关系学院学报》2015 年第 5 期。

⑤ 胡恩华等：《中国工会与劳资关系调节职能——基于 1853 篇工会实践报道的研究》，《经济管理》2016 年第 11 期。

的实际功能是应对上级工作部署、防止职工自发组建真正的工会、提供福利和联谊平台。[①]

（2）对共青团职能的研究

根据有关学者的文本梳理，自 1988 年团十二大以来，历届共青团全国代表大会都对共青团职能有过表述和修正，共青团职能的拓展幅度较大[②]。实际上，在共青团陪伴中国共产党从革命、建设一直到改革年代，自身职能也面临改革的内在需求。因此，还有的学者基于历届共青团全国代表大会的精神提出："共青团作为党的助手和后备军的根本职责和政治职能是，不断扩大党执政的青年群众基础，为党凝聚青年；共青团作为国家政权重要支柱的社会管理职能是，积极参与协商民主，协助政府管理青少年事务；共青团作为青年群众组织的基本职能是，组织青年、引导青年、服务青年、依法维护青少年权益。"[③]

从宏观层面，学术界对共青团职能的研究多强调共青团应当增强社会职能。这一主张的两大背景是单位制解体以及政府职能转型。一方面，社会职能应当成为共青团的主要职能。例如，张云昊的研究倡导共青团应该着力提升社会服务职能[④]，特别是针对当前政府公共服务相对薄弱的领域，共青团应该将社会服务职能植入其中；另一方面，履行社会职能应当成为共青团的工作路径。还有的研究充分认清共青团的政治属性，从强化政治属性的视角切入，主张共青团应当实现政治功能。在这种情况下，强调共青团履行社会职能，就是将其作为实现政治功能的路径。例如，胡献忠认为，实现共青团的政治功能，就要改进理想教育、思想宣传等传统形式，注重以解决实际问题来赢得青年。也就是说，共青团要化政治功能于社会功能之中，通过社会功能的发挥来实现

① 谢玉华、何包钢：《基于新自由主义与社团主义的工会功能分析：以沃尔玛工会为例》，《浙江社会科学》2013 年第 7 期。

② 胡献忠：《共青团职能历史演进与拓展的文本分析》，《中国青年社会科学》2015 年第 5 期。

③ 张华：《共青团群团职能论纲》，《北京青年政治学院学报》2013 年第 1 期。

④ 张云昊：《基于国家治理体系的共青团社会职能创新及其实现路径》，《中国青年研究》2015 年第 5 期。

政治功能。①

从实践层面，现有研究也着力探索共青团职能履行的困境。张华的研究提出当前共青团缺乏“行政赋权”，从体制层面点明了共青团职能发挥不足的根源性问题②。共青团在机构编制、资源保障等多个方面缺乏充分的支撑，这就导致共青团应该但又无法履行各类职能。应对当前共青团面临的体制困境，张华提出的解决之道是，共青团应当加强与党委、政府的协作关系，进而履行职能，主要路径是通过参与政府购买服务的形式承接党委、政府的具体工作。

由于对共青团职能研究已经形成相当规模，已经有不止一位学者尝试对既有研究结论进行回顾和梳理。通过文献回顾，他们较为一致性地认为，未来对共青团职能的研究应当具有几个转向，包括从宏观走向微观、从中央走向基层、从理论走向实践③④。提出这些转向的基点在于，共青团已经从革命党的助手和后备军走向执政党的助手与后备军，共青团在宏观职能相对明确的情况下，需要重新探索微观职能定位，这需要基层群团组织通过具体实践为理论和政策的形成提供可靠案例。

### 4. 群团组织与党委、政府关系

就群团组织与党委、政府的关系，早在20世纪80年代末就有学者开始关注。常凯的研究从政策规范的角度在两个方面澄清了工会与党的关系。其一，他认为工会与党都是工人阶级的工具，是工人阶级的阶级组织。区别在于，党的突出特点是其先进性，工会的突出特点是其群众性。其二，工会不仅是党和群众之间的纽带，更是社会主义前进的动力。⑤ 这一研究最大贡献在于提出了工会和中国共产党关系的研究议题，但那之后很长一段时间内，这一群团研究的关键议题并没有在学术

① 胡献忠：《国家与社会关系框架下共青团功能的实现》，《中国青年研究》2010年第2期。

② 张华：《和谐社会视野下共青团的职能定位》，《中国青年研究》2008年第4期。

③ 康晓强：《国内学术界关于中国共青团职能研究述评》，《科学社会主义》2016年第3期。

④ 张莉：《社会学视角下共青团职能的理论视角与类型分析——共青团职能研究回顾与前瞻》，《中国青年研究》2018年第5期。

⑤ 常凯：《政治体制改革中工会与党和政府的关系》，《科学社会主义》1988年第1期

界掀起热潮。

一直到二十年之后，林尚立拾起了接力棒。他的研究把中国共产党与群团组织的关系定义为“轴心与外围”，共产党组织是轴心结构，工青妇是中国共产党的外围组织。在革命年代，群团组织承担帮助中国共产党动员群众的功能，因此，在坚持共产党组织强轴心的前提下，群团组织不断向外、向社会深处拓展。到了建设年代，群团组织向外、向社会延伸的过程不仅停止，而且反向与处于轴心地位的共产党组织同构。换言之，从那时开始，群团组织“日益趋向政党化和官僚化”。①

近些年来，通过各种角度关注群团组织与党委、政府关系的研究越来越多。综览这些研究，有一个共通的逻辑起点，那就是群团组织虽然具有显著的国家属性，或者说呈现显著的机关化、行政化取向，而一旦涉及群团组织的具体工作，问题则是国家属性不足，或者说不具有一般机关单位的权力和行政力，部分群团组织如共青团和妇联甚至缺乏充足的行政资源，很多时候群团组织缺乏独立和明确的工作领域。然而，群团组织依然需要发挥作用，这既是党对群团组织的要求，也是群众对群团组织的期待。这就使得群团干部总是跳出群团干群团工作，着力建构与利用府际关系。

郎晓波的研究关注浙江省义乌市总工会的个案。她的研究就政府和工会关系主要形成了两大贡献。其一，运用社会治理的理论视角为工会寻求生存空间。工会在员工流动性较大的情况下帮助企业稳定员工队伍，使得工会与企业进而与地方党委、政府形成利益结合点。工会与政府形成治理视角下的协同关系。其二，挖掘工会如何借助党委、政府的力量开展工作的实践逻辑。② 沿着郎晓波的思路，吴建平寻找到相似案例并进一步对其进行挖掘。他通过“借力”的概念描述地方工会的运行逻辑，探讨了地方工会与地方政府的关系。探究这一关系的前提是，地方工会虽然具有显著国家属性，但和其他党委、政府不同，它不具有

---

① 林尚立：《轴心与外围：共产党的组织网络与中国社会整合》，《复旦政治学评论》2008 年第 1 期。

② 郎晓波：《社会治理视野下的工会转型与政府角色研究——以浙江省 YW 市工会维权模式为个案》，《北京行政学院学报》2008 年第 6 期。

行政权力。因此需要借助其他党委、政府的力量开展工作。按照吴建平案例研究的结论，“借力”是地方工会通过正式、制度化和非正式、非制度化两条路径与地方政府形成联系。其意义在于，通过“借力”，地方工会和地方政府各自实现了工作目标。①

除此之外，有越来越多的学者围绕联席会议制度②③、三方协商机制④、群团参与政府购买服务⑤等经验案例探讨群团组织与党委、人大、政府、政协的关系。这些研究总体上呈现以下特点。其一，从民主协商等角度探讨了府际关系之于群团工作的宏观意义，但缺乏深入探讨建构府际关系之于群团具体工作的微观意义。其二，运用典型经验案例描述了工会、共青团与党委、政府建立工作联系的制度设计，但缺乏深入挖掘府际关系中多种主体的实践逻辑。其三，由于第二个特点，导致当前对群团组织府际关系中的突出问题、对策的研究相对较为笼统，既较难对实践形成指导，也较难为理论提炼提供支撑。

## 四　研究框架

本书的研究对象是中国的群团组织。群团组织，即政党附属组织（Ancillary Organization）。在西方国家，各领域普遍存在行业工会，例如美国 NBA 的球员工会。这类组织虽然和中国群团组织名称类似，但有着天壤之别。它们只是一种行业联盟，不附属于任何政党，不具有政治目标，只服务于行业内的成员。然而，在美国、欧洲等国和地区，也存在青年团、工会等政党附属组织，它们依附于执政党或者在野党。从性质上来看，群团组织的根本特质在于其政治性。政治性具体表现为，群

① 吴建平：《地方工会“借力”运作的过程、条件与局限》，《社会学研究》2017 年第 2 期。

② 杨冬梅：《论完善政府与工会联席会议制度》，《学术探索》2014 年第 11 期。

③ 华莉莉、张恽：《青年工作联席会议机制的构建——以上海实践为例》，《中国青年研究》2017 年第 9 期。

④ 常成：《三方机制与集体争议处理》，《中国劳动关系学院学报》2013 年第 5 期。

⑤ 舒绍福、盛炜：《共青团组织参与政府购买服务：实践探索与未来推进》，《中国青年研究》2016 年第 5 期。

团组织以所附属政党的使命为自己的使命。因此，群团组织的一切任务，最终都是导向所附属政党的政治目标。就此而言，中国和西方的群团组织的根本特质有相似性。然而，中西群团组织也存在差异，即所附属政党的差异。在中国，群团组织特指执政党的附属组织。根据中央编办的划定，国家层面有且仅有 22 家群团组织①。这其中，中央书记处每年直接听取中华全国总工会、共青团中央、全国妇联等 5 家群团组织的工作汇报，而其他群团组织则由相关国家部委代为管理，例如中国计划生育协会由国家卫生和健康委员会代管。本书研究对象不仅包括国家层面的群团组织，也包括全国各个层级的群团组织，主要以工、青、妇为案例来源，兼带计划生育协会等。

本书的研究问题是群团组织如何发挥枢纽型作用。“枢纽型作用”，来源于本轮群团改革的纲领性文件《中共中央关于加强和改进党的群团工作的意见》。坚持发挥桥梁和纽带作用，是这份文件的基本原则之一。所谓“枢纽”，按照文件精神就是桥梁、纽带的意思，就是说群团组织应当介于党委、政府和人民群众之间。所谓“作用”，就是群团组织应当“把党的决策部署变成群众的自觉行动，把党的关怀送到群众中去”。深入探究“枢纽型作用”，关键问题是“如何发挥”，本书将就此展开。

回答“如何发挥”的问题，就宏观层面而言分为三方面核心内容：在什么领域、谁来干、基础性任务有哪些。就第一方面内容而言，可进一步细分为在什么领域、为什么要在这个领域、怎么发挥等问题。就第二方面内容而言，群团组织是行政体系中的一部分，有优势也有劣势，应当调动哪些力量与群团组织共同发挥枢纽型作用。就第三方面内容而言，哪些关键任务有助于支撑群团组织在新时代发挥枢纽型作用。基于“如何发挥”这一研究问题，本书除了导论和结语，共分为三个部分。本书三部分的逻辑关系在于，第一部分旨在研究“为什么”要发挥枢纽型作用，第二部分旨在研究在“什么领域”发挥枢纽型作用以及“谁来干”，第三部分旨在研究发挥枢纽型作用的几项“基础性任务”。

---

① http：//www. scopsr. gov. cn/zlzx/jggk/201901/t20190118_ 359599. html.

本书第一部分由第一、二章构成。第一章从纵时态的角度展现群团组织发挥枢纽型作用秉承历史传统；第二章从现时代的角度呈现当前群众对群团组织发挥枢纽型作用具有迫切需求。

本书第二部分由第三、四、五、六、七章构成。第三、四、五章分别围绕经济领域、文化领域、社会治理领域论述群团组织为什么要在这些领域发挥枢纽型作用、怎么发挥枢纽型作用等问题；第六、七章分别研究“联动”和“协同”问题。联动，是指群团组织与党委、政府、各家群团组织共同发挥作用；协同，是指群团组织吸纳与社会力量发挥作用。

本书第三部分由第八、九、十章构成。基础性任务，是指关系群团组织适应时代要求发挥枢纽型作用的关键举措，事关群团组织其他各项工作；第八、九、十章分别围绕基层组织建设、阵地建设、网上群团建设展开理论或实践研究。

第一章通过对《人民日报》等党报文献资料的回顾，呈现建设和改革时期群团组织发挥枢纽型作用的主要领域、主要形式。中华人民共和国成立以后，群团组织始终在中国共产党和群众间发挥枢纽作用。但在不同的历史时期，特别是伴随中国共产党建设、改革时期历史角色的变迁，群团组织发挥枢纽作用的领域有些许变化，发挥枢纽作用的形式也相应发生变化。建设时期，主要是指 1949 年前后到 1968 年。改革时期，主要是指 1977 年至今。在前后两段时期内，群团组织的枢纽作用都体现于经济、文化两个领域，但在后一段时期，群团组织开始在社会领域发挥枢纽作用。建设时期，中国共产党在获得政权之后面临的首要困境是社会生产力水平相对低下。这个问题成为中国共产党巩固执政根基的基础性问题。因此，那个时代群团工作的首要形式就是在农村和城市发动和鼓励群众发展生产。与生产力水平低下相应的问题是，群众的教育文化水平普遍低下，这成为制约生产力水平提升的因素。因此，中国共产党领导下的群团组织致力于提供群众的教育文化水平。关于从事教育文化工作，一方面，是加强知识的教育；另一方面，是加强政治思想教育。改革时期的群团工作始于 1977 年。改革的精髓在于把党和国家事业转到以经济建设为中心上来。对于群团工作而言，工作形式的转向也是自然而然的。首先是围绕四个现代化开展群团工作，然后是以经济建设为中心，接下来是推动社会主义市场经济体制的建立，以及辅助国有企业改制工作。除此之外，随着工作的推进，群团组织从无到有、从小到大，逐步开始推进维护群众权益工作。在个体性日趋显现的背景下，工青妇都开始重视群众个人的权利诉求。这是这一时期群团工作的一大突破。

第二章通过定量数据呈现目标群众对群团组织的真正需求。群众到底具有哪些需求，这些需求有什么特点，这是本书的逻辑起点。因为，群团组织是政治组织，需要实现政治目标，但群团组织只有通过服务群众，满足群众的真正需求，进而才能实现这个目标。在人口流动性与日俱增的情况下，大量农村人口进城务工，在体制外单位就业的城市人口也有相当数量。都市蓝领和白领是流动性人口的主力。这部分群体无法享受到传统单位体制提供的经济、政治、文化、社会资源。在教育、就业、医疗、住房等社会建设领域，部分流动性人口的需求极为迫切。市场经济的内在特性使得国家在这些领域体现兜底作用格外关键。在这种情况下，群团组织能不能在社会建设领域发挥作用，发挥到什么程度，直接决定群团组织的政治动员能不能产生效果。因此，第二章的主要目标在于揭示当前流动性人口对群团组织的真正期待。

第三章是对群团组织参与经济建设的实践研究。群团组织围绕中心开展工作，最重要的就是参与经济建设。新中国成立以后，经济建设也是群团组织发挥枢纽作用的传统领域。然而新时代的宏观经济环境赋予群团组织全新的工作切入点、参与方式、角色要求。本章首先从宏观环境变化阐述群团组织为什么要参与新时代经济建设，然后运用工会和共青团案例呈现群团组织参与新时代经济建设的主要方式，最后尝试总结群团组织参与新时代经济建设中的三种角色，即行业引领者、资源链接者、服务提供者。

第四章是对群团组织参与文化建设的实践研究。文化建设是群团组织发挥枢纽型作用的传统领域。文化建设，即宣传思想文化工作。2019年，全国总工会和共青团中央先后就宣传思想文化工作专门发文。本章首先运用习近平同志在浙江工作期间关于文化工作论述的相关史料揭示文化在“五位一体”总体布局中的基础性作用，阐述群团组织参与文化建设的重要性，然后从社会结构变迁和国际环境变幻的角度论述群团组织为什么应将意识形态、核心价值观、舆论引导、文化产品供给作为参与文化建设的内容，最后运用工青妇相关案例从队伍建设、新媒体运用、阵地活动开展三个维度提出对策建议。

第五章是对群团组织参与社会治理的实践研究。社会治理是改革开放以后群团组织发挥枢纽作用的新领域。社会治理，即调动一切社会力量，有效预防和化解社会矛盾。群团组织不是政法机关，不具有强制性权力。群团组织也不是基层政府，不是维持社会稳定的主要机构。面临权力和职能的限制，群团组织参与社会治理的角色是什么、路径何在？本章首先提出群团组织参与创新社会治理的总体目标应当是“共同参与”，即厘清群团组织的角色，进而提出“搭台唱戏”是群团组织参与社会治理的总体思路，即回答群团组织参与社会治理的路径。

第六章是对群团组织与党政群联动的实践研究。1949 年中国共产党执政以后，党委组织系统和政府组织系统相继完善，且具有成熟的职能分派模式。群团组织与党委、政府组织相比，相对缺乏实际工作范畴。在现行党委、政府机构序列中，群团组织也处于边缘化位置。对于群团组织而言，要么不求所为，但凡试图有所作为，要解决的关键问题是与党委、政府建立联动关系，谋求职能链接。本章引入西方整体性治理理论，首先分析这一西方理论和中国实践的契合度，然后阐述群团组织整体性治理的电子区隔和组织区隔两大困境，接下来分析群团组织整体性治理所具备的优势，最后从党群关系、政群关系、大群团、大平台等四个维度入手就群团组织与党政群联动提出对策建议。

第七章是对群团组织社会协同的理论研究。从实践层面出发，加强社会协同是群团组织提升服务群众能力的必然选择和关键环节。群团改革需要破解的难题是缺钱、缺人。特别是基层群团组织，层级越是往下，越是缺钱、缺人。群团事务越来越多，但群团规模不宜扩大。要实质性地提升群团组织服务能力，加强社会协同就不是群团改革的附加题，而是必答题。本章首先呈现了兼职干部、网络公募、乡贤捐赠、购买服务四种群团组织社会协同的实践案例，然后通过构建二维理论框架分析其实践水平。一维是目标共同化。协同中的国家主体和社会主体多少都呈现目标不一致，协同实践存在异化倾向，即国家主体推动协同的本来目标成为社会主体的工具，协同只是社会主体达成自身目标的手段。异化倾向越严重，国家主体和社会主体的目标共同化水平越低，反之亦然。二维是行动制度化。制度化的核心要义在于，它一定是经过一段过程之后，稳定下来的被人们广为接受的一种形式。分析社会协同实践，就要分析它在实践中形成的制度表征。作为不同的理论维度，目标共同化和行为制度化蕴含着各自的理论路径。前者旨在分析社会主体与国家主体间如何因价值差异导致目标差异，后者旨在分析国家主体和社会主体各自面对的规制性或规范性制度表征，及其与非制度化因素的角力。

第八章是对群团基层组织建设进行理论研究。对于基层群团干部而言，基层组织建设是群团组织改革的基础性任务之一。单位制解体之后，基层群团组织面临组织转型的外部推力和内在要求。本章在对传统基层政治组织社会基础、组织生成、组织运行、组织功能分析的基础上，简要探讨促其变革的时代动因，进而基于群团改革的实践经验，阐释新基层政治组织的概念框架和相关特性。这既是对当下基层政治组织模式的判断，也是对未来基层政治组织走向的预测。基层群团组织正在从单位政治组织迈向社会政治组织。社会政治组织的生成原则，是空间集聚性。社会政治组织从物理空间维度或虚拟空间维度出发，依照有效集聚的标准，进行机构生成。用一种新的组织生成方式取代旧的组织生成方式，就是寻求新的纽带。社会政治组织的资源来源，可以且鼓励社会资源。社会政治组织具有资源广泛性的特征。社会政治组织的覆盖对象，具有高度流动性的特点，笔者将其称之为流动性人口。所谓流动性人口，是就政治整合而言的概念，指不稳定接受同一政治组织覆盖的对象，它跳跃于不同政治组织之间，或从一个政治组织跳跃到覆盖范围外。流动性人口包含流动人口，但远不限于流动人口。社会政治组织的覆盖手段，是满足需求；社会政治组织的功能定位，是主导进行政治整合。社会政治组织主导进行政治整合意味着，它取代单位成为国家和个人的基层中介组织，通过向个人提供经济、文化、社会、生态等服务，进而履行对个人的管控。

第九章是对群团阵地建设进行理论研究。对于各级群团干部而言，各类阵地建设是群团改革的基础性任务之一。实践中，群团组织主导兴建了众多阵地。如何理解群团阵地繁盛的现象？本章以支持型社会组织为例，运用国家视角下行政逻辑这一学术概念对群团阵地生成和发展的动因进行理论解释。行政逻辑是指国家组织通过大力培育与发展支持型社会组织的方式以实现自身理性化目标，也就是通过实现外部需求的方式以实现内部需求。中国当下支持型社会组织是基于国家组织的行政逻辑生成和发展，国家组织凭借科层资源引进和培育支持型社会组织，其根源性动力很难说是促成社会力量的成长，而是借助社会力量的成长反向哺育国家组织的内部需求。本章依循国家视角提出行政逻辑的概念，旨在描述当下支持型社会组织作为一股重要的社会力量对于国家组织的意义。国家视角重在回答的问题包括，国家期待社会满足国家的何种需求、为什么国家的需求要由社会来满足、社会存在的意义是什么等。

第十章是对网上群团建设的实践研究。对于群团组织而言，互联网是新时代群众工作的新领域，却是基础性任务之一。毫不夸张地说，群团组织如果不覆盖互联网，就是脱离群众。群团组织如果不适应互联网，就是不熟悉群众。群团组织如果不掌握互联网规律，就是排斥群众工作的新方法。本章从宏观层面提出各家群团组织网上群团建设存在的共性问题，在此基础上提出网上群团建设应当秉持大改革的责任担当精神、大群团的整体协同精神、大服务的历史战略精神，进而从网上平台、电子会籍、服务导向、数据应用四个方面就网上群团建设提出方向性建议。

## 五　研究方法

就方法论，本书采取实证研究法；就资料获取，本书尽量丰富资料来源，以满足课题各部分内容的研究需要。

### 1. 问卷法

本书问卷调查的主要目的是从面上掌握群团组织目标群众的各种具体需求。当前，群团组织主要工作对象之一，即流动人口。本书调查问卷样本构成以流动人口为主。因此，本书主要在 3 个场所进行样本采集，一个是企业孵化器；一个是产业园区；一个是人才公寓。人才公寓中的居住者和企业孵化器中的工作人员几乎都是从事脑力劳动或者行政工作的流动人口，俗称白领；产业园区中的工作人员绝大多数是从事体力劳动的流动人口，俗称蓝领。本次调查共发放问卷 550 份，回收有效问卷 497 份，回收率 90.3%。在人才公寓中，采取挨户上门发放的方法；在企业孵化器中，采取挨户上门发放的方法；在产业园区，采取集中填答的方法。为提高问卷回收率，为每位问卷填答者发放了小礼品。

本书问卷调查的突出优势在于，相对较为准确地掌握了流动人口基于自身需求对群团组织各项服务工作的主要期待，以便于群团组织更有针对性地开展工作。同时，本书为调研对象提供相对宽松和充裕的填答空间和时间，伴以问卷调查小礼品，使问卷填答质量相对较高。本书问卷调查相对不足之处在于，鉴于人力所限，问卷调查只针对受群团组织关注度较高的一类目标群众开展调查，无法覆盖群团组织所有的目标对象，样本采集也主要集中在经济发达城市（即流动人口流入地）的 2 家人才公寓、2 个企业孵化器、1 个产业园区。

### 2. 文献法

本书采用的文献资料种类相对较多。除了通常情况下较多采用的学术著作和学术论文，其他文献包括各党委、政府部门、群团组织主办的工作期刊（例如，《中国共青团》《中国工运》等）、工作报告和领导讲话稿、群团历史文献和党报报道（例如，《人民日报》等）。通过工作期刊，本书能够较为准确地把握群团组织近期具体工作内容、举措、方法，引导研究者关注群团组织的具体实践，为本书引入丰富案例。通过工作报告和讲话稿，本书能够较为准确地把握群团组织的工作框架和目标导向，因而具有宏观上的指导意义。通过群团历史文献和党报报道，本书对群团组织的历史起源和发展过程有着更为深刻的认识，能够较为精准地把握群团组织在历史上的做法与实践，并将其作为参照，理解当下群团组织的实践和理论。

本书文献法的突出优势在于，由于文献种类较为丰富，能够满足本书不同部分研究的独特需求。例如，第一章由党报资料加以支撑；第三、四章由工作期刊加以支撑。同时，本书文献资料从学术文献开始，延伸至反映实践案例的各类文献，使得研究的实践导向较为显著。本书文献法的不足之处在于，文献法只能从面上掌握实践做法，虽然研究人员经由访谈法和参与法掌握了解部分实践案例的深层运作逻辑，但限于人力和精力，部分实践案例止于文献资料。

**3. 访谈法**

本书在实施访谈法中，以一对一访谈为主。访谈对象主要包括群团干部，以及相关领域的工作人员，例如社会组织实际从业者。“基层”，在各家群团组织的定义中是有所不同的，本书在调研过程中的“基层”主要指县（市、区）、乡镇（街道）、村（社区）。基层群团组织主要负责各项工作的具体落实，对基层群团干部的访谈更能揭示群团工作的实践逻辑以及面临的真实困境。选取基层调研对象时，本书既关注工作成绩突出地区的基层干部，也关注工作相对滞后地区的基层干部。与此同时，本书也对省、市两级群团组织的中层干部进行了部分访谈。对其访谈的主要目的，是掌握了解群团某一方面工作内容的总体状况。

本书访谈法的突出优势在于，通过一对一访谈，能够更深地揭示基层群团组织在运行过程中的实际逻辑和根源性问题。例如，关于网上群团工作，一对一访谈中的被访谈对象与访谈者一经熟悉，会谈及对网上群团工作的宏观构想，而不局限于当下工作进程中的就事论事。本书访谈法的不足之处在于，未采用结构式访谈法，较多采用了非结构式访谈法。

**4. 参与法**

本书负责人在开展课题研究过程中，曾以某一乡镇群团改革顾问形式参与其中。该乡镇是经济发达地区的经济发达乡镇，拥有较强的经济实力。本轮群团改革中，该乡镇以省级群团改革试点乡镇的形式参与其中。课题负责人在以顾问身份参与时，感受到基层工作较为隐匿的深层次实践逻辑。以此为线索，本书关注群团组织组建与运行支持型社会组织，并进一步从学术上关注自上而下支持型社会组织生发动因的研究问题。本书第九章的经验材料虽然没有直接采用该试点乡镇的案例，但这一研究问题直接来源于参与法。

本书参与法的突出优势在于，能够通过深描的方式揭示基层群团组织在运行过程中关于阵地建设的深层逻辑。这一逻辑是通过其他研究方法较难揭示的。但其不足之处在于，由于参与法本身的局限性，它描述的对象范围相对较小，解释力具有一定的限制。在本书中，参与法可以揭示的深层逻辑仅限于自上而下支持型社会组织。

# 第一部分

# 第一章　群团组织与新中国

群团组织几乎是与中国共产党同龄的。在党的历史上，群团组织一直致力于为党的事业发动和动员群众。枢纽，是指党和群众间的中介。枢纽作用，是指党通过群团组织推动革命、建设、改革事业，以及群众通过群团组织向心凝聚。历史上的群团组织始终在党和群众间发挥枢纽作用，围绕党的中心工作开展工作。但在不同的历史时期，特别是伴随中国共产党建设、改革时期历史角色的变迁，群团组织的枢纽作用也相应发生变化。本章将通过官方媒体记载的史料，对群团组织在新中国的枢纽作用加以呈现。

## 一　中华人民共和国成立的群团组织

虽然中华人民共和国成立的官方纪念日定在1949年10月1日，但是中国共产党对以工会、共青团、妇联为主的群团组织在此之前就有所谋划。1948年底，中央决定重建青年团与妇联，筹备委员会在1949年初相继成立。在1949年3—4月间，先后召开了第一届全国妇女代表大会和中国新民主主义青年团一大，标志着国家层面新的妇联和青年团的成立。

### 1. 发展生产

中华人民共和国成立初期，百废待兴，任务艰巨。对于中国共产党而言，首要任务是带领群众重建经济。重建经济，在当时来看，关键词就是“发展生产”。发展生产的主要区域已经从革命时期的农村转移到了城市，主要包括国有企业、私营企业、手工业、机关，当然也包括农业。例如，北平市委在1949年4月17日制定了《中国共产党北平市委会关于生产与工会工作的初步计划》。这是一份根据“目前中心工作的决定”拟定的工作计划①；上海市长陈毅在1949年6月2日召集上海产业界人士，座谈发展生产问题②。

1949年7月底到8月中旬，中华全国总工会召开了全国工会工作会议。针对全国即将解放的总体形势，朱德在这次会议上就工会新的历史角色明确指出：“在新民主主义政权下，它的任务首先应该是面向着生产。”中华人民共和国成立的最初两年，中华全国总工会重点解决了工会组织的问题以及劳资关系的问题。随后，迅速转向生产。

在1953年中国工会第七次全国代表大会上，毛泽东同志说：“中国工人阶级的任务，不但是为着建立新民主主义的国家而斗争，而且是为着中国的工业化和农业近代化而斗争。”③ 毛泽东的这一论述明确了工会在那个历史阶段的中心任务。因此，刚刚接任中华全国总工会主席的赖若愚在那次会议报告中详细阐述了工会助力国家发展生产的具体途径：“工会组织搞好生产的基本方法，就是逐步地引导群众进入劳动竞赛。通过劳动竞赛，高度地发挥工人、工程技术人员和职员的积极性与创造性去改善劳动组织，改进生产过程，改良工具和操作方法，以提高劳动生产率。劳动竞赛是动员广大群众完成国家各项计划指标的有效方法，它是以千百万群众的高度的觉悟为基础的社会主义和共产主义的建设方法。”④ 1954年，他又提道：“工会的‘学校’的作用是表现在工会工作的一切方面的，而最重要的则是表现在生产方面，即劳动竞赛方面。劳动竞赛是社会主义建设的基本方法；同时它本身就是一种共产主

① 《中国共产党北平市委会关于生产与工会工作的初步计划》，《人民日报》1949年5月29日第3版。

② 新华社：《建设新上海　人民市政府邀产业界座谈　陈毅市长号召增加生产》，《人民日报》1949年6月7日第1版。

③ 《更加勇敢而勤劳地建设我们的祖国——庆祝“五一”国际劳动节和中国工会第七次全国代表大会》，《人民日报》1953年5月1日第1版。

④ 赖若愚：《为完成国家工业建设的任务而奋斗》，《人民日报》1953年5月11日第1版。

义的实践。”①

在革命将要胜利之际，中国共产党决定重新建立青年群众组织，即中国新民主主义青年团。对于刚刚成立不久的中国新民主主义青年团而言，发展生产同样是其中心任务。事实上，发展生产就是青年团成立的理由。在中央关于成立青年团的决议中，明确指出，青年团旨在“把领导青年群众积极参军、参战、支前以及发展农业与工业生产，作为自己一切工作的中心。”② 中华人民共和国成立初期的共青团建设，主要对象是城市青年，特别是在公私企业以及工商业中工作的青年，发动他们参加劳动竞赛，推动生产。胡耀邦在中国新民主主义青年团第二次全国代表大会上曾有过相关表述：“为了实现这个方针，厂矿企业和基本建设部门中团的组织要在党的领导下，和工会密切合作，发动团员团结全体青年工人积极地参加劳动竞赛。青年团员应该成为劳动竞赛中的积极分子。”③

除此之外，在中华人民共和国成立初期的“三反”“五反”运动中，青年团积极投入其中。1951 年底，时任团中央书记冯文彬重点谈到了“三反”运动（反对贪污、反对浪费、反对官僚主义斗争）与青年团和青年的关系，指出：“有些青年说：这个运动和我们关系不大，甚至没有关系。他们认为青年没有贪污、浪费的可能，也没有官僚主义可言。这种认识是不正确的。”④ 1952 年初，他进一步指出：“在节约方面，青年团组织首先要在自己的队伍中努力肃清贪污腐化、铺张浪费的思想和行为，并在党的领导下，向各种贪污腐化、铺张浪费的现

① 赖若愚：《加强党对工会的领导，发挥工会在国家工业化中的巨大作用》，《人民日报》1954 年 2 月 24 日第 2 版。

② 《中国共产党中央委员会〈关于建立中国新民主主义青年团的决议〉》，《人民日报》1949 年 1 月 3 日第 1 版。

③ 胡耀邦：《团结全国青年在建设祖国的伟大行列中奋勇前进——一九五三年六月二十四日在中国新民主主义青年团第二次全国代表大会上的工作报告》，《人民日报》1953 年 7 月 6 日第 1 版。

④ 冯文彬：《积极参加反对贪污、反对浪费、反对官僚主义的斗争——一九五一年十二月十九日在中央直属机关青年团积极分子大会上的讲话》，《人民日报》1952 年 1 月 15 日第 3 版。

象作斗争，应用揭发、批评和说服教育相结合的办法，积极推动节约运动。……在机关中，应将反贪污浪费、反官僚主义作为团基层组织的基本任务之一。”①

妇联也牢牢把发展生产作为当时的中心任务。1948 年底，中共中央发布了《关于目前解放区农村妇女工作决定》。这份决定对于妇女运动中心任务的认识是非常清晰的，它指出：“目前解放区农村妇女工作的方针，仍应以动员和组织广大妇女群众积极参加生产视为妇女工作的基本环节。”即将面临解放，中国共产党的工作焦点逐步从农村转向城市，旨在振兴工业和农业。但中国共产党仍旧希望农村妇女在手工业、农业等传统领域投入劳动：“必须使妇女充分认识劳动的重要，把劳动看成是光荣的事业，而积极地去参加在体力上可以胜任的各种劳动生产工作，成为家庭和社会上财富的创造者。”②

随着全国解放脚步日益加快，不到半年，中华全国民主妇女联合会第一次全国代表大会又通过了《中国妇女运动当前任务的决议》。这份决议是对上一年度中央决定的响应：“解放区的妇女应继续积极支援人民解放战争，发挥高度的才能与智慧，努力参加新民主主义的政治、经济、文化等各种建设事业；其中心环节，是恢复与发展解放区内的工业和农业生产。”在结合彼时全国形势的基础上，这份决议进一步指明妇女工作从农村转移到城市的方向：“当前的妇女工作，要在不忽视乡村妇女工作的条件下，以城市妇女运动为工作的重心。”虽然存在工作方向上的转向，但是工作重心仍旧是动员妇女参加生产：“首先重要的是在发展生产、繁荣经济、公私兼顾、劳资两利、城乡互助、内外交流的原则下，尽量组织劳动妇女参加工业、手工业生产和商品流通工作。”③

中国共产党在革命胜利之后面临着繁重的建设任务。对于妇联而言，其中心工作自然而然是“动员妇女积极参加工农业生产”。1950 年，时任中华全国民主妇女联合会主席蔡畅指出未来一段时间内妇联的

① 冯文彬：《青年团的目前情况与工作》，《人民日报》1952 年 1 月 9 日第 1 版。

② 新华社：《中国共产党中央委员会〈关于目前解放区农村妇女工作决定〉》，《人民日报》1948 年 12 月 26 日第 1 版。

③ 新华社：《中国妇女运动当前任务的决议》，《人民日报》1949 年 5 月 17 日第 1 版。

主要任务是："以组织教育妇女参加各种工业和农业生产为各级妇联中心任务。各城市应按不同情况和条件，加强女工、员工家属和劳动妇女的生产工作。妇联领导妇女参加生产的工作方法，主要是和当地政府、企业、工会、合作社配合进行，着重在解除妇女参加生产的思想障碍和实际困难，提倡和帮助她们学习技术。妇联应积极帮助有关方面举办儿童保育、妇幼卫生和文化教育、技术教育等工作，并重视组织起来的教育。在土地改革已完成地区的农村，大量动员妇女参加秋收、秋耕和冬季副业生产，在自愿的条件下组织她们参加生产互助小组，准备明年春耕。在建立和改造合作社运动中，要积极动员妇女参加合作社。正在实行土地改革的地区，必须注意在土地改革中结合生产。"① 1953 年举行的第二届全国妇女代表大会依旧强调了这点："今后妇女运动的中心任务是发动和组织广大妇女群众积极参加工农业生产和祖国各方面的建设。各级民主妇女联合会应采取适合于当时当地条件的必要步骤和多种多样办法，动员组织广大妇女参加工业、农业及其他各种生产事业。"② 在封建时期，妇女并不是从事生产的主要劳动力，因此中国共产党领导下的妇联在这一过程中发挥了巨大作用："我们执行了以发动和组织妇女参加生产为妇女工作中心的方针，逐步使广大妇女成为新中国的建设者。"邓颖超甚至强调："我们应该反复着重地说，这是妇女解放运动的长期的根本任务。"③

中国共产党通过妇联发动妇女参加建设工作，特别重视在城市发动妇女，这也意味着妇女工作对象的变化。1949 年，时任中华全国民主妇女联合会副主席邓颖超指出："工作对象应以先进阶级的女工为主，团结其他劳动妇女与女知识分子，并在各阶层妇女中进行工作。"④ 后

---

① 新华社：《中华全国民主妇女联合会一年来的工作概况及今冬明春的主要工作任务——蔡畅在全国妇联第三次执委扩大会上的报告摘要》，《人民日报》1950 年 10 月 16 日第 1 版。

② 新华社：《全国妇女代表大会闭幕　大会决定今后妇女运动的中心任务是发动和组织广大妇女参加生产建设》，《人民日报》1953 年 4 月 24 日第 1 版。

③ 邓颖超：《四年来中国妇女运动的基本总结和今后任务——在中国第二次全国妇女代表大会上的报告摘要》，《人民日报》1953 年 4 月 24 日第 1 版。

④ 《中国妇女运动当前的方针与任务——邓颖超同志在妇代大会上的报告》，《人民日报》1949 年 3 月 27 日第 1 版。

来，全国妇联又进一步细化城市妇女工作对象："城市民主妇联应以职工家属、手工业者家属、个体女手工业者、郊区农村妇女及其他劳动妇女作为主要工作对象，同时应注意在私营工商业者家属、小商小贩家属，及其他爱国民主妇女中进行工作。"[①]

对于妇联工作而言，解放后的很长一段时间内，其中心工作一直是发动妇女参加生产，围绕增产节约、劳动竞赛、勤俭建国勤俭持家，不论在城市还是农村，妇联始终致力于妇女的生产工作。一直到 1960 年，时任中华全国妇女联合会主席蔡畅还明确表示："根据多年的经验和当前的情况，仍应继续抓生产。"[②]

### 2. 推动文化教育

中华人民共和国成立初期，全国存在大量文盲，甚至在工农兵干部中也存在相当数量的文盲。扫盲工作，不仅是个教育问题，而是直接关系到生产效率的问题。毛泽东同志对这个问题非常担忧。1949 年 4 月，中国新民主主义青年团召开了第一次全国代表大会。毛主席给这次大会的指示中就提到了这个问题，他要求青年团"同各界青年一起，领导他们，加强学习，发展生产"。[③] 虽然之后的几年中，教育部以及工会、共青团、妇联开会并成立专门的扫盲委员会，但这一问题的长期性逐渐显现。也是在这一背景下，1953 年，毛泽东同志在接见中国新民主主义青年团第二次全国代表大会主席团时指出："一、祝贺他们身体好；二、祝贺他们学习好；三、祝贺他们工作好。"[④]"身体好、学习好、工作好"的"三好"方针形成。这其中，推动教育，加强学习，成为中

---

① 章蕴：《国家过渡时期城市妇女工作的任务和当前的几项具体工作——一九五五年四月十九日在全国妇联召开的第一次城市妇女工作会议上的报告》，《人民日报》1955 年 9 月 7 日第 3 版。

② 蔡畅：《高举毛泽东思想的旗帜，进一步发动妇女，为实现 1960 年继续跃进而奋斗——在全国妇联第三届第二次执行委员会的报告》，《人民日报》1960 年 2 月 25 日第 4 版。

③ 胡耀邦：《团结全国青年在建设祖国的伟大行列中奋勇前进——一九五三年六月二十四日在中国新民主主义青年团第二次全国代表大会上的工作报告》，《人民日报》1953 年 7 月 6 日第 1 版。

④ 毛泽东：《毛泽东文集》第六卷，人民出版社 2009 年版，第 277 页。

华人民共和国成立初期群团组织的又一重要任务。

推动教育，加强学习，包括两个方面。第一个方面是政治思想教育。1950 年，时任团中央副书记蒋南翔指出："团的各级组织，要注意加强团的教育工作。第一是进行马列主义的思想政治教育。"① 1953 年，赖若愚指出："必须加强对工人群众的共产主义教育和时事政策教育，不断地提高工人阶级的觉悟水平。由于中国工人阶级的成员是复杂的，资产阶级的思想又在不断地侵蚀我们，同时随着工业的发展，大量小生产者及其他阶级的成员，不断地涌入工人阶级的队伍，小生产者的传统习气——自由散漫、狭隘自私、行会思想都曾自然地给予工人阶级以强烈的影响。因此，必须在工人群众中不倦地进行阶级教育，宣传马克思列宁主义，宣传毛泽东同志关于中国革命的学说，不断地提高工人群众的阶级觉悟，以巩固工人阶级的领导地位，保证国家生产计划的完成。"②

但更重要的是第二个方面，即针对工人、青年、妇女的文化技术教育。因为文化技术教育直接关系到生产效率的提升，进而关系到新中国生产力的提升，工会、共青团、妇联都非常重视这一工作任务。团中央副书记蒋南翔表示："农村的青年团员如果有了文化，他就能自己读书看报，吸收更多新知识，因此能把改进生产的工作和农村中的宣传教育工作做得更好。工厂或部队的青年团员如果有了文化和较好的技术，就能够成为熟练的工人或战士，在生产上在战斗中作出更多贡献。由于几千年封建统治的结果，中国现在的文化是落后的，全国的文盲现在还占着人口的绝大多数，全国的科学研究，还很不发达。在这种情况下，努力提倡和推广青年中的文化技术教育工作，有着很为深远的意义。如果不消灭中国文化上的落后，我们民族智慧的提高，社会生产力的发展，就都要受到妨碍。在肃清中国文盲和提高青年文化技术水平的伟大工作上，青年团负有严重的责任。农村和部队中的青年团员，应该配合当前

① 蒋南翔：《发挥青年团在实际工作中的作用》，《人民日报》1950 年 5 月 5 日第 3 版。

② 赖若愚：《为完成国家工业建设的任务而奋斗》，《人民日报》1953 年 5 月 11 日第 1 版。

的中心工作，积极展开识字运动，有步骤地努力肃清团内的文盲；工厂和机关中的青年团员，应在提高文化的基础上，学习技术，掌握专门业务；高等学校的青年团员，应努力运用马列主义的思想武器，专心钻研，深入新知识的堂殿，正像斯大林对苏联青年所指示过的：要夺取科学的堡垒。青年团的组织，应成为中国文化战线上一支重要力量。”① 1952—1953 年间，胡耀邦更是在多个场合强调这一问题。在共青团一届三中全会闭幕发言中，胡耀邦指出：“引导青年善于学习，是青年团今后的一个‘更加特别突出的任务’。并因此明确地规定了‘关于学习的问题，关于学习和工作相结合的问题，关于青年团如何协助党教育好整个青年一代的问题，乃是青年团测验自己工作的标志’。”② 第二年，胡耀邦再一次提及：“组织青年工人掌握技术，学习文化，培养他们尽快地成为熟练工人，这是国家的迫切需要，也是青年工人的热烈要求。我们要组织他们在实际操作中学习技术；同时，还要根据生产发展的需要和青年工人的技术、文化程度，组织他们分别参加业余的技术和文化的学习组织。团的组织应该经常了解青年的技术和文化的学习情况，帮助他们解决学习上的困难，鼓舞他们为祖国的建设而努力学习；应教育青年工人虚心地向师傅、成年工人和技术人员学习，务必使每一个青年懂得，不尊重有知识有经验的人，就堵塞了自己上进的门路。”③ 除此之外，1955 年 12 月 1 日，团中央还发布《关于在七年内扫除全国农村青年文盲的决定》④，旨在到 1962 年底，即第二个五年计划结束前，通过全国 3000 万识字青年帮助剩余 7000 万农村文盲青年，并制定了“扫除文盲的工作应当紧紧掌握为农业合作化和农业生产服务”的原则。

对于全国总工会而言，最初对于文化教育工作的认识主要是扫盲。

---

① 蒋南翔：《发挥青年团在实际工作中的作用》，《人民日报》1950 年 5 月 5 日第 3 版。

② 胡耀邦：《在毛主席的亲切教导下把青年工作更加推向前进》，《人民日报》1952 年 9 月 14 日第 1 版。

③ 胡耀邦：《团结全国青年在建设祖国的伟大行列中奋勇前进——一九五三年六月二十四日在中国新民主主义青年团第二次全国代表大会上的工作报告》，《人民日报》1953 年 7 月 6 日第 1 版。

④ 《中国新民主主义青年团中央委员会〈关于在七年内扫除全国农村青年文盲的决定〉》，《人民日报》1955 年 12 月 6 日第 1 版。

1952 年，时任中华全国总工会主席赖若愚指出：“文化教育现在主要是开展速成识字运动，有计划地消灭工会及工人家属中的文盲。这是一个长期的同时又带突击性的任务。速成识字运动必须与生产结合，照顾工人的能力与时间，分批分期实行。”①

但是，全国总工会逐渐认识到扫盲工作对于提升工人工作技能的意义，关于文化教育的思路有所发展。在赖若愚的表述中，逐步感受到对于职业技术培训的重视。1953 年，他表示：“进一步开展文化技术教育，有计划有步骤地扫除文盲，提高工人文化，为掌握较高的和复杂的技术准备条件。提高工人群众的技术熟练程度，对熟练的技术工人进行技术理论教育，有计划地从工人群众中培养技术人员与管理人员。”②他还说：“还应当看到我国工人阶级在文化和生产技术方面，还是相当落后的；而建设我国的强大工业所需要的科学技术，对于我们是新东西；我们的技术干部和技术工人还很少；广大工人群众的文化水平还很低。如果不逐渐改变这种落后现象，就会妨碍我们工业生产状况的迅速改进。”③ 到了 1955 年，全国总工会就这一工作提出了更为具体的设想，也就是需要“系统地提高职工群众的文化水平和技术水平”。具体措施包括“系统地举办业余小学、中学和大学；有计划地协助企业行政方面开办业余中等技术学校和技术训练班；群众性的教育（如师傅带徒弟、互教互学、技术座谈会、技术讲座、技术表演、技术展览等等)”④。

对于妇联而言，推动教育的工作任务在传统中国社会文化背景和发展生产需求形成的张力下显得更为迫切。1949 年中华全国民主妇女联合会成立伊始，他们就明确意识到：“城市和乡村的妇女知识分子，应当努力与劳动妇女结合，与生产事业结合，提高科学知识与技术能力，

---

① 中国工运学院：《李立三赖若愚论工会》，档案出版社 1987 年版，第 164 页。

② 赖若愚：《为完成国家工业建设的任务而奋斗》，《人民日报》1953 年 5 月 11 日第 1 版。

③ 赖若愚：《加强党对工会的领导，发挥工会在国家工业化中的巨大作用》，《人民日报》1954 年 2 月 24 日第 2 版。

④ 赖若愚：《加强工会建设，密切工会与群众的联系》，《人民日报》1955 年 8 月 31 日第 2 版。

树立为人民服务的观点。女学生应当努力学习，成为建设新民主主义国家的有用人材。对工农妇女应给以更多的求学机会，培养劳动者出身的新式知识分子。职业妇女应努力学习，精通业务，善尽其职，以自己工作的表现来开辟与巩固妇女参加各种社会职业的道路。要吸收知识和劳动妇女分别参加各种训练班、学习会、研究所，培养大批优秀的女教师、女职员、女经济工作者、助产士、医生、保育工作者等，为新社会的建设事业而服务。要克服知识妇女轻视劳动的旧思想，须重视与工农结合的必要，组织女干部深入工厂和农村，为广大劳动妇女及儿童服务，以达到沟通并促进城乡文化的发展。"① 转年，时任中华全国民主妇联主席蔡畅在回顾过去一年妇联工作时也提到了妇女教育的问题，并且就推动妇女教育提出了较为详细的思路："积极动员妇女参加冬学运动，解决妇女在学习中必须解决的困难。配合当地冬学教育的内容，进行妇女的特殊教育（如妇女解放、《婚姻法》、妇幼卫生等知识）；选拔有培养前途的区村女干部和女积极分子受文化教育。对于有家庭牵连的中年妇女，应用适当的组织形式和方法，使她们能获得学习的机会。在有正规化的农民业余学校或民校的地方应选择一定数量的，可能坚持学习的妇女入校。为此，区、村妇女工作负责干部，应争取参加区、村冬学教育的领导工作，主动积极地协同推进工作。"②

在1949年后大约二十年的时段内，工会、共青团、妇联围绕中国共产党发展生产的中心工作形成自身的工作任务。推动教育和生产是那个时代群团组织发挥枢纽作用的主要工作，其中，教育是为了生产。对于群团组织而言，这一过程在1960年之后逐渐淡化，最终走向终点。1967年至1968年间，有三篇文章相继发表在当时的《人民日报》上，目标直指工会、共青团、妇联。文章的共同之处在于，在当时的政治背景下，抨击群团组织围绕生产、生活等方面开展工作，进而弱化群团工作的政治属性，要求群团组织深化阶级性，并将其融入工作。

① 新华社：《中国妇女运动当前任务的决议》，《人民日报》1949年5月17日第1版。

② 新华社：《中华全国民主妇女联合会一年来的工作概况及今冬明春的主要工作任务——蔡畅在全国妇联第三次执委扩大会上的报告摘要》，《人民日报》1950年10月16日第1版。

1967 年 1 月，一篇署名红战鞭的文章刊登在《人民日报》。文章提出："目前，一小撮党内走资本主义道路的当权派和坚持资产阶级反动路线的顽固分子刮起经济主义的黑风，他们随意增加工资、福利，滥发各种经费、物资，煽动群众强占公房，等等。他们表面上似乎在关心群众生活，改正过去的错误缺点，支持工人的革命行动，实质上是在经济利益掩护下的资产阶级反动路线的新反扑，这是他们破坏无产阶级文化大革命的更加阴险毒辣的新阴谋，是他们面临灭亡而垂死挣扎的新信号。"①

1968 年 4 月，《人民日报》刊登了北京市运输公司汽车修理厂共青团通讯小组的文章。文章写道："毛主席还一再教导我们'千万不要忘记阶级斗争'，'要政治挂帅'……过去在中国赫鲁晓夫的影响下，我们厂的共青团工作中就一度出现了不抓政治、只抓业务的错误倾向。团组织不抓青年学习毛主席著作，片面地强调业务。过团日除了劳动生产以外，就是划船、游泳和跳舞等等。"②

1968 年 3 月，一篇署名全国妇联无产阶级革命派的的文章刊登在《人民日报》。文章写道："中国赫鲁晓夫大肆贩卖资产阶级的'妇女观点'和'福利观点'，片面强调所谓妇女的特殊利益，反对妇女革命，极力使广大妇女离开当前的政治斗争，离开无产阶级革命和无产阶级专政。"③

至此，中华人民共和国后群团组织在党和群众间发挥枢纽作用的第一历史阶段告一断落。

## 二　改革开放以来的群团组织

从 1977 年开始，我们国家逐渐回归正轨。1978 年 9 月到 10 月间，

① 红战鞭：《经济主义是工人运动的腐蚀剂》，《人民日报》1967 年 1 月 13 日第 3 版。

② 北京市运输公司汽车修理厂共青团通讯小组：《不许篡改青年运动的方向》，《人民日报》1968 年 4 月 27 日第 5 版。

③ 全国妇联无产阶级革命派：《劳动妇女坚决走毛主席指引的革命道路——彻底批判中国赫鲁晓夫反革命修正主义妇女运动路线》，《人民日报》1968 年 3 月 17 日第 4 版。

工会、共青团、妇联先后召开了全国代表大会。这三次大会先于十一届三中全会。标志着我们党的群团事业步入正轨。在“四个现代化”和“以经济建设为中心”指引下，改革开放后群团组织的枢纽作用也在逐步形成与演化。

### 1. 以经济建设为中心

1978 年 10 月，中国工会召开了第九次全国代表大会，这是“文化大革命”以后中国工会的第一次全国代表大会。由于本次会议处在历史转折的关键时期，邓小平同志亲自到会并致辞。对于新历史时期下工会何所为，邓小平在会上指出：“工会要教育全体会员认识实现四个现代化的伟大意义，努力提高自己的政治、经济、管理、技术、文化水平。”对于工人阶级，邓小平指出：“要用最大的努力来掌握现代化的技术知识和现代化的管理知识，为实现四个现代化做出优异的贡献。”[①] 邓小平出席此次会议及其所做的讲话，并不仅仅指向中国工会，而是为改革开放年代群团组织的历史定位框定了方向。群团组织应当紧紧以经济建设为中心，坚决围绕“四个现代化”，发动和动员群众。

因此，时任全国总工会主席倪志福在大会报告中就工会未来一段时期如何围绕四个现代化提出了三方面的要求[②]。第一，高速度地发展工业生产，努力提高劳动生产率，是我们工人阶级的首要任务。第二，实现四个现代化，不但需要一支强大的熟练技术工人队伍，而且需要一大批又红又专的技术干部和管理干部。第三，如果农业上不去，工业也不上去，四个现代化就建不成。转年，1979 年 3 月，全国总工会旋即召开九届二次常委扩大会议。会议指出：“工会工作以生产为中心，主要是不断组织广大职工广泛开展社会主义劳动竞赛，努力增加生产，厉行

① 邓小平：《在中国工会第九次全国代表大会上的致词》，《人民日报》1978 年 10 月 12 日第 1 版。

② 倪志福：《中国工人阶级新的伟大历史使命——在中国工会第九次全国代表大会上的工作报告》，《人民日报》1978 年 10 月 16 日第 1 版。

节约。”[①] 会议同时通过了《加强安定团结，广泛深入地开展增产节约运动》的决议。那次会议也强调了要在职工中加强政治思想工作，其核心也是要把广大工人阶级发动起来，参与到四个现代化建设中。

进入20世纪90年代之后，工会在经济建设中的中心任务无不是围绕国企改革。胡锦涛同志在中国工会第十二次全国代表大会的祝词中指出："转换国有企业特别是大中型企业的经营机制，是当前企业改革的重点。广大职工要积极参与企业的各项改革，为企业走向市场，提高企业素质，增强企业活力作出贡献。”[②] 这是要求工会积极发动职工群众，使职工在国有企业扭亏为盈的过程中发挥能动作用，为国有企业增强活力作出贡献。但对工会而言，更为艰巨的任务在于协助企业安置下岗职工，要在国有企业改制过程中，协调处理好集体利益与个人利益的关系。胡锦涛同志对工会作出指示：“工会组织要进一步在拓宽就业门路、搞好职业培训、开展职业介绍、疏通就业渠道和引导职工转变就业观念、鼓励下岗职工自谋职业等方面加大工作力度。要深入到下岗职工比较多，矛盾比较集中的地方，疏导情绪，化解矛盾，尽力为职工排忧解难，积极配合党委和政府，努力把这方面的工作做得更好。”[③] 为此全国总工会针对下岗职工开展就业培训、职业介绍等工作。按照全国总工会对全国工会的要求，从2002年开始的三年，要“对150万下岗失业人员开展职业培训，为150万下岗失业人员提供职业介绍服务，依靠工会劳动福利事业和工会直接联系，帮助150万下岗失业人员实现再就业”[④]。

伴随国有企业改制的现象是，大批量的职工开始从国有企业、集体

① 新华社：《全总九届二次常委扩大会讨论工作着重点转移　工会工作要以生产为中心　不断组织广大职工广泛开展社会主义劳动竞赛，努力增加生产，厉行节约》，《人民日报》1979年3月3日第1版。

② 胡锦涛：《我国工人阶级的伟大使命——在中国工会第十二次全国代表大会上的祝词》，《人民日报》1993年10月25日第1版。

③ 韩振军、胡健：《胡锦涛在全总十二届五次执委会上要求工会组织　动员职工为国企改革再立新功　尉健行主持会议》，《人民日报》1997年12月7日第1版。

④ 《尉健行在全总十三届九次主席团（扩大）会议上强调　充分发挥工会组织在促进再就业工作中的积极作用》，《人民日报》2002年9月28日第1版。

企业进入外资企业、私营企业就业。在新建企业中建立工会，覆盖职工群众，是工会面临的新情况，需要从事的新工作。早在20世纪90年代中期，中央就要求全国总工会在新建企业中开展工会建设工作。进入新世纪后，这项工作显得更为急迫。2000年，时任中共中央政治局常委、中央书记处书记、中华全国总工会主席尉健行指出："一是必须确立哪里有职工哪里就要建立工会组织的组建原则。"这就是说，要应建尽建。"二是必须建立向乡镇、街道一级延伸的工会组织领导体制。"[①] 这就是说，区域化工会要加强对职工群众兜底作用。2000年底，时任中华全国总工会副主席张俊九提出："力争到2001年底，全国工会会员人数达到1.2亿，到2002年底达到1.3亿。"

1978年10月，韩英在中国共产主义青年团第十次全国代表大会上作了题为《为伟大的新长征贡献青春》的报告。所谓新长征，就是"以实现四个现代化为中心内容的新长征，是伟大中国革命的必然继续，是走向共产主义的必由之路。"彼时，十一届三中全会还未召开，但共青团已经逐步将中心任务转移到经济建设上来。具体来说，首先明确共青团自身的角色，就是要"在加速实现四个现代化的进程中，一定要更加生气勃勃，成为大干快上的英勇突击队"；其次把学习科学技术作为工作路径，"有了正确路线的指引，高速度实现四个现代化的关键就在于掌握先进的科学技术"[②]。

十一届三中全会结束召开以后，共青团中央于1980年1月召开了十届二中全会。在这次会议的大会报告中，韩英要求"各级共青团组织坚定不移地以四化为中心"开展工作。[③] 在这一要求下，共青团在全系统内开展"新长征突击手活动"，发动青年群众为"四化"贡献力量。

---

① 《尉健行在全国新建企业工会组建工作会议上强调　认真学习贯彻党的十五届五中全会精神　进一步加快新建企业工会组建步伐》，《人民日报》2000年11月13日第1版。

② 韩英：《为伟大的新长征贡献青春——在中国共产主义青年团第十次全国代表大会上的工作报告》，《人民日报》1978年10月24日第3版。

③ 新华社：《韩英在共青团十届二中全会所作的报告中强调　坚定不移以四化为中心活跃全团工作》，《人民日报》1980年1月31日第3版。

在1982年12月举行的中国共产主义青年团第十一次全国代表大会上，王兆国在大会报告中对青年争做“现代化突击队”提出了几点要求：一切社会需要的劳动都是光荣的；祖国需要的任何地方，都是我们创业、献身的场所；以主人翁的态度进行积极的创造性的而又有纪律的劳动①。

随着党的十二届三中全会的召开，共青团枢纽作用的发挥有了新的变化。《中共中央关于经济体制改革的决定》旨在通过改革建立充满生机的社会主义体制，提升社会生产力水平。在这一背景下，1984年，在《关于在经济体制改革中充分发挥共青团作用的决定》中，共青团工作任务围绕的中心转为“改革”。该文件明确提出：“带领青年投身改革是共青团的重要使命。”共青团紧紧围绕改革和经济建设开展自身工作。

共青团是中国共产党的助手和后备军。为中国共产党及其事业培养接班人也是共青团的职能。在改革开放和以经济建设为中心的大环境下，共青团培养接班人的工作不仅嵌入其中，更是围绕其展开。宋德福在中国共产主义青年团第十二次全国代表大会报告中提出：“发展社会主义商品经济的过程中树立新的思想观念。”② 这就是要求广大青年能够带头破除旧的经济体制及其相应的思维观念，为新的经济体制落地生根做好精神上的准备。

即便在1989年，这一对于中国共产党执政颇具挑战性的时期，中国共青团仍旧将推动青年参加“劳动生产”作为非常重要的工作任务。在1989年底的共青团十二届二中全会题为《迈好九十年代第一步　为治理整顿和深化改革贡献力量》的讲话中，时任第一书记宋德福把“围绕治理整顿、深化改革的各种形式劳动创造活动”作为过去一段时间内共青团的一大工作内容进行总结。在社会基本稳定的情况下，宋德

① 王兆国：《团结全国各族青年，向社会主义现代化的光辉前程进军!》，《人民日报》1982年12月25日第2版。

② 宋德福：《在建设有中国特色社会主义的伟大事业中继往开来艰苦奋斗——宋德福在中国共产主义青年团第十二次全国代表大会上的工作报告》，《人民日报》1988年5月12日第5版。

福要求全团上下继续把“劳动生产”作为未来一段时期共青团工作的三大任务之一。

事实上，当时间进入 20 世纪 90 年代之后，共青团一如既往地将自身工作与党和国家以经济建设为中心捆绑在一起。按照宋德福在共青团十二届五中全会题为《高举建设有中国特色社会主义的伟大旗帜全面推动共青团工作再上新台阶》讲话中的说法，改革开放后共青团的命运与中国改革是“同频共振”。他还就未来共青团的工作方向指出，“应该从加速改革开放、推动经济发展和社会全面进步的过程中去寻找，应该从建立社会主义市场经济体制的主要环节中去寻找，应该从社会主义市场经济发展的内在规律中去寻找。”这里所说的未来，并不仅仅指未来的一两年或三五年，而是整个 20 世纪 90 年代。用他的话来说，这是“关系到九十年代共青团建设和改革的发展战略”。这就更为清晰地要求共青团要围绕经济建设这个中心发挥枢纽作用。

1978 年 9 月，中国妇女第四次全国代表大会举行。康克清在这次大会上提出了“新时期中国妇女的崇高任务”，就妇联如何围绕“四化”建设动员妇女群众提出明确设想，妇联和妇女运动也要随着党的事业的转向而转向以生产为中心。彼时，十一届三中全会还未召开，即便提出了明确的生产转向，也是以阶级式的话语体系。具体而言，妇女要在“生产斗争”和“科学实验”中立新功，它们是妇女直接致力于四个现代化的举措。“生产斗争是实现四个现代化的中心环节。科学实验是实现四个现代化的关键。”除此之外，按照当时的提法，妇女也要当好“后勤兵”。当好“后勤兵”是妇女群众间接为“四化”做贡献，“为了实现社会主义的四个现代化，必须相应地发展后勤服务工作，使战斗在生产、科研和其他各条战线的同志们解除后顾之忧，集中精力搞好生产，搞好工作。”① 十一届三中全会召开之后，妇联在去除阶级式话语体系之后，号召以生产为中心较之前更为直接。“四化”成为妇联发挥枢纽作用的中心。在全国妇联及多家单位于 1980 年初的一份通知

① 康克清：《新时期中国妇女运动的崇高任务——在中国妇女第四次全国代表大会上的工作报告》，《人民日报》1978 年 9 月 14 日第 1 版。

中，对全国各级妇联及妇女运动的要求是“聚精会神、专心致志搞四化”①。

改革开放以后，城市经济被注入强劲动力。全国妇联敏锐意识到这点。1984 年，全国妇联五届二次执委会报告中也要求各级妇联要抓住这一机遇，推动妇女在城市经济建设中实现自身价值，助力第三产业：“报告指出，随着城市经济体制改革的进行，第三产业的发展，将为妇女就业广开门路。各级妇联组织要抓住这一有利时机，因地制宜地协助有关方面组织待业女青年和转业的城乡妇女积极参加第三产业的建设。”② 这次会议的意义在于，在未来很长一段时间内，妇联将城市第三产业的发展和妇女投身生产、实现价值联系起来，将第三产业视作妇女在经济建设中着重应当参与的领域。1992 年，时任全国妇联主席陈慕华依旧在一次会议中指出：“妇联必须抓住我国大力发展第三产业的机遇，积极兴办为妇女儿童服务的实体，增强妇联自身的凝聚力和实力。”③ 那次会议还总结交流了各地妇联及妇女兴办第三产业的经验。

进入 20 世纪 90 年代之后，随着改革开放地不断深化以及社会主义现代化建设向纵深推进，妇联工作也相应跟上。1993 年中国妇女第七次全国代表大会报告指出，未来五年妇联要发动妇女积极投身改革开放和社会主义现代化建设事业，妇女要发扬“四有”“四自”精神，旨在适应改革开放和社会主义市场经济的形势。1995 年，在全国妇联七届三次执委会会上，时任中共中央政治局常委、书记处书记胡锦涛同志要求妇联的“半边天”作用应更加聚焦农村妇女，“加强引导、组织和服务工作”，通过提高农村妇女的科学文化素质，助力社会主义现代化建设④。到 1998 年，据中国妇女第八次全国代表大会数据显示，农村劳动力中妇女劳动力占 60% 以上，乡镇企业女性从业

① 新华社：《全国妇联等五单位通知纪念“三八”节七十周年　各族姐妹要为四化争作贡献》，《人民日报》1980 年 2 月 1 日第 1 版。

② 新华社：《全国妇联五届二次执委会闭幕》，《人民日报》1984 年 12 月 24 日第 1 版。

③ 胡晓梦、傅旭：《陈慕华在妇联主任会议上提出　妇联工作应服务于经济建设》，《人民日报》1992 年 7 月 21 日第 3 版。

④ 胡晓梦：《团结亿万妇女迈向新世纪　胡锦涛在全国妇联七届三次执委会上强调》，《人民日报》1995 年 11 月 15 日第 1 版。

人员已占40%。

1998 年，我国正值国有企业改革。大批女职工被迫离开国有企业。那年召开的中国妇女第八次全国代表大会围绕这个时代背景，提出“巾帼创新业”的号召，呼吁妇女群众应当转变观念，积极创新，努力探索，投入创业中去。大会报告具体指出：“下岗女职工要进一步转变择业观念，积极参加各种培训，既要在社会急需的社区服务、物业管理、家庭服务等岗位有所作为，又要提高素质，自强创业，积极参与城乡集体经济、个体经济和私营经济的发展，为社会作出更大的贡献。”这是妇联工作结合时代背景的选择，在改革开放二十年之际，发动广大妇女以新的方式、新的精神状态投入经济建设中去。

在 21 世纪的头几年中，帮助妇女群众再就业始终是妇联投身经济工作的核心任务。为此妇联采取了多种举措。一方面，帮助妇女再就业。1998—2003 年的五年间，全国各级妇联举办各类下岗女工培训班，共有 500 多万人次参加，另外还直接帮助 200 多万妇女就业[①]。另一方面，结合妇女自身特征，妇联致力于推动妇女参与创业。为此，妇联打造巾帼家政品牌，开发社区就业岗位。21 世纪的头五年，各级妇联组织共建社区服务实体近 5 万个，大批下岗失业妇女和农村妇女实现创业就业[②]。

### 2. 开展思想政治教育

改革开放初期，工会的思想政治工作主要是动员和教育职工群众坚决拥护“四项基本原则”，把工作重心从阶级斗争转向四个现代化。彼时思想政治工作的核心就是动员职工群众转向发展生产。在 20 世纪 80 年代初期，工会系统花大力气纠正职工群众中存在的“左”的错误，将其注意扭转到国民经济建设中来。例如，1981 年召开的全国总工会九届三次执委会在谈及如何做好思想政治工作时强调：“在生产和工作

① 王比学：《顾秀莲在国务院新闻办举行的新闻发布会上说　我国妇女事业发展实现新的跨越》，《人民日报》2003 年 8 月 15 日第 4 版。

② 邓晓霞：《妇女创业就业工作大有可为》，《人民日报》2006 年 9 月 22 日第 15 版。

上做出优异成绩的人，无限忠诚地爱护国家和人民利益的人，以及其他先进人物和集体，要大力表彰。”①

改革开放以后，共青团在培养社会主义接班人的过程中，始终把政治思想教育作为重要任务。在改革开放初期，关于共青团思想政治教育的要求是明确的。早在 1981 年初，团中央就召开省级团委书记会议，指出：“各级团组织要根据青年的实际，在做好团的各项工作中，把思想政治工作放在领先的地位。”② 尽管如此，彼时关于思想政治教育的内容相对较为模糊和笼统，虽然 1978 年共青团第十次全国代表大会已经明确提出共青团要以四个现代化为中心内容的新长征，但在思想政治教育领域，并没有将“四化”融入其中，当时的提法是“共产主义道德风尚”③、“马克思主义世界观和共产主义道德”④。例如，“青少年要热爱党，热爱人民，热爱祖国，热爱社会主义，胸怀共产主义远大理想……广大共青团员、少先队员都要成为我们整个社会共产主义道德风尚大发扬的促进派”⑤。然而，共青团思想政治教育的内容也在逐步变得更为明确和具体。韩英在共青团十二届二中全会题为《团十大以来的工作和一九八〇年的任务》中提道：“当前，思想教育的核心问题，仍是坚持四项基本原则。只有坚持四项基本原则，才有社会主义现代化。”这份报告同时还要求共青团要教育青年群众听党话、跟党走，“树立以四化为己任的思想，同心同德，艰苦创业，一步一步把四化变为现实”。⑥ 围绕“四化”教育青年开始逐步成为共青团的思想政治教

① 新华社：《全国总工会九届三次执委会号召全国职工　动员起来把国民经济搞上去》，《人民日报》1981 年 10 月 13 日第 1 版。

② 新华社：《团中央召开省、市、自治区团委书记会议确定共青团当前任务　加强青年思想政治工作　发展安定团结大好形势》，《人民日报》1981 年 1 月 20 日第 1 版。

③ 韩英：《为伟大的新长征贡献青春——在中国共产主义青年团第十次全国代表大会上的工作报告》，《人民日报》1978 年 10 月 24 日第 3 版。

④ 新华社：《韩英向共青团十届三中全会报告工作时提出　共青团要办好三件事情》，《人民日报》1981 年 8 月 11 日第 1 版。

⑤ 王敏生：《中国共产主义青年团第十次全国代表大会闭幕词》，《人民日报》1978 年 10 月 27 日第 2 版。

⑥ 新华社：《韩英在共青团十届二中全会所作的报告中强调坚定不移以四化为中心活跃全团工作》，《人民日报》1980 年 1 月 31 日第 3 版。

育工作的主要内容。

到 20 世纪 80 年代末，共青团思想政治教育的内容有所变革。1988 年，宋德福在共青团第十二次全国代表大会上指出：“在改革开放的环境中造就一代四有新人。”① 四有，就是有理想、有道德、有文化、有纪律。转年共青团第二次思想政治工作会议上，他又进一步提升了“四有”的战略高度。他说：“培养有理想、有道德、有文化、有纪律的无产阶级革命事业接班人，是共青团思想政治工作乃至整个共青团组织的根本任务和战略目标，是摆在各级团组织面前的重要课题。”② 围绕“四化”进行思政治教育一直延续至 20 世纪 90 年代。1992 年共青团十二届五中全会上，宋德福再一次指出：“必须强调在改革开放和经济建设和实践中培养有理想、有道德、有文化、有纪律的社会主义事业接班人，这是党交给团的任务，也是团的政治优势所在。”

进入 21 世纪后，随着中国共产党自身理论体系的不断完善，共青团政治思想工作的内容也以与时俱进。在青年中对其进行中国共产党理论教育成为共青团思想政治工作的重要任务。2002 年，在中国共青团成立八十周年庆祝大会上，时任中共中央总书记江泽民同志指出：“中国共产党总结 80 年的奋斗历程和基本经验，展望新世纪的艰巨任务和光明前途，提出了‘三个代表’要求，这是中国共产党的立党之本、执政之基、力量之源，也是我们党和国家一切工作的根本指针。广大青年要坚持以马克思列宁主义、毛泽东思想、邓小平理论为指导，认真学习‘三个代表’要求。”③ 2012 年，在中国共青团成立九十周年庆祝大会上，时任中共中央总书记胡锦涛同志指出：“广大青年要以邓小平理论和‘三个代表’重要思想为指导，深入贯彻落实科学发展观，牢记光荣使命，珍惜宝贵机遇，以坚定的信念、宽广的胸怀、创造的激情、

---

① 宋德福：《在建设有中国特色社会主义的伟大事业中继往开来艰苦奋斗——宋德福在中国共产主义青年团第十二次全国代表大会上的工作报告》，《人民日报》1988 年 5 月 12 日第 5 版。

② 袁建达：《宋德福在共青团思想工作会议上说 培养四有新人是团的根本任务》，《人民日报》1989 年 11 月 25 日第 3 版。

③ 江泽民：《在纪念中国共产主义青年团成立八十周年大会上的讲话》，《人民日报》2002 年 5 月 16 日第 1 版。

务实的态度，踊跃投身改革开放和社会主义现代化建设伟大实践，努力做科学发展的奋力推动者、和谐社会的积极构建者。”①

### 3. 维护群众权益

在中华人民共和国成立后的一段时期内，工会维护职工权益曾被认为是犯了“工团主义”“经济主义”错误，因此工会的维权职能在很长一段时间内甚少被提及。改革开放后的工会首要任务是动员职工群众参与生产，维权职能在改革开放初期也没有成为主要任务。虽然邓小平在1978年的致辞中已经提及相关内容，但并没有用“维权”等说法。邓小平说：“工会要努力保障工人的福利……是工人信得过的、能替工人说话、替工人办事的组织。”② 因此，在改革开放初期，工会只是把替工人说话、帮工人办事作为工会其他工作的手段。在1980年全国总工会召开的职工政治思想工作座谈会上，有同志提出来：“职工队伍特别是青年工人中的一些思想问题，是同存在着不正之风和一些实际问题没有解决分不开的。工会要敢于替工人讲话，想方设法解决青工迫切要求解决的实际问题，维护工人群众的经济利益和民主权利。”③

1983年，中国工人第十次全国代表大会召开。李先念在此次大会致辞中指出：“工会要切实代表和坚决维护职工的利益。工会是职工群众自身利益的保护者。各级工会必须旗帜鲜明地同一切危害职工利益的现象作坚决斗争。”④ 从那次大会开始，“维护职工权益”开始进入工会工作的视野中。那次大会通过了新版《中国工会章程》，章程开篇说道：“新时期工会工作的方针是，以四化建设为中心，为职工说话、办事，维护职工的合法权益……”

就工会维护职工利益的问题，那次大会形成了两大突出之处。第

① 胡锦涛：《在纪念中国共产主义青年团成立90周年大会上的讲话》，《人民日报》2012年5月5日第4版。

② 邓小平：《在中国工会第九次全国代表大会上的致词》，《人民日报》1978年10月12日第1版。

③ 新华社：《青工教育是职工思想政治工作的重点》，《人民日报》1980年7月31日第4版。

④ 李先念：《在全国工会十大上的致词》，《人民日报》1983年10月19日第1版。

一，大会基本明确了工会应当如何维护职工的利益。这从倪志福的大会报告可见[①]。其一，“搞好安全生产，加强劳动保护，是维护职工利益的一项极其重要的内容”；其二，“工会要切切实实地为群众办力所能及的、具体的好事”；其三，“工会要善于通过劳动立法和运用法律武器来保障职工福利”。第二，大会充分注意到既有体制下“双维”的内在张力。倪志福在报告中指出：“既坚定不移地维护国家利益和集体利益，又坚决维护职工的切身利益。不能把这‘两个维护’分割、对立起来。”

事实上，在经济体制改革大潮下，工会履行维护职工权益职能从一开始就小心翼翼。在 1988 年中国工会第十次全国代表大会的报告中，倪志福这样描述维权职能：“今后一个时期工会工作的方针是：以经济建设为中心，立足改革全局，把发展社会生产力和维护职工具体利益结合起来……”所谓职工具体利益，一方面是指职工的收入水平；另一方面是指职工的就业权利。在 20 世纪 80 年代末的经济改革大潮中，全国范围内的物价迅速上涨，这在一定程度上降低了职工工资的购买力。与此同时，企业转制导致部分职工开始跳出体制内单位。这两大背景促使工会维权职能依此展开。

2004 年下半年，时任中共中央总书记胡锦涛同志对义乌市总工会开展的社会化维权作出肯定性批示。这对全国工会加强和推动维权工作是一个巨大的激励。2005 年 9 月，全国工会维权机制建设经验交流会在义乌召开。当年 12 月，中华全国总工会第十四届执委会第三次全会审议通过《中华全国总工会关于加强协调劳动关系、切实维护职工合法权益、推动构建社会主义和谐社会的决定》。这份文件提出工会将建立健全包括工会宏观参与机制、基层劳动关系协调机制、职工民主管理机制、劳动法律监督机制、劳动争议预警和处理机制、工会困难职工帮扶机制在内的六大维权机制，以及明确工会维护职工权利包括七个方面：劳动就业权利、获得劳动报酬权利、社会保障权利、劳动安全卫生权利、民主权利、精神文化权利、社会权利。可以说，前后一年多的时

① 倪志福：《在社会主义物质文明和精神文明建设中发扬工人阶级的主人翁精神——在中国工会第十次全国代表大会上的工作报告》，《人民日报》1983 年 10 月 27 日第 2 版。

间，在时任总书记批示推动下，中国工会通过立法形式从宏观上极大完善了维权职能的边界。

从 1980 年开始，维护妇女权益开始明确成为妇联发挥枢纽作用的重要内容。在那年初，全国妇联明确提出要“维护妇女的合法权益，关心妇女生活”[①]。由于依旧存在歧视、摧残、迫害妇女等现象，全国妇联要求各级妇联要解决妇女切身问题，关系妇女群众。当年下半年，全国妇联召开执委扩大会议，研究讨论维护妇女权益问题。这次会议不仅梳理了当时妇女权益受到侵害的具体情况，例如同工同酬、待业、歧视、虐待等问题，更为重要的是，提出妇联工作的性质和任务决定“其要把保护妇女合法权益放在更重要的位置，为妇女说话，不怕得罪人，不怕担风险”[②]。

1983 年，中央书记处甚至指示妇联要抓好维护妇女和儿童合法权益这件大事。随后，全国妇联四届七次常委扩大会议通过了《关于认真贯彻中央书记处指示精神，坚决维护妇女、儿童合法权益的决议》。这份决议要求各级妇联通过法制宣传教育、典型人物宣传、部门协同、建立法律顾问机构等方式维护妇女儿童权益[③]。

1982 年，我国修改了《中华人民共和国宪法》，妇联开展维护妇女儿童合法权益的工作将依托这部宪法展开。1983 年，中国妇女第五次全国代表大会提出要坚决维护妇女儿童合法权益，抚育、培养、教育儿童少年健康成长。康克清在大会报告中指出：“宪法和法律赋予妇女儿童的权益包括两个方面。一是男女公民共同享有的基本权利和义务。二是针对妇女儿童中存在的特殊问题而规定的权益。”[④] 围绕这两个维度

① 新华社：《全国妇联等五单位通知纪念“三八”节七十周年　各族姐妹要为四化争作贡献》，《人民日报》1980 年 2 月 1 日第 1 版。

② 新华社：《全国妇联执委扩大会议决定改革妇联工作　反映妇女群众要求　保护妇女合法权益》，《人民日报》1980 年 10 月 27 日第 1 版。

③ 孙笑鸣、李尚志：《妇联常委扩大会要求各级妇联贯彻中央书记处指示　把妇联建成保护教育妇女儿童的权威团体　大力进行法制教育，联合社会有关方面共同维护妇女儿童合法权益》，《人民日报》1983 年 4 月 29 日第 1 版。

④ 康克清：《奋发自强开创妇女运动新局面——在中国妇女第五次全国代表大会上的工作报告》，《人民日报》1983 年 9 月 14 日第 2 版。

展开，妇联不仅要打击一切侵犯妇女和儿童权益的行为，更要通过积极的方式，宣传引导社会尊重和保护妇女和儿童。

进入 20 世纪 90 年代之后，国家愈发重视妇女儿童权益保护工作。一方面，加大机构设置力度，1990 年开始，各级政府、人大、政协先后成立了妇女儿童工作机构；另一方面，加大妇女儿童立法保障力度。1992 年，《中华人民共和国妇女权益保障法》正式颁布实施。在这一背景下，1993 年召开的中国妇女第七次全国代表大会要求各级妇联一方面协同政府、人大、政协的相关机构做好妇女儿童权益保障工作；另一方面要求各级妇联加大普法、用法宣传，推动《妇女权益保障法》的贯彻落实。

# 第二章　群团改革与新时代

## 一　群团改革的时代背景

### 1. 执政党提升政党认同巩固执政根基

近几十年以来，有越来越多的西方学者开始关注西方社会意识形态衰落、政党衰落的问题。新世纪以来，也有很多中国学者开始关注多党轮流执政国家的政党衰落、政党转型、政党认同、政党调适等现实与理论问题。对于这些西方国家而言，真正的危机并不是政党现象本身的衰退，而是百余年间兴旺发展的以工人为社会基础的社会民主党在寻求执政过程中的屡屡败退。按照一些学者的观点，“对西方而言，政党认同与政治合法性、国家认同等相关概念是界限明晰的，政党认同的危机不会带来国家政治体制的危机”。① 显然，这一情况迥异于中国共产党及其领导下的中华人民共和国。然而，对于任何执政党而言，提升政党认同，巩固执政基础，是自执政之日起需要共同面对的问题。就此而言，中国共产党也无法例外。

坎贝尔等人基于多党轮流执政的政党体制提出了“政党认同”的概念：个体在其所处环境中对重要的群体目标的情感倾向，就是选民在心理上对某一政党的归属感或忠诚感②。我们国家虽然实行的是中国共产党领导下的多党合作和政治协商制度，但具有高度整合性的“政党认同”概念可以成为执政党是否赢得民心、获得民众认可的最高指标。

---

① 柴宝勇：《论政党认同的含义及其要素》，《探索》2009 年第 1 期。

② 柴宝勇：《论政党认同的含义及其要素》，《探索》2009 年第 1 期。

如果执政党从“利益诉求、意识形态、信任、正义”[①] 等各方面获得民众认同，其执政根基势必是稳固扎实的。中国共产党自执政以来，一直格外重视群众工作和群众基础。虽未提出政党认同等西方式的概念，但其群众工作的最终目的也就是获取群众的政党认同。中国共产党因为具有扎实的群众基础才能登上历史的舞台。自执政那天起，中国共产党始终清醒地认识到群众基础的重要性和群众工作的持久性。

中国共产党在多年的群众工作中不可避免地感受到来自外部和内部的诸多风险和挑战，诸如国际上工人阶级政党的衰落和转型，国内经济、政治、社会领域问题的凸显等，然而互联网才是新世纪以来中国共产党提升政党认同巩固执政根基面临的最大环境变量。

第一，互联网使得传统宣传渠道边缘化。革命年代的宣传工作曾经是我们党夺取政权的有力法宝，建设年代的宣传工作曾经是我们党发动和动员群众的秘密武器，然而互联网的兴起是电视、报纸等传统宣传媒介不得不面对的巨大挑战，群众很可能不看《人民日报》，不看《新闻联播》，但不上网的群众越来越少。截至2017年底，中国网民的数量已经高达7.72亿。如果把1994年作为中国互联网元年的话，1997年的1月1日，由《人民日报》主办的人民网就已正式上线，2000年12月12日，人民网、新华网、央视国际网等一批官方媒体的网络平台获得国务院新闻办的批准，可以登载新闻。官方主流媒体“触网”的历程也许仅仅短于中国互联网的历史，然而，即便是在网上，官方主流媒体在影响力上也面对其他大众媒体的有力竞争。

意识形态是任何一个执政党巩固执政根基的结构性武器，政治态度是执政党日常活动蕴含的必然元素。作为意识形态和政治态度传播的主阵地，传统媒体的传播效力受到了互联网的极大冲击。主流媒体以往的主流地位正在受到挑战。意识形态和政治态度是基层群众和基层干部自觉融入政治整合的思想中心，如果执政党的意识形态和政治态度在自上而下的传播过程中受阻，对于一个现代化政党而言，是对政治整合的威胁。互联网的出现实质是科技创新倒逼执政党革新宣传手段。执政党在

① 史献芝、赵天娥：《政党认同的生成机制：解析与建构》，《探索》2011年第5期。

倒逼情况下能否积极主动适应互联网构建的全新环境，直接关乎执政理念能否顺利传播，进而决定基层群众工作的思想武器是否牢靠。

第二，互联网催化中产者群体意识形成。马克思主义理论从根本上来讲认为社会存在决定社会意识，然而从自在到自为的过程还需要群体意识的助推。马克思撰写《共产党宣言》实际上就是试图唤醒工人群体的阶级意识；当代中国中产者群体意识的形成很大程度上归功于互联网，Web2.0 时代的 BBS、个人主页、博客、微博、微信等互联网社交产品为中产者互动搭建了制度化平台。这些深受群众欢迎的技术平台为同质性群体互动制造了可能，使得原子化个体汇集成具有集体意识的群体有了制度化的途径。

Web2.0 之后，网络制度化互动平台成为每一次社会公众事件爆发和传播的主要途径。这些事件对执政党的深远影响在于，每一次事件都成为唤醒和激发中产者群体意识的导火索。执政党通过管控传统媒体的方法管控社会公众事件在网络中的传播，不仅不利于基层群众工作的推进，反而有可能进一步催化中产者的负面群体意识。摆在中国共产党面前的局面是，如果在群众工作中不合理介入互联网、不积极利用互联网，互联网就会在群众工作中极具破坏性。互联网已经成为中产者汇集之地，执政党要做好群众工作，就必须要占领这块阵地。

第三，互联网为党的基层组织建设开辟新渠道。中华人民共和国成立以后，中国共产党仿照“支部建在连上”，把基层党组织一直建到社区、生产队、企业。基层党组织就像毛细血管一样分布在社会每个角落，基层党员是基层群众工作的重要主体。近些年出现所谓的“口袋党员”“地下党员”实际上意味着传统的基层组织建设失去了实际效力。组织依旧健全，但工作已经空转；党员在流动，普通群众更是在流动，党员消失在群众中。非公企业党建和社会组织党建试图弥补这一缺陷，但工作覆盖的难度远远大于组织覆盖的难度。摆在执政党面前的难题是，通过传统的组织方式是否能够有效针对大规模的流动性人口展开扎实的群众工作。如果依旧因循原有组织方式，会不会导致基层组织空心化进而导致基层群众工作空心化？

互联网诞生为基层组织建设提供新的可能。组织建设和工作覆盖如果接纳互联网，将会形成全新的局面。互联网将会重新连接起组织和个人、党员和群众；互联网将会为基层群众工作提供崭新的工作资源、工作方法和工作手段。互联网是群众喜欢去的地方，也应该成为基层组织喜欢去的地方；互联网是群众喜欢用的工具，也应该成为基层组织善于使用的手段。能不能形成基层组织和互联网的有效融合，就意味着未来很长一段时间内基层组织工作是否能够有效开展，决定基层群众工作能否助推执政根基的巩固。

对于群团组织而言，拥抱互联网就是拥抱群众工作，反之，就是疏离群众。群团组织是中国共产党革命以来的得力助手，在改革年代，群团组织能不能真正提升群众对执政党的认同感，必定离不开互联网的介入。执政党可以在互联网上失去群众，也可以在互联网上赢得群众。互联网是群众，特别是中产者的舞台，也可以成为执政党的舞台。如果说哪里有群众哪里就有执政党的群众工作，那么互联网肯定是群团组织必争之地。

### 2. 社会结构变迁对社会治理提出新情况

改革开放以来，我国整体社会经历了结构性变迁。社会结构变迁表现为社会利益分化、多元利益主体形成、社会阶层流动固化。社会结构变迁带来的副产品是社会冲突开始大规模显现，有些甚至激化为社会矛盾。据相关学者根据公开数据估算，2013 年以来，全国每年信访总量维持在 700 万件左右；自 1993 年到 2012 年，全国每年群体性事件数量从 0.87 万起攀升到 16.3 万起；自 2008 年新《劳动合同法》实施以来，全国每年劳动争议案件维持在 64 万件左右[①]。另外，据司法部数据显示，近些年由人民调解组织调解的各类矛盾纠纷每年在 900 万件左右[②]。如何化解这些社会矛盾，直接关系到改革是否成功，进而关系到执政党执政根基是否稳固。化解社会矛盾从来都是社会治理的重要内

① 朱力等：《现阶段我国社会矛盾演变趋势、特征及对策》，中国社会科学出版社 2018 年版，第 129、130 页

② 数据参见 http：//www.xinhuanet.com/legal/2018-04/27/c_1122753474.htm。

容，对社会治理的呼唤从某种程度而言也是在社会矛盾调处中对多元主体参与的呼唤。

化解基层政府在应对社会矛盾中的压力需要多元主体参与。基层政府是化解社会矛盾的一线，也是对社会矛盾压力感受最直接的主体。在发展脚步仍未停歇的情况下，基层政府应对社会矛盾的压力也不会停歇，而且只会增大不会减小。化解社会矛盾，首先得化解基层政府的压力。这种压力既来源于基层政府权责不对等下的无力感，也来源于政府规模与矛盾体量间的张力感，更来源于基层政府与成文制度的距离感。对多元主体介入的呼唤，基层政府必定是呐喊者。

矛盾调处需要依赖专业力量介入。社会矛盾调处是专业性极强的工作，特别是在劳动纠纷、婚姻家庭等领域，对法律、法规、政策的熟悉程度，以及对政府相关机构运行程序的熟悉程度，是能否成功调解社会矛盾的关键。社会矛盾调处是否彰显专业性，很多时候决定涉事主体是否对调解者保持信任感，进而决定社会矛盾调处的成效。对于很多基层政府而言，能否引入多元力量参与化解社会矛盾工作，关键在于能否找到恰到好处的专业力量。

预防社会矛盾需要多元主体深入群众。任何社会矛盾都经历从无到有的过程，都是从火星变成火花进而演变成大火。灭火星比灭大火容易。要发现火星，就需要走近群众，甚至走进群众，深入群众是关键。走到群众身边，感知其工作和生活，光靠基层政府，肯定是不够的。中国历代也并非靠基层政府进行治理。能否动员多元主体参与，关系到能否有效预防社会矛盾，在矛盾爆发和上交之前，形成第一道过滤网。

与此同时，社会结构变迁推动了社会事业中供需结构转型。在单位制解体之前，就业、教育、医疗、住房等社会事业都属于单位范畴。因此在进入新世纪之前，党的文件中甚至都不存在有关社会建设、社会事业、社会治理的单独篇幅。社会事业的相关内容分属“三个文明”建设，单位是“三个文明”建设的基层责任主体。单位制解体之后，社会事业逐渐受到关注。根源性的问题在于，社会事业的供需双方都发生了结构性转型并在转型过程中形成了供需矛盾。

从供给侧来看，自 20 世纪 90 年代开始的社会事业市场化供给造成社会资源分配不均，部分地方政府在发展逻辑主导下疏于兜底型保障。社会事业本来是单位的职能，单位把职能交给市场之后，市场的确很好地拾起了接力棒。更高水准的教育服务，更高水准的居住条件，更高水准的医疗条件，更充分的就业选择，这都是市场化为社会事业注入动力的体现。但问题是，市场主体追求效率而不是公平，甚至有损公平。趋利性促使其只追求覆盖优质消费者，然而社会事业的覆盖面是无一例外的每个公民。那些市场主体没有覆盖、不想覆盖的公民不仅无法享受到市场主体生产的高质量社会产品，反而有可能在客观上被迫接受更低质量的社会产品。在没有国家介入的情况下，社会事业中的效率和公平就是零和博弈。

改革开放以来，我国经历了四十多年的高速发展。地方政府在发展逻辑主导下，投入巨大精力在经济建设和发展中，也取得了显著的成果。如果地方政府在经济建设中的投入可以立竿见影的话，试图在社会事业中投入获得成效则是缓慢和间接的。这在很大程度上降低了部分地方政府关注社会事业的积极性。部分地方政府勤于经济建设，疏于社会建设，在社会事业中投入的精力和财力相对不足。这在客观上不利于全体国民无差别地享受社会产品。在通过市场渠道供给社会产品存在结构性缺陷的情况下，确实存在针对社会中下层群众的社会产品供给不足的情况。

从需求侧来看，大规模的流动性人口存在追求更高质量社会产品的诉求。流动性人口包括但不限于流动人口，流动性人口是指在居住和职业两个维度不具有稳定性的人群，是政治整合意义上的概念。因此，进城务工人员是流动人口，也是流动性人口。城市人口，但在体制外单位就业的人群，虽不属于流动人口，却属于流动性人口。流动性人口选择变更居住场所和职业，根本上是对美好生活的向往。享受高质量的社会产品，是美好生活的重要内容。

城乡二元结构下，城市社会事业水平远高于农村。对于进城务工人员而言，他们渴望在城市享用社会产品。特别是第二代、第三代进城务工人员，和前辈不同，他们不仅希望在城市工作，也希望在城市生活。流动的目的不是回去，而是留下。城市社会产品对于他们而言已经不是可有可无，而是必不可少。对于城市人口而言，他们渴望享用更高质量的社会产品。但是在大城市人口急剧膨胀的情况下，社会产品供给和对社会产品的需求成为很难调和的张力。例如，2009 年和 2010 年杭州市户籍出生人口分别为 62441 人和 69606 人，这就意味着大致上杭州市 2018 年比 2017 年需多接纳 7000 名左右的学龄儿童。假设每所学校年招生规模是 500 人，大致上需要新增 14 所学校才能完全消化新增规模。考虑到全面放开二孩政策的实施，如果进一步比较 2013 年和 2014 年的数字，这一问题更为突出。因此，即便对于城市本土人口而言，在高质量社会产品作为稀缺资源的情况下，这方面的诉求同样非常强烈。

社会治理视野下的社会矛盾和社会事业，核心要义是多元主体参与。指望群团组织参与就能从根源上消除当前社会治理的困境是不现实的，但群团组织主动应对社会治理提出的新情况，缓解政府部门工作压力，应当成为群团组织调整自身功能定位、实现自身价值的方向。这不仅是党委、政府对群团组织的呼唤，更是群众对群团组织的呼唤。

## 二　群团改革的社会需求

习近平总书记在 2015 年中央党的群团工作会议上指出，要坚持从群众需要出发开展工作，做到精准服务、供需对路，要把群众意愿和呼声、困难和问题了解掌握起来，把准群众需求的脉搏，实实在在搞好服务。工会、共青团、妇联做好服务工作，首先在于精准掌握群众需求。差异化的社会需求是群团改革着力点。为此，笔者针对民营企业员工以及产业工人这两个重点群体，在人才公寓、企业孵化器、产业园区开展问卷调查，旨在掌握蓝领和白领的需求状况。经济社会发展至现阶段，他们是新业态新领域中的主力军，也是工会、共青团、妇联需要重点覆盖的目标群众。通过定量数据为工会、共青团、妇联制定需求清单和服务清单提供参考。

### 1. 调查的总体情况

本次调查共发放问卷 550 份，回收有效问卷 497 份，回收率

90.3%。在人才公寓中，采取挨户上门发放的方法；在企业孵化器中，采取挨户上门发放的方法；在产业园区，采取集中填答的方法。为提高问卷回收率，为每位问卷填答者发放了小礼品。

在样本中，男性占43.9%，女性占56.1%。受教育程度集中分布在中专、大专、本科，分别占26.4%、23.3%、32.2%。其中，白领群体中，有37.7%是本科学历，在蓝领群体中，有27.1%是本科学历。

从样本来看，年收入主要分布在36000—60000元，共占55.2%。另外，有14.7%的样本年收入在36000元以下；有12.1%的样本年收入在60000—90000元之间；有7.7%的样本年收入在90000—120000元之间；有3.6%的样本年收入在120000—150000元之间；有2.6%的样本年收入在150000—180000元之间；有4%的样本年收入在180000元以上。无论是蓝领还是白领，年收入主要都分布在36000—90000元之间，分别占样本容量的68.6%和65.3%。但是在特定收入段，白领和蓝领的分布有明显差异。有23.6%的蓝领年收入在36000元以下，但是，只有5.1%的白领年收入在36000元以下。有7.9%的蓝领年收入高于90000元，但是，有29.1%的白领年收入高于90000元。

从样本来看，户籍情况以农业户口居多：有31.8%的样本是非农户口；有66.8%的样本是农业户口。这种分布状况在蓝领和白领之间没有明显区别。在白领样本中，非农户口和农业户口分别占28.9%和68.2%；在蓝领样本中，非农户口和农业户口分别占34.5%和65.5%。

从样本来看，已婚比例低于未婚比例，前者占35.6%，后者占63.2%。但是这一数字在白领和蓝领之间呈现非常明显的差异，在白领样本中，已婚和未婚比例分别是13%和87%，但是在蓝领样本中，已婚和未婚比例分别是56.6%和41.1%。

从样本来看，年龄分布主要集中在青年群体，分别有46.9%、18.9%、12.5%的样本分布在22—25岁、26—29岁、30—33岁之间，22—33岁的样本占比接近80%，另外，有16.4%的样本在34—49岁之间。但是，白领和蓝领的年龄分布有明显差异。在白领样本中，有94.4%分布在22—33岁之间，但在蓝领样本中，只有62.9%分布在这一年龄段。在其他年龄段，蓝领分布状况虽然比重相对减少，但也相对平均。

### 2. 目标群众对工会、共青团、妇联的总体需求期待

从总体情况来看，被调查者期待工会履行的职能依次是开展职工医疗互助（31.6%）、组织工作技能培训（31.2%）、组织开展文化体育活动（21.7%）、工资集体协商（20.1%）、创业扶持（16.9%），深入剖析发现，白领和蓝领两大群体对工会的期待有所差异，白领对职工医疗互助（39.5%）、工作技能培训（36.8%）、工资集体协商（31%）特别期待，反映了白领对更好物质生活的迫切追求。蓝领和白领的差异主要体现在对文化体育活动的期待上，有23.5%的蓝领期待工会在这方面发挥作用。这是由于蓝领普遍感到业余生活较为贫乏，因此希望工会帮助其改善业余生活质量。

从总体情况看，被调查者期待共青团履行的职能依次是兴趣爱好活动（35.6%）、创业扶持（32%）、青少年维权（25.2%）。深入剖析，白领和蓝领都较为期待共青团展开创业扶持（33.2%、31%）和组织开展兴趣爱好活动（34.9%、36.4%）。然而，有两组数据值得注意。其一，蓝领对共青团青少年维权（31%）职能和经济特困帮扶（18.2%）职能的期待程度远远超过白领。其二，在留守儿童帮扶（15.1%）和外地进城儿童教育（12.4%）这两个选项上，蓝领也有相对较大期待，白领在这两项上的期待均为个位数。数据说明，共青团工作应该更多聚焦蓝领物质条件改善及对其下一代关爱。

从总体情况看，此次女性被调查者期待妇联履行的职能依次是专业资格证考试培训（25.4%）、工作技能培训（21.9%）、创业扶持（19.4%）。妇联的家庭纠纷调解、家暴维权职能获得的期待程度相对较低，只有10%左右。这表明，当代女性更为期待在职业领域获得妇联帮助，在家庭领域对妇联的期待已经降低很多。这和女性收入水平相对较低有关系。调查数据显示，年收入在36000元以下（16.1%）以及36000—60000元（64.9%）的女性比例均高于男性，被调查女性中，年收入高于60000元的比例不足女性总数的20%，且每一档的比例均少于男性被调查者。

女性白领和女性蓝领对妇联的需求期待还是有所差异的。一个差异是，只有10%不到的白领女性对妇联在家庭内部关系中履行家庭纠纷调解、家暴维权、未成年子女关爱等职能有所期待，但在女性蓝领中，对妇联履行家庭纠纷调解（17.9%）、未成年子女教育方法指导（20.1%）、未成年子女关爱（14.2%）职能的期待明显高很多。另一个差异是，女性蓝领比女性白领更期待妇联在职业领域发挥职能，女性蓝领在专业资格证考试培训（32.8%）、工作技能培训（26.9%）、创业扶持（21.6%）、职业介绍（17.9%）选项上的数据均高于女性白领。数据说明，女性蓝领对妇联职能发挥的期待程度更高。

### 3. 对目标群众需求期待的分析

对未成年子女帮扶的需求期待。未成年人保护和帮扶是共青团和妇联传统的工作领域。持有农业户口的被调查者对工会、共青团、妇联在未成年子女帮扶领域开展工作有较大的期待。在本次调查的民营企业白领和蓝领中，持有农业户口的人群占据了66.8%，他们大多数是异地工作。有些被调查者将子女留在老家，有些将子女带进城市，有些虽然未婚，但很快也将面临类似问题。因此，在问卷的相关部分，有关问题的应答率明显比其他部分更高，说明被调查者普遍希望工会、共青团、妇联加强未成年子女帮扶工作。

针对留守儿童，工会、共青团、妇联大有可为。在持有农业户口的被调查者中，42.2%期待工会、共青团、妇联针对留守儿童开展心理问题辅导；36%期待工会、共青团、妇联能够协助维护留守儿童上学的权利；34.8%期待工会、共青团、妇联针对留守儿童开展夏令营等集体活动；33.5%期待工会、共青团、妇联在留守儿童及其家长中开展安全卫生健康教育；还有24.8%期待工会、共青团、妇联针对留守儿童开展课外辅导。

针对城市中的务工人员子女，工会、共青团、妇联应当有针对性地开展服务。其中，期待最高的依然是上学问题。在持有农业户口的被调查者中，有高达47%希望工会、共青团、妇联协助维护城市中的外来务工人员子女的上学权利。分别有30.4%和29.8%希望工会、共青团、妇联针对城市中的外来务工人员子女开展心理问题辅导和夏令营等集体活动。

对技能培训的需求期待。工会、共青团、妇联日常工作都涉足职业技能培训。就具体的职业技能培训项目，男女两性的需求期待差异符合其性别特征。数据显示，就烘焙（12%、25.1%）、化妆美容（1.8%、14.7%）等两项技能，女性被调查者显然更为热衷。就企业管理（30.4%、9.3%）、驾驶（18%、7.5%）、计算机（32.7%、13.3%）、数控（7.4%、1.1%）、汽车维修（10.6%、0.7%）、电力（10.1%、1.1%）、市场营销（17.1%、8.6%）、广告设计（6.5%、2.5%）等技能，男性被调查者更为热衷。就烹饪（20.7%、19.7%）、财会（13.4%、10.8%）、外语（26.7%、23.3%）三项技能，男女两性的需求期待较为接近。

在技能培训方面，白领和蓝领对工会、共青团、妇联的期待较为接近。白领更为期待获得外语（26.1%）、计算机技术（18.9%）、企业管理（18.9%）、烹饪（18.9%）、烘焙（15.5%）的技能培训，蓝领更期待获得计算机技术（24.4%）、外语（23.6%）、烘焙（22.9%）、烹饪（21.3%）、企业管理（18.2%）的技能培训。

就技能培训的形式，白领（66%）和蓝领（46.5%）最为倾向的培训形式是由上级群团统一安排，职工自主选择培训项目。由于蓝领所在企业规模相对较大，有相当比例的蓝领（22.9%）希望由企业群团统一在企业内部安排培训，相较而言，由于白领择业的灵活性和可变性，部分白领（15.1%）期待在市场上自主选择培训项目，然后由群团组织承担部分费用。

对权利维护的需求期待。维护职工权益是工会的基本职责。在职业领域维护自身合法权利时，蓝领对工会的期待明显更高，更希望工会、共青团、妇联介入。当被问及，假如您所在企业拖欠工资，您是否希望工会介入，有42.4%的白领和62%的蓝领表示“非常希望”。当被问及，假如您所在企业有违反《劳动法》嫌疑时，您是否希望工会介入，有38.2%的白领和有56.2%的蓝领表示“非常希望”。当被问及，假如您和同事希望提高工资收入，您是否希望工会介入时，有16.8%的白领和 48. 8% 的蓝领表示“非常希望”。形成这一现象是因为，白领和蓝领对工会帮助职工维权的认知有较大差异。只有 21. 4% 的白领表示，工会介入维权“肯定有用”，但有 47. 3% 的蓝领持相同态度。另一组数据显示，只有 13. 4% 的白领表示，工会介入企业欠薪“肯定有用”，但有 38. 8% 的蓝领持相同态度。

对创业扶持的需求期待。进入新世纪以来，工会、共青团、妇联都将创业扶持作为服务内容之一。男性相较女性更希望工会、共青团、妇联对其创业活动进行扶持。数据显示，有 23. 9% 的男性希望工会就其创业提供帮助，相应地，只有 11. 5% 的女性对工会有相同期待；有 45. 6% 的男性希望共青团就其创业提供帮助，相应地，只有 21. 5% 的女性对共青团有相同期待。当被问及，希望工会、共青团、妇联在创业方面提供哪些帮助时，男性在每个选项上的期待都高于女性，部分选项上的期待差异甚至较大。调查发现，这并非是因为女性不需要工会、共青团、妇联对其进行创业帮扶，而是因为女性相较男性在创业意愿和创业准备上相对较弱。

就创业创新，被调查者主要希望工会、共青团、妇联在五个方面提供帮助，依次是市场信息获取（28. 6%）、管理知识培训（24. 6%）、办公场地支持（21. 1%）、税收优惠（19. 3%）、相关政策培训（17. 5%）。

对交友婚恋的需求期待。近来，共青团开始加强青年群体交友婚恋的工作力度。本次问卷调查的对象大多集中在 22—33 岁的适婚年龄。未婚人数占样本容量的 63. 2%。在未婚被调查者中，分别有 29% 和 38. 2% 表示“非常希望”或者“有点希望”参加由工会、共青团、妇联安排的相亲交友活动，另有 18. 8% 表示“不好说”，态度呈模棱两可。

男女间的参与态度总体相同，但略有差异。男性参与态度较为坚决，女性则较为委婉。有 35. 5% 的未婚男性态度坚决地表示“非常希望”参加工会、共青团、妇联安排的相亲交友活动，但只有 25. 1% 的女性态度较为坚决。有 30% 的未婚男性表示“有点希望”参加工会、共青团、妇联安排的相亲交友活动，有 43. 2% 的未婚女性持有这一态度。

不同收入群体的参与态度也有所差异。年收入在36000元以下以及36000—60000元之间的未婚人群中，大约有70%表示“非常希望”或者“有点希望”参与工会、共青团、妇联安排的相亲交友活动，但在年收入在60000—90000元以及90000—120000元之间的未婚人群中，相应的比例下降至50%左右，年收入再往上攀升，参与意愿更弱。

不同户口性质的参与态度也有差异。在非农户口的未婚被调查者中，有20.8%态度坚决地表示“非常希望”参加，另有41.7%委婉地表示“有点希望”参加。但在农业户口的未婚被调查中，态度坚决地表示“非常希望”参加的有31.9%，另有37%委婉地表示“有点希望”参加。

在未婚人群中，对共青团安排的相亲交友活动最大的期待是活动内容吸引人和具有隐私性，分别有28.1%和29.3%的未婚人士选择了这两项。有16.1%和12.5%的未婚人士表示，参加人员的工作和经济条件是共青团安排活动时需要考虑的因素。另外，有19.5%的未婚人士表示，共青团在安排相亲交友活动时最好选择相对较近或者较方便抵达的地点。

对社会文化活动的需求期待。社会文化活动是共青团和工会的传统服务内容。被调查者普遍较为希望工会、共青团、妇联组织开展社会文化活动。有44.3%的被调查者希望能够参加工会、共青团、妇联安排的兴趣爱好活动，如摄影等。有17.9%和14.9%的被调查者希望工会、共青团、妇联安排科普展览或者影视文化表演。另有21.9%的被调查者希望能够参加工会、共青团、妇联安排的体育活动。就工会、共青团、妇联开展体育活动的形式，有高达52.7%的被调查者表示希望工会、共青团、妇联能够帮助解决体育活动场地的问题。另外，分别有15.7%、14.3%、12.1%的被调查者希望工会、共青团、妇联提供体育活动的经费补助、组织职工体育比赛、专业技术培训。

对居住条件的需求期待。当前在大城市，居住成本和居住条件是流动性人口特别关注的问题。共青团在部分地区开始介入高端和低端人才公寓建设。从问卷调查结果来看，被调查者最为关注的问题依旧是居住成本，有50.4%的被调查者希望群团组织在降低租房成本上开展服务。其次，租住地周边的公共交通也是颇受关注的问题，有34.5%的被调查者期待群团组织能针对这一问题展开服务。另外，分别有24.8%和22.4%的被调查者希望群团组织能够帮助改善租房区域的文体设施和餐饮条件。

#### 4. 值得工会、共青团、妇联注意的三个因素

工会、共青团、妇联扩大覆盖面一定要加强面向目标群众的服务力度，加强力度就一定要把准目标群众的需求期待。不能“乱枪打鸟”，而要“有的放矢”。“乱枪打鸟”可能会给群众造成工会、共青团、妇联不作为甚至“胡作非为”的错误印象，还不如不“打”。

第一，把握收入水平隐含的差异化需求期待。从本次问卷调查的情况来看，蓝领年收入集中分布在36000元以下、36000—60000元、60000—90000元三档，民营企业白领年收入集中分布在36000—60000元、60000—90000元、90000—120000元、120000—150000元四档。收入差异暗示了两类群体的差异化需求期待。白领期待“授之以渔”，不断提升收入水平，工会、共青团、妇联应当着重在职业领域加强服务力度，如职业技能培训、创业扶持等。蓝领期待“授之以鱼”，工会、共青团、妇联应当着重在生活领域加强服务力度，如相亲交友、社会文化活动、未成年子女关爱及部分职业领域，如权利维护等。

第二，把握性别形成的差异化需求期待。性别是形成差异化需求的重要因素。建议妇联的工作重心和工作内容应当与工会和共青团有所区别，加强生活领域的服务工作力度，在职业领域提供符合女性特质的技能培训项目。从本次问卷调查的情况来看，传统文化中的“男主外女主内”仍旧体现在男女两性的差异化需求中。男性较为看中职业领域的发展需求，女性则较为关注未成年子女关爱、婚恋交友等生活领域的需求。即便是职业领域的发展需求，男性和女性的关注点也有所差异，例如，男性和女性期待的职业技能培训项目就有所不同；男性和女性的关注程度也有所差异，例如，对创业扶持各项内容的期待程度就有轻重之分。

第三，把握户籍形成的差异化需求期待。从本次问卷调查的情况来看，农业户口群众的需求期待，隐含了部分突出的社会问题。工会、共青团、妇联的服务工作应当针对农村人群和农村问题聚焦展开。留守儿童和城市中的务工人员子女是最受农业户口人群关注的问题。共青团和妇联如能针对这两类未成年子女做好关爱工作，就有可能抓住进城务工人员的心。另外，当被问及希望工会、共青团、妇联提供哪些项目的技能培训时，除了驾驶技术一项，农业户口人群期待接受其他所有技能培训项目的意愿都低于非农户口人群。提升农业户口人群收入水平，工会就得首先提升其学习和吸收新知识新技能的主观能动性。除此之外，数据显示，同是未婚人士，持有农业户口的群众比持有非农户口的群众参加相亲交友活动的意愿更强，且无男女差异。这从一定程度上暗示了当前在农村地区存在的婚恋困境，男方寻找婚恋对象面临较大的经济压力，女方希望通过婚姻寻求更好的生活环境。共青团的交友婚恋工作应向农村青年侧重。

# 第二部分

# 第三章　群团组织与经济建设

《中共中央关于加强和改进党的群团工作的意见》指出，群团改革的基本原则之一，即坚持围绕中心，服务大局。党和国家的工作大局，最重要的是就是经济建设。在经济建设中发挥群团组织的枢纽型作用，也就是处理好国家、行业、经济活动参与者的关系。新时代，经济活动参与者不仅包括职工，更包括创业者、灵活就业者等多种新出现的群体。围绕国家经济发展的关键领域，促进行业发展，激发创业者效能，提升职工技能、保障灵活就业者合法权益，实现多方和谐共赢的格局，就是群团组织参与经济建设的目标导向。虽然经济建设是群团组织发挥枢纽型作用的传统领域，但新时代的宏观经济环境赋予群团组织参与经济建设新的意义。相应地，群团组织参与经济建设的方式及其扮演的角色也有所变化。

## 一　群团组织与宏观经济环境

### 1. 经济发展的助推力

经济发展的原动力来源于人。无论是新兴产业还是传统产业，以人为核心做实做强经济发展动力将有利于经济发展。在传统产业领域，围绕人的核心是建构适宜于产品生产的制造技能。新兴经济的出现使得传统工业依赖于制造技术的趋向逐渐弱化。然而，新兴经济只是改变产品流通模式以及部分服务生产方式，传统工业技术打造的产品依旧是而且在未来很长一段时间内会是经济领域不可或缺的硬通货。对质量可靠产品的追求始终会受到消费者的厚爱。因此，围绕制造技术打造匠工不仅不会过时，反而会日益凸显其重要性。经济领域快产快出的社会氛围，以及机器生产的不断推广普及，意味着对人工制造技术的打磨不再受到重视，但并不是说人工制造技术已经不为社会所需要。迄今为止，部分领域的经济发展仍旧依赖人工制造技术，高质量的工匠技术和高情操的工匠越来越成为稀缺资源，群团组织在经济领域打造工匠，是对经济建设的直接助推。

这并不是说群团组织无须投身新兴产业领域。在新兴产业领域，围绕人的核心是建构适宜于产业发展的知识、资本、资源，初涉产业的市场新人或者缺知识或者缺资本；在新兴产业领域，企业管理者对行业前景的认识，对上下游产业的把握，对市场信息的掌控，会对企业发展方向和发展速度起到举足轻重的作用。或许有些产业新人缺少的是企业快速成长壮大的资本，在中小企业融资环境不算宽松的情况下，产业新人对资本的渴望无以复加；还有的产业新人缺少的是企业发展的人脉、市场资源。在上述情况下，群团组织可以凭借自身的组织优势助推产业新人，帮助后者查短板补短板，使其克服自身不足与弱势，走上产业腾飞之路。

### 2. 特殊利益群体产生

改革开放以后，社会多元性前所未有地增强。这种多元性要从两个递进的层面加以理解。其一，因财产、职业、习俗、习惯、生活方式等各类因素产生的社会群体类型显著增加，群体和群体之间的差异愈发增强。其二，因社会竞争、政策调整、自然因素等，在同一社会群体内部也形成差异化的人群，进而言之，各种特殊利益群体在社会中产生。本书将第二层意义上形成的差异化人群中的一部分称之为特殊利益群体。特殊利益群体是指，相较同类群体，其自身权益或者利益已经受到侵害或者潜在地将会受到侵害。理解特殊利益群体，需要从以下几个方面入手。其一，它不是相较其他社会群体，而是相较同类群体而言的。其二，他们之所以区别于同类群体中的其他成员，是因为权益或利益正在或者即将受到侵害。也就是说，这一概念是就相对剥夺意义上产生的。其三，其权益或利益受到侵害，可能是因为非法原因，更可能是因为合法原因。其四，本书是从群团工作目标群众的角度提出此概念，因此，这一概念所指涉的对象具有一定的政治属性。

特殊利益群体可以因各种因素产生。例如，我国计划生育政策催生了一大批独生子女家庭。就一般情况而言，独生子女家庭并无特殊之处。但如果因疾病、灾难、事故等突发意外事件造成独生子女死亡或者伤残，其父母就成为计划生育领域的特殊家庭。他们可能会在心理、经济、养老、疾病等方面承受不同于一般独生子女家庭的巨大压力。压力只是一方面的问题；另一方面的问题是，这种压力很大程度上来源于与其他独生子女家庭的直接比较。从群团工作角度，这类家庭被称之为计生特殊家庭，是全国各级计划生育协会的目标对象。计生特殊家庭多因自然因素产生，具有一定的偶然性。随着市场化改革的深入，经济领域产生的社会群体种类越来越多，且因市场竞争或者政策调整，其利益或者权益受到侵害，例如灵活就业人员、青年创业人员等。这类因经济原因产生的特殊利益群体数量庞大，问题复杂，影响范围深远，是群团工作需要重点面对的社会群体。

例如，灵活就业人员是近些年新出现且快速增长的特殊利益群体。据国家统计局数据显示，1978 年底，全国 1. 7245 亿城镇人口中，全民所有制单位和城镇集体所有制单位职工总数为 9499 万人，农村人口则是无差别地处于人民公社管辖内。经过四十多年的改革开放，体制外就业的群众数量大幅上升。2018 年，全国城镇私营企业、个体就业人员分别为 1. 3952 亿人、1. 044 亿人，分别占城镇就业人员的 32. 1%、24. 0%①。据国家市场监督管理总局数据显示，截至 2018 年底，全国实有个体工商户有 7328. 6 户。就业企业主体而言，截至 2017 年底，全国私人控股企业共有 1620. 4 万家，港澳台商投资企业 13. 0 万个，外商投资企业 13. 7 万个②。

目前，灵活就业人员数量已呈规模态势。全国约有 3000 万名货车司机、超过 300 万名快递员、515 万名保安员，另有精确数字不详但数

---

① http：//www. stats. gov. cn/tjsj/zxfb/201908/t20190820_ 1692213. html.

② http：//www. stats. gov. cn/tjsj/zxfb/201908/t20190826_ 1693395. html.

量庞大的护工护理员、家政服务员、商场信息员、网约送餐员、房产中介员队伍。相较稳定就业人员，灵活就业人员在工作环境、劳动保障、社会保险、经济收入等方面存在些许差距，无法享受同等待遇。按照传统的工会会员入籍办法，上述职业群体不是工会工作的目标群众。但上述职业群体在经济社会运行中发挥着不可或缺的重要作用。换言之，灵活就业人员的出现及其产生的突出问题，倒逼工会等群团组织加强参与经济建设的力度，创新参与经济建设的方式。

### 3. 社会风险增大

当代社会已进入风险社会。各类问题引发的社会风险频发，是不得不直面的现状。环境问题、公共卫生事件、国际形势等一系列诱因都是社会风险的导火索。透视众多诱因，可以看见当代社会风险的一些共性特征。其一，爆发迅速。当代社会风险从萌生到爆发，往往只需经历极短的时间。这和通信技术的发展、全球化程度加深息息相关。留给政府和相关机构作出反应的时间也相应缩短。其二，波及面广。当代社会风险一旦爆发，影响到的人群规模往往很庞大。特定的群体要想置身事外通常较为困难。地方性的高风险事件稍不留神就会演变成为全球性的高风险事件。其三，影响广泛。当代社会风险一旦爆发，往往是一次综合性的社会事件。它的影响面不仅仅局限于经济、政治、社会、文化、生态的某一方面。通常，它会对各领域的既有状态和现有结构产生影响。很多时候，各领域内部变化也会产生相互影响，从而使得高风险事件的破坏力具有连锁效应和叠加效应。

这其中，高风险事件对经济领域的影响往往首当其冲。例如，暴发于2020年初的新冠肺炎疫情对中国经济产生重大影响。2020年1季度，中国GDP总量同比增长－6.8%，经济增速下探至1992年公布季度GDP以来最低点。具体说来，类似于新冠肺炎疫情这样的高风险事件对经济建设的具体影响表现为多个方面。

结构性的劳动力问题困扰部分企业和劳动者。一方面，高风险事件直接造成服务业、上下游产业链的停顿。企业生产活动瞬间停止，并相继引发大面积员工减薪甚至大幅度裁员现象的出现，具有引发进一步社会风险的可能；另一方面，快递、配送等行业在高风险事件爆发期间面临前所未有商机和市场，却由于人员流动限制，面临短时间的用工荒，从而错过企业发展和行业兴盛的重大机遇期。高风险事件为经济活动的正常开展踩了“急刹车”，并具有引发次生风险的风险。这其中，无论是劳动者还是部分用人单位，都是群团工作的目标对象。在劳动者群体中，部分灵活就业人员抗风险能力较弱，受高风险事件影响更大。在用人单位中，部分是群团工作的载体或参与者。群团组织若能介入开展工作，高风险事件会成为群团组织参与经济建设的宝贵契机。

应对高风险事件需要消耗企业精力。当高风险事件爆发之时，企业不可能置身事外，往往需要发挥基层组织作用，加大对员工的管理力度。这势必会降低企业正常生产效率，提高生产成本。例如，在新冠肺炎疫情中，很多企业需要负责对企业员工进行隔离，并负责向所在乡镇、街道报送日常信息。在高风险事件中，这些和企业生产关联度不高的活动都会牵扯企业大量人力物力，影响企业正常生产经营活动。但反过来说，这也是群团组织为企业提供服务切实可行的空间。是否能够帮助企业在高风险事件爆发之时降低消耗，决定群团组织的服务工作是否到位。

## 二　群团组织参与经济建设的方式

改革开放以后，我国始终坚持以发展为第一要务。群团组织不是经济工作部门，但围绕中心开展工作是群团组织一直坚持的导向。围绕中心，很重要的内容即围绕经济建设。这也是群团工作的传统领域。然而，群团组织参与经济建设不可能做到面面俱到，也不可能做到无所不能。结合群团组织的特点，发挥群团组织的优势，群团组织参与经济建设应当坚持适合自己的方式。这就是，针对目标群众在经济活动中的难处、痛处发力。群团组织为其提供服务，帮助解决困难，助推目标群众在经济活动中实现个体价值，同时助力国家经济发展。

### 1. 搭建创业平台

扶持青年创业是共青团参与经济建设的重要切入点。青年创业面临的现实困难主要是缺资金、缺场地。针对这些困难，共青团搭建创业平台，帮助创业青年解决场地不够的问题。近些年来，各地共青团创建了多种多样的青年创业平台，包括青年创客空间、青年人才孵化园、青年创业者联盟、创业工场、梦工场等。创业平台的主要内涵是，以创建青年创业孵化器为核心，从解决青年创业企业办公场地入手，围绕创业者发展中的技能培训、资源衔接、目标路径设定等展开培育，进而扶持青年创业企业迈过初创期。

创业平台的主要特征包括几方面。第一，集中发挥共青团的体制优势。我国的共青团不是普通的社会组织，也不同于西方的政党青年组织。我国共青团最大的特征是，它也是行政体系中的组成部分，因而掌握并便于调动一定的行政资源。共青团协调国有企业、地方政府，将一定的场地空间改造成青年创业企业孵化器。同时，共青团协调税务、经济工作部门，为青年创业企业减免税收、提供政策支持等，有助于青年创业企业克服初创期的困难。这些举措非行政机构不可为。同时，共青团干部在行政体系内有较为广阔的空间，充满干事的决心和信心，可以最大程度发挥共青团组织的体制优势。

第二，创业平台是共青团扶持创业企业工作的载体。创业平台往往以孵化器的形式呈现，是一种硬件建设的方式。共青团往往以此为载体，围绕这一载体开展全方位的服务工作。例如，创业联盟、创业培训等。通过这个载体，共青团扶持创业企业的成果可以直观展现。

第三，创业平台中的服务对象以初创企业为主。共青团不是经济部门，其基本职能不是经济工作。共青团搭建创业平台，主要是服务目标群众，具有鲜明的群体导向。因此，共青团在搭建创业平台时，其针对的目标群众是青年，解决的是青年在企业初创期遇到的各类实际困难。这就决定创业平台不是服务规模以上企业，而是服务处于初创期的小微企业。

第四，入驻创业平台的企业应当符合国家对产业发展的规划要求。

当前，我国经济已从粗放型发展模式转向可持续发展模式。共青团扶持创业企业，不仅解决目标群众在创业中的实际困难，同时也按照国家对产业发展的规划要求，有指向地选择培育相应的企业。因此，共青团在选择入驻企业的时候主要会考虑地方政府规划中的重点产业，以此为标准选择合适的企业进行孵化。

### 2. 推动资源链接

青年初创企业往往会遇到一些共性问题。例如，银行不愿意向初创企业放贷，启动资金相对匮乏；社会资源缺乏，无法快速、有效地解决企业在初创期碰到的具体问题；发展方向模糊，企业近期和中长期的发展规划相对不成熟；市场渠道不畅，企业产品和服务的销售遇到困难。这些困难在青年初创企业中较为普遍，具有一定的共性。针对这些困难，共青团等群团组织形成了一系列的举措。

第一，共青团为青年初创企业提供资金帮扶。多地共青团联系本地银行，为青年初创企业提供小额贷款。有些地方的共青团为青年初创企业贷款提供贴息补助。还有地方的共青团举办创业项目大赛，获奖项目可获得一定额度的创业资金奖励。

第二，共青团为青年初创企业提供智力支持。多地共青团组建创业导师团，采取集中授课、送教进校、一对一指导、大赛点评等形式，为青年初创企业答疑解惑，消除困惑，纠正偏差。创业导师团往往由各类专业人群构成，包括创业成功者、税务专家、金融专家、风险投资人士、专家学者、政府官员。他们在各自领域拥有丰富经验，为青年初创企业提供知识上的帮助，真正做到“授之以鱼不如授之以渔”。

第三，共青团为青年创业者搭建沟通交流的组织平台。共青团牵头组建了由青年创业者及各领域人士组成的组织，如青联、联盟、协会等。这些组织定期举办活动，为青年创业者搭建沟通交流的机会，增进相互了解，加强相互交流。

第四，共青团举办创业大赛，帮助展现青年初创企业的项目。青年初创企业需要展现自己的平台。这个平台面向金融企业、风险投资、市场，应当可以充分展现企业项目的内涵和价值，帮助青年初创企业向外拓展。共青团举办创业大赛，能够帮助青年初创企业向目标群众集中展示项目的价值、项目运作的方式、项目团队的理念，进而有效衔接各类社会资源。

第五，群团组织帮助各类市场主体拓展销售渠道。共青团等多家群团组织纷纷帮助青年等各类群体打开销售市场，为目标群众获得经济效益。例如，针对农村青年，多地共青团开展农村电商工作，帮助其搭建网上销售平台。在新冠肺炎疫情过后的复工复产中，共青团、妇联、计划生育协会等群团组织在新媒体平台帮助目标群众“带货”，促进其产品销售。

### 3. 职业技能提升

提升职工职业技能水平是群团组织参与经济建设的重要途径。不同时代不同产业对职工职业技能的要求不尽相同，但都依赖精湛娴熟的职工技能从事产品生产和服务提供。群团组织以职工技能为切入点和着眼点，就是致力于提升生产水平和生产效率，进而助力经济建设。

第一，群团组织围绕地方政府中心工作提升职工职业技能。例如，浙江省总工会在“三重一新”开展立功竞赛。“三重一新”，指重大工程、重大项目、重大活动、新经济业态领域。“三重”往往是受关注度高、社会影响力大、时间节点紧迫的行业；“一新”往往是社会需求度高、符合未来发展走势的行业。围绕“三重一新”开展立功竞赛，就是提升所属职工的岗位技能，进而确保地方政府中心工作能够顺利推进。

第二，群团组织在一般性行业领域提升职工职业技能。工会系统在传统行业领域通过评比遴选出一批“劳模”“工匠”，“劳模”“工匠”是行业内拥有杰出职业技能的个体。发挥“劳模”“工匠”的引领示范作用，带动更多职工提升职能技能是工会工作的根本。围绕“劳模”“工匠”，工会系统进一步创建、遴选一批“劳模创新工作室”“技能大师工作室”，举办“名师带徒”，命名先进操作法、“小发明、小创造、小革新、小建议、小设计”等职业技能活动，旨在一般性行业领域培育符合行业发展需求的职工技能。总体而言，工会系统通过“以点代面”和“以点带面”两步走的方式，推动职工职业技能普遍提升。

第三，群团组织围绕安全生产树立职工安全意识。安全生产是企业提高经济效益的根本保障。生产事故往往会对企业产生毁灭性的打击。安全生产一方面是技术保障和管理规范，但更重要是职工按照技术标准从事生产工作。换言之，职工是安全生产领域的毛细血管。工会系统在危化品生产等高风险企业开展职工安全生产竞赛，重点是高危企业和小微企业。通过安全生产竞赛，提升职工安全生产意识，完善职工安全生产技能，确保企业能够在安全前提下提高生产效率。

## 三　群团组织参与经济建设的角色

群团组织参与经济建设的具体表现形式众多，不同时期参与经济建设的内容也有所不同。群团组织不是经济职能部门，在经济建设中发挥的作用也有自身特色。透视具体方式，从中提炼群团组织在参与经济建设时的共性角色，有助于群团组织更为明确在经济建设中的要求定位。这些角色是群团组织利用自身优势，履行自身职能，进而作出有利于国家、有利于行业、有利于目标群众的最佳选择。

### 1. 行业引领者

群团组织参与经济建设，扮演行业引领者的角色。所谓行业引领者，是倡导、推动市场主体按照国家政策要求和行业发展趋势从事经济活动的角色。这一角色赋予群团组织的使命在于，在某一个特定时期内，党委、政府顺应行业发展趋势鼓励、倡导、推动特定产业发展，群团组织应当协助党委、政府贯彻落实行业发展政策。

理解群团组织行业引领者的角色，应当从以下几方面入手。第一，群团组织没有自己特殊青睐的行业。群团组织不是一般的社会组织，是中国共产党领导下的政治组织。这就决定了，党委、政府的任务就是群团组织的任务，党委、政府的要求也是群团组织的要求。党委、政府依据总体研判在经济领域对产业发展的要求，就是群团组织在经济工作中应当发力的方向。第二，群团组织引领行业发展，是以目标群众为媒介。群团组织引领行业发展，主要通过目标群众示范带动发挥作用。它的工作对象主要是目标群众，着重发挥目标群众的典型示范效应。例如，工会推动特色小镇产业发展主要是通过职工群众发挥作用，共青团引导农村电商主要通过农村青年发挥作用，妇联引导发展互联网销售主要通过杰出妇女网络“带货”发挥作用。这是群团组织的组织属性赋予其的特征，也就是将行业和目标群众进行完美结合。

2. **资源链接者**

群团组织参与经济建设，扮演资源链接者的角色。所谓资源链接者，是发挥所处结构位置优势，为市场主体参与经济活动引入行政资源、市场资源、社会资源的角色。这一角色赋予群团组织的使命在于，它要求群团组织发挥自身在科层体系中的结构性位置优势，为市场主体引入其发展所必需的各类关键性资源。

理解群团组织资源链接者角色，应当从以下几个方面入手。第一，这些资源来源于群团组织在科层体系中的结构性位置。中国的群团组织身处科层体系，是科层体系内非常重要的环节。在协调科层资源时，可以发挥非常独特的作用。这一作用是科层体系外的组织无法实现的。第二，群团组织并不是完全介入市场主体的运行，而是解决其所需要的关键性资源。市场主体参与市场竞争，需要各种各样的资源支撑。群团组织不是介入市场主体的日常运营，而是在市场主体发展，特别是在其成长期，为其提供能够推动其从无到有、从小到大的核心资源。第三，群团组织链接资源，部分依赖社会对其的信任度。群团组织具有较强的公信力，相应地，社会资源对于群团组织的信任度往往较高。依照群团组织指引的方向进行资源投入，往往较为安全、可靠。这就是群团组织利用自身的无形价值为市场主体提供帮助。

3. **服务提供者**

群团组织参与经济建设，扮演服务提供者的角色。所谓服务提供者，是为企业、创业者、职工等各类市场活动参与者提供帮助的角色。这一角色赋予群团组织的使命在于，它要求群团组织在充分掌握了解各类市场主体当下急切需求的基础上，协调各种资源，满足其需求。本轮群团改革对群团组织增强服务属性提出了明确要求。服务是群团组织实现政治目标的途径和手段，在经济建设中也不例外。

理解群团组织服务提供者角色，应当从以下几个方面入手。第一，经济活动中的服务应当以政治工作为导向。本轮群团改革赋予群团组织理论创新点之一，是群团组织通过何种途径开展政治工作。服务即答案。经济活动中的服务，就是要针对目标群众的需求开展帮助。例如，群团组织服务职工，就要从提升职工职业技能上入手；群团组织服务创业，就要从资源提供入手；群团组织服务企业，可以从企业运行发展的各个环节入手。通过经济活动中的服务，群团组织得以在目标群众中建立良好的形象，获取目标群众的信任，进而较为顺利地开展政治工作。第二，经济活动中的服务以“授之以渔”为目标。群团组织不是提供兜底型的服务，也不是提供锦上添花式的服务，而是在目标群众经济活动的关键阶段提供能促其长远发展的帮助。群团组织提供服务不能越俎代庖，既不能包办经济工作部门的任务，也不能包办市场参与主体自身的任务。

# 第四章　群团组织与文化建设

《中共中央关于加强和改进党的群团工作的意见》就群团组织参与宣传思想文化工作提出明确要求：推动群团组织引导群众自觉培育和践行社会主义核心价值观。这是本轮群团改革中，中央对群团组织参与文化建设的总体部署。2019 年，中办、国办印发《关于加强和改进新时代产业工人队伍思想政治工作的意见》。同年，中国共青团十八届三中全会审议通过了《新时代共青团宣传思想文化工作规划（2019—2023 年）》。以此为先导，工会、共青团以及其他各群团组织对标群团改革要求，自我加压，纷纷开展宣传思想文化工作。

## 一　文化建设具有基础性作用

群团组织参与文化建设，是群团组织发挥枢纽作用的重要领域。之所以要参与文化建设，根本上要从文化建设在“五位一体”总体布局中的基础性作用进行理解。

习近平同志高度重视文化工作。早在浙江工作期间，习近平同志就极为注重发挥文化在各项事业中的基础性作用。“八八战略”是习近平同志主政浙江期间关于浙江工作的总体布局。在“八八战略”中，习近平同志对文化建设的谋划集中体现在第八个方面。其核心表述是，“进一步发挥浙江的人文优势，积极推进科教兴省、人才强省，加快建设文化大省”。随之而来的问题是，在统筹推进总体布局的进程中，文化建设和经济、政治、社会、生态建设的关系是什么？如果用一句话回答这一问题，那就是，文化建设旨在“不断增强构成浙江综合竞争力的软实力”[①]。

2003 年 7 月 10 日，在浙江省委十一届四次全会上，习近平同志向与会人士系统阐释了“八八战略”。在这次会议上，习近平同志提出“文化基因”的概念。在对浙江人文优势将近 700 字的详细陈述之后，习近平同志指出：“浙江人的这种‘文化基因’，一旦遇到改革开放，必然‘一有雨露就发芽，一有阳光就灿烂’，迸发出巨大的创造力，极大地推动浙江社会生产力的解放和发展，其最鲜明的表现，就是孕育和造就了浙江精神。”[②] 2003 年 7 月 18 日，在浙江文化体制改革和文化大省建设座谈会上，习近平同志提出经济社会发展“软实力”的概念，并详细阐发：“浙江自古就有义利并重、农商并举的文化传统。这种地域文化哺育了浙江人特别能适应市场经济的思想观念和行为方式，成为发展市场经济的精神动力。”[③]

习近平同志不仅重视文化工作，而且“跳出文化谈文化”。文化基因、文化软实力等概念，反映其关于文化建设的宏大视野。他充分认识文化在浙江经济社会发展中基础性作用。在谈及建设文化大省的重要意义时，他指出：“改革开放以来，浙江在政策并无特殊、陆域资源并不丰富的情况下，成为全国经济发展最好最快的省份之一，其深层原因，就在于文化的力量，在于浙江深厚的文化底蕴，在于浙江能够较好地适应市场经济的文化传统。”[④] 他主动挖掘并宣讲浙江的人文优势。作为浙江几千年历史的宝贵资源，“浓郁的经济脉息”“义利并重、注重工商的思想”“农商相补、反对义利两分”[⑤] 等浙江的文化特质，都是进

---

① 习近平：《兴起学习贯彻“三个代表”重要思想新高潮　努力开创浙江各项事业新局面——在省委十一届四次全体（扩大）会议上的报告》，《今日浙江》2003 年第 14 期。

② 《习近平同志在省委十一届四次全体（扩大）会议上作报告时的插话》，《浙办通报》2003 年第 80 期。

③ 《深化文化体制改革　推进文化大省建设——习近平同志在文化体制改革和文化大省建设座谈会上的讲话》，《浙办通报》2003 年第 81 期。

④ 《深化文化体制改革　推进文化大省建设——习近平同志在文化体制改革和文化大省建设座谈会上的讲话》，《浙办通报》2003 年第 81 期。

⑤ 《习近平同志在省委十一届四次全体（扩大）会议上作报告时的插话》，《浙办通报》2003 年第 80 期。

一步推动经济社会发展的重要文化力量。可以说，作为一个从外省调入的干部，习近平同志不仅为浙江经济社会发展背后的文化力量所折服，更是以大胆卓越的姿态传承和弘扬浙江文化。

2005年，在浙江省委十一届八次全会上，习近平同志指出："文化的力量，总是'润物细无声'地融入经济力量、政治力量、社会力量之中，成为经济发展的'助推器'、政治文明的'导航灯'、社会和谐的'黏合剂'。"① 显而易见，对文化基础性作用的认识已经从文化与经济的关系演化为文化与经济、政治、社会、生态的关系。这一演化并不突然。在这两年间，当谈到各个领域工作时，他多次花专门篇幅强调发挥文化的作用。例如，当谈到生态建设时，他特地强调要追求生态价值观②。诸如此类，不胜枚举。需要着重指出的是，无论如何演化，文化与经济的关系始终是文化基础性作用的核心之所在。即便在专门部署文化工作的浙江省委十一届八次全会上，习近平同志也提醒："经济建设是中心，发展是第一要务，这一条任何时候都不能动摇，我们加快建设文化大省要始终围绕这个中心来展开，始终围绕第一要务来推进。"③

总而言之，文化建设是经济、政治、社会、生态建设的基础，是为了构建新时代中国特色社会主义不可或缺的思想共识和精神动力。群团组织是党的群团组织，群团组织参与文化建设，就是凝心聚力，在目标群众中形成共同的思想基础，为新时代中国特色社会主义事业构建扎实的群众基础。

## 二　群团组织参与文化建设的内容

从总体上看，群团组织文化建设的内容包括两方面特征：政治性和

---

① 《加快建设文化大省　为在全面建设小康社会、提前基本实现现代化进程中走在前列提供强大力量——习近平同志在省委十一届八次全体（扩大）会议上的报告》，《浙办通报》2005年第86期。

② 《求真务实　真抓实干　扎扎实实推进生态省建设——习近平同志在生态省建设工作领导小组全体会议上的讲话》，《浙办通报》2004年第46期。

③ 《加快建设文化大省　为在全面建设小康社会、提前基本实现现代化进程中走在前列提供强大力量——习近平同志在省委十一届八次全体（扩大）会议上的报告》，《浙办通报》2005年第86期。

服务性。政治性是指，群团组织从事宣传思想文化工作，其内容应当充分体现党的理论、路线、方针、政策，也就是在目标群众中宣传和普及党的理论、路线、方针、政策；服务性是指，群团组织从事宣传思想文化工作，其内容应当充分满足群众日常精神文化方面的需求，也就是为目标群众提供喜闻乐见的文化产品。政治性是群团组织参与文化建设的落脚点；服务性是群团组织参与文化建设的途径。增强文化建设的服务性，是为了更好吸引群众，最终实现文化建设的政治性。因此，群团组织参与文化建设主要包括以下几方面内容。

**1. 意识形态**

关于意识形态工作，习近平同志在多次讲话中强调："经济建设是党的中心工作，意识形态工作是党的一项极端重要的工作。"要不断巩固马克思主义在意识形态领域的指导地位，特别是在社会结构不断变化背景下，针对重点群体加强意识形态工作显得更为紧迫。群团组织之所以要开展意识形态工作，主要基于两方面的原因。

改革开放以来，越来越多的个体离开单位走向社会。从单位人转型为社会人，意味着人们首先在经济上不再依附于单位，然后逐步在政治上摆脱单位的整合。就思想政治工作而言，依赖单位体制对个体进行宣传教育不再有效，企业的经济属性愈发增强，政治属性愈发减弱；企业变成纯粹的经济组织，不再主动负责对个体进行思想政治工作。除此之外，有越来越多的个体不再在企业中就业，自主就业成为相当一部分个体的就业形态。对于这部分个体而言，即便在经济上也不依附于企业。因此，有越来越多的个体游离于思想政治工作覆盖范围之外。换言之，思想政治工作空白点和盲区越来越多。

与此同时，随着中国与世界各国各领域交往日益密切，外部各种思潮侵袭愈发显著。西方大国在与中国从事经济交往的同时，在经济行为中自觉或者不自觉地附加西方意识形态属性。特别是在互联网兴起以后，意识形态"由西向东"的途径愈发增多，速度越来越快，民众接触西方意识形态的渠道在增加，频率在提高。在此背景下，中国在意识形态领域面临的挑战越来越大。

### 2. 核心价值观

2013 年，在十八届中央政治局第十三次集体学习时，习近平同志指出：“核心价值观是文化软实力的灵魂、文化软实力建设的重点。这是决定文化性质和方向的最深层次要素。一个国家的文化软实力，从根本上说，取决于核心价值观的生命力、凝聚力、感召力。”

当代中国处于高速发展之中，社会结构在变化，利益格局在变动。基于中华文明和中国传统文化形成的核心价值观也受到极大地挑战。一方面，中华文明和中国传统文化赋予核心价值观宝贵的历史资源；另一方面，当代中国社会结构和利益格局调整客观上改变着核心价值观的内涵。传承与弘扬核心价值观，不仅意味着维护中华文明和中国传统文化的历史价值，同时也是确立中华民族在世界范围内持久影响的关键之举。长久以来，中华文明和中国传统文化是中华民族在世界范围内安身立命的根本性力量。中华民族之所以为中华民族，不是因为其他，而是因为文化的力量。现如今，中国要在世界上立足，核心价值观决定了“我是谁”的问题。就此而言，核心价值观是文化建设的基础性问题。群团组织针对目标群众传播与弘扬社会主义核心价值观体现其民族使命和责任担当。

### 3. 舆论引导

舆论是社情民意，是社会各群体就国家发展和社会事业的认知、态度、意见。良好的舆论，是中国特色社会主义事业顺利推进的保障，是各项事业顺利开展的润滑剂。构建良好的舆论，是中国特色社会主义事业必不可少的重要工作。自人类诞生之日起，舆论就是一种常态。随着人与人交往日益密切，特别是随着互联网加速交流的速度和频率，降低各个社会群体交流的障碍，舆情越来越复杂。当前，舆情形势进入前所未有的复杂时期。各类突发事件、公共事件都可能在短时间内形成过去不曾有过的舆情动态。如果不加以重视与预防，不良舆论会极大影响中国特色社会主义事业的开展。

群团组织是从事群众工作的组织。接近群众，深入群众，就是要了解群众之所想，掌握群众之所思。因此，掌握舆情动态，从事舆论引导，是群团组织在文化建设中应当常规化开展的重要工作内容。群团组织高效开展舆论工作，可以为党组织及时掌握目标群众舆论动态提供可能，确保党组织能够做出快速、有针对性的应对反应。

#### 4. 文化产品供给

文化产品事关人民群众的精神生活。文化产品供给有两条主要途径。一方面是通过文化产业，即群众以市场化的方式享受文化产品；另一方面则是文化事业，即群众通过公益方式享受文化产品。群团组织供给文化产品，目的是提升文化产品兜底保障水平，确保文化产品正确的价值导向和社会效益。

文化产业凸显市场导向。经由文化产业产出的文化产品，以取得经济效益为主要目标。产业逻辑下的文化产品极易催生文化领域的错误导向，例如，过度追求感官刺激，从而忽视文化产品的正确价值导向；过度追求经济效益，从而忽视让社会所有成员均等化享受文化产品。群团组织应参与公共文化服务，主动生产并供给文化产品。一方面，群团组织应向群众提供兜底保障性文化产品，保障目标群众可以无差别地享受基本公共文化服务；另一方面，群团组织提供的文化产品应凸显正确价值导向，引领社会风尚。群团组织提供公共文化服务，这两方面缺一不可。偏废价值导向，群团组织提供文化服务就是本末倒置。偏废提供文化服务，群团组织就无法真正聚拢目标群众。

## 三　群团组织参与文化建设的方式

#### 1. 建立文化工作队伍，创新文化传播载体

配齐做强文化工作队伍，是群团组织宣传思想文化工作的基础性任务。健全、多元的文化工作队伍，将会极大增强群团组织在文化建设中的战斗力。创新文化传播载体，是群团组织宣传思想文化工作中面临的时代要求。适应于群众需求的文化传播载体，将会极大提升群团组织宣传思想文化工作的实际成效。

群团组织应当多方整合，建立兼具灵活与稳定的宣传思想文化工作队伍。灵活，是指群团组织应当通过聘请、兼职等多种形式吸纳一切力量组成专业队伍。稳定，是指群团组织应当建立长效机制、形成固定的队伍组建方式，提升队伍的专业性。例如，江苏省无锡市总工会联合无锡市委党校、市委讲师团、无锡博物院、江南大学、无锡商业职业技术学院、中国企业管理无锡培训中心、无锡物联网产业研究院、无锡民营企业马克思主义研究会，共同成立“无锡市职工思想引领新探索联盟”。在这支队伍中，既有熟悉工会政策和工作实践的专职工会干部，也有精通善于理论宣讲的党校教师、科研人员，更有具备独特感染力的劳模、工匠。这种差异化的队伍结构，契合当前职工群众中的差异化结构。通过联盟形式，提升宣讲队伍的稳定性，不断增强宣讲队伍的专业性。针对不同的职工情况，无锡市总工会选派不同类型的理论宣讲人员，最大程度提升理论宣讲效果。与此同时，各级群团组织应当针对本级宣传思想文化工作队伍设立培训机制。通过定期、系统的培训，增进工作队伍的荣誉感、使命感，提升工作的专业化水平。

群团组织应当不断摸索，探索创新一切有利于文化传播的载体形式。文化传播没有一成不变的形式，也没有“包治百病”的妙招。只有结合不同目标群众的特质，结合各个地方独特资源，吸收和采纳文化传播的各种形式，宣传思想文化工作才会体现成效。例如，江苏省总工会着重强化组织、引导，通过编撰《江苏职工思想政治工作优秀案例选编》、在全省范围内评选100个优秀单位等举措，推广好的做法和经验。例如，基于具有百年历史的福建省职工联合会、厦门总工会旧址，福建省总工会围绕工人运动红色基地建设在全省范围内开展职工群众宣传思想文化工作。例如，合肥市经济开发区总工会研发设计有温度、有态度的工会卡通形象，并将其印制在鼠标垫上进行发放，深受辖区年轻职工的欢迎，在职工群众中持续植入工会形象，持久传播正能量。

**2. 主动拥抱新媒体，深入触及群众灵魂**

新媒体是数字技术赋予信息传播方式的革新。互联网企业研发和推广的新媒体产品，极大丰富了群众获取信息的渠道，改变了群众获取信息的方式。秉持用户至上和内容为王的理念，新媒体产品但凡能够存活下来，必然获得群众深度认同和接受。早些年的博客、微博，近些年的微信公众号、短视频软件、直播平台，已经成为相当一部分群众获取信息的主要渠道。特别是青年群众、非正式就业群众等群团组织的目标对象，更是新媒体的主要受众。群团组织参与文化建设，不仅要“触网”，更要与时俱进地深度融入互联网产品的更新换代。

群团组织应当主动拥抱新媒体。群团组织借助新媒体从事宣传思想文化工作，不是“我想怎么弄”，而是“群众接受什么形式，我就怎么弄”。特别是新媒体产品更新换代速度之快前所未有之时，群团组织应当紧紧跟上。就一定程度而言，能不能融入新媒体，决定群团组织能否实现与群众“零距离”，进而决定群团组织参与文化建设的实际成效。这其中，群团组织应当破除群众工作的“本位意识”，放低姿态，接近群众。当前，全国共青团系统张开双臂拥抱新媒体，已经取得初步成效。例如，从团中央到重庆、福建、广东等多地共青团，专门成立从事新媒体工作的机构。重庆市共青团把新媒体工作目标定位为“10 万 +”，也就是要尽可能多地实现新媒体平台上的内容阅读量达到 6 位数。2017 年，“重庆共青团”微信公众号共有 9 篇文章实现这一目标。[①]

群团组织应当优化体制机制适应新媒体工作。新媒体工作要求反应快速、形式活泼，与传统宣传思想文化工作方式有所差异。借助新媒体从事宣传思想文化工作，不能将其简单理解为“换个渠道发布内容”，变的是形式和内容，不变的仅是内容所含的导向。这就要求群团组织从机构设置、人员配备、硬件保障、激励方式、工作流程等多方面作出重大调整，以适应新媒体的运行模式。基于此，省级群团组织及有条件的地市级群团组织应当整合网络工作部门和宣传工作部门力量，专门成立管理新媒体工作的内部机构，同时以社会化用工形式组建并招聘专门执行新媒体工作的部门；群团组织应当尝试灵活用人形式，引入具有新媒体意识、擅长媒体工作的新鲜血液；群团组织应当为新媒体工作提供直

① 韩春丽：《重庆共青团：借“互联网 +”东风讲好“四个故事”》，《中国共青团》2018 年第 6 期。

播设备、直播间等必不可少的硬件支持；群团组织应建立新媒体矩阵，真正做到哪里有目标群众，哪里就有群团新媒体平台；群团组织应引入“流量思维”，用在线流量、用户人数对新媒体工作进行考核和激励，尝试树立属于群团组织的“红色网红”。例如，2015 年，共青团重庆市委依托重庆青年报社成立重庆市青少年新媒体中心，团市委每年向新媒体中心拨款200 万元作为专项经费，由其具体负责开展新媒体工作①。

### 3. 增强阵地覆盖范围，探索阵地活动机制

2004 年 3 月 31 日，时任浙江省委书记习近平同志到浙江省总工会调研时指出：“文化阵地你不去占领，其他的思想必然要去占领。要研究一些文化阵地怎么把它利用起来，不仅考虑经济效益，还要考虑它的政治、文化、社会效应。”② 工会、共青团、妇联、计划生育协会等群团组织普遍拥有各自的文化阵地。群团文化阵地可以为群团组织开展文化活动、从事文化服务提供场所。结合经济社会发展和群众日常文化需求，提升群团文化阵地硬件设置水平，优化群团文化阵地运行机制，将会有利于群团组织提升文化服务的质量，进而有利于提升宣传思想文化工作水平。

应当创新群团文化阵地建设模式。党建工作部门、群团组织应当加强顶层设计，统筹谋划，由点及面创建一体化、差异化的阵地体系，形成“枢纽阵地 + 小微阵地”或者“1 + X”的格局。一体化，是指党委组织部门、各家群团组织应当整合力量，共同谋划创建党群文化阵地。差异化，是指群团组织应当结合区域特点和层级特质，创建适应于特定区域的小微阵地。通过一体化、差异化的阵地建设模式，大幅提升群团文化阵地的覆盖面。建议提升工人文化宫、省市两级职工服务中心等群团既有阵地的文化内涵，推出深受目标群众喜爱的文化服务，引入深受群众欢迎的文化设施，提升传统群团阵地在群众中的文化吸引力，将其

① 共青团重庆市委：《在推进新媒体工作实践中加强对青少年宣传思想文化引领》，《中国共青团》2020 年第 4 期。

② 转引自《工会职工服务阵地如何实现公益性服务性目标与社会化市场化运作的有机统一》，《浙江工运》2019 年第 4 期。

打造成枢纽阵地。针对目标群众实际日常文化需求，与特色小镇、楼宇商圈、产业园区、大型企业等各类社会主体共建区域性小微群团阵地，提升群团文化阵地的覆盖范围，增强群团文化服务的可得性、便捷性。可采用各类主体提供场地、负责日常管理，群团组织提供文化设施、指导文化活动开展的协同模式。将群团文化阵地建设融入区域性党群服务中心建设中，借助后者提升群团文化服务的质量。

应当探索群团文化阵地活动机制。阵地是群团组织开展文化活动的物质条件，顺利开展文化活动仍需完善的机制加以保障。群团组织应当积极协调引入各类资源，丰富文化活动种类和数量。积极协调联系当地文化艺术类社会组织和文化艺术机构，吸引其利用阵地设施从事文化技能培训、文化知识普及等项目，开展文艺活动、文化宣讲等工作，满足目标群众的文化需求。积极联系民政、退役军人事务等部门，以及当地职业类院校，为目标群众提供职业技能培训服务。结合群团工作特色、地方文化特色，打造品牌化的系列文化活动，提升群团文化工作的群众影响力，建立属于群团组织自己的群众文化队伍，吸引目标群众常态化参与群团组织文化工作。利用网上预约、电子身份证等现代手段，简化阵地文化设施使用程序，为目标群众最大程度地提供方便。

# 第五章　群团组织与社会治理

《中共中央关于加强和改进党的群团工作的意见》（以下简称《意见》）指出，支持群团组织参与创新社会治理。创新社会治理的核心要义在于，伴随改革出现的诸多新情况，不宜通过扩大党委、政府规模来解决，而是通过吸纳各种社会力量协同党委、政府一同解决。各种可以利用的社会力量，都应该纳入社会治理体系中来。我国的群团组织有其特殊性，处在国家和社会之间的特殊位置，兼具国家属性和社会属性。我国的党委、政府一般是按照职能进行设置，而以工、青、妇为代表的群团组织往往按照联系对象进行设置。这就决定了，群团组织开展工作很可能与其他党委、政府的固有职能形成交叉。作为这样一种特殊的混合型组织，群团组织参与社会治理的依据何在？群团组织的双重属性使其参与社会治理有何优势？如何理解作为目标的“共同参与”？群团组织参与社会治理的思路是什么？围绕群团组织的双重属性，本章将对上述问题进行探讨。

## 一　群团组织参与社会治理的理论依据

治理，是一个源起于西方国家的概念。在目前的中文文献中，对治理概念的追溯大多上至罗西瑙。罗西瑙及一干学者提出治理，旨在“阐明世界秩序的本质，以及世界范围内治理发生的过程”[①]。他们提出治理的大背景，是西方国家自 20 世纪 70 年代新自由主义昌盛以来，私

① 罗西瑙：《没有政府的治理》，江西人民出版社 2001 年版，第 2 页。

营部门更多介入公共事务，前者和后者开始共同协商和承担相关职能。因此，通过治理，他们强调了两层意思：多中心和共同目标。多中心是指，“政府的一些职能，正在由非源自政府的行为体承担”。这并非将政府从公共事务的众多行为体中排除，而是改变过去政府是唯一行为体的局面。共同目标是指，治理区别于传统政府统治之处在于，不同行为体之间的协商一致。

和罗西瑙对治理的观点略有差异，戈丹认为治理主要出现在公共政策决策领域与企业决策领域。因此，在对过往研究梳理，以及在20世纪早期法国经验、“二战”以后德国经验、美国经验基础上，总结了多层次政治治理和公司治理①两种形式。但无论是哪种治理，它们都蕴含了三层含义：公共行为体和私人行为体的合作；政策的确定和管理上开展持续的互动；采用经过谈判的、集体制定的游戏规则，而且这不受之前建立的隶属或等级关系的限制。就这三层含义而言，戈丹、罗西瑙之间是相似的。

俞可平是较早将治理理论引入国内的学者。他提出了治理理论的五个要点②。在治理理论进入中国学术界的十几年之中，最为引人注目之处在于，该理论对多种行为主体的强调。治理理论中的多种行为主体逐渐演化为国家、市场、社会的三维主体。实际上，就治理理论本身而言，其重心是加强市场和社会对本国公共事务的参与。当然，也有学者结合中国本土国情，提出由于“政府力量在整个治理结构中处于核心位置”，所以“首先是把国家治理好；其次发挥国家以外的力量参与治理”。③ 但即便是这些相对谨慎的学者，也认可社会力量参与治理的重要性。

和罗西瑙、戈丹、俞可平等人的理论预设类似，非营利组织研究的美国范式自20世纪70年代兴起之后，一直把社会主体视作独立于国家和市场的第三类独立主体。然而，从90年代初开始，自Pestoff到

① 戈丹：《何谓治理》，社会科学文献出版社2010年版，第37页。

② 俞可平：《治理和善治引论》，《马克思主义与现实》1999年第5期。

③ 胡伟：《如何推进我国的国家治理现代化》，《探索与争鸣》2014年第7期。

Roustang 一直到 Evers，非营利组织研究的欧洲范式发现，从经验层面来看，还存在很多缺乏独立性的社会主体。因此，这一流派试图从理论上为欧洲以及第三世界国家的这类具有混合性质的组织寻找定位，它们是介于国家、市场、家庭之间的①。

综上而言，治理理论大多强调独立社会力量在社会治理中的积极意义。无论是市场主体还是社会主体，理论所指的社会力量往往是区别于国家并且独立于国家的主体。然而，我国本土经验的特殊之处在于，改革开放以后，国家主动生产社会进而国家、社会共融的现象较为突出。具体而言，一些看似具有社会性质的组织往往兼具国家属性和社会属性，抑或，一些看似具有国家性质的机构，兼具社会属性。前者往往指具有官方背景的社会组织，后者往往包括我国的群团组织。我国的群团组织就性质而言完全不同于党委、政府部门，不具有国家权力，很难称之为正统的国家机构。例如，《中华人民共共和国工会法》明确指出，工会是职工自愿结合的工人阶级的群众组织。这就意味着，治理理论在国家之外寻求参与社会治理的主体，是适用于群团组织的。但是，我国群团组织兼具显著的国家属性和社会属性，这就需要非营利组织研究的欧洲范式明确其理论定位。因此，谈及群团组织参与社会治理，仅以治理理论作为依据是不充分的，非营利组织研究的欧洲范式是有益补充。

## 二　群团组织参与社会治理的独特优势

虽然不能称为正统的国家机构，但一般意义上，群团组织具有极为显著的国家属性。1993 年《国家公务员暂行条例》颁布之后，工、青、妇等群团组织纳入行政编制。在国家层级的 22 家群团组织中，除中国红十字会总会、中国思想政治工作研究会、中国计生协会是事业编制，其余都参照《公务员法》管理。群团组织日常经费是由财政拨付，领导人选是由党委组织部门统一安排。也正是由于国家属性，群团组织在

① 葛亮、朱力：《中国社会组织研究的范式选择——基于美国范式和欧洲范式的比较分析》，《学习与实践》2013 年第 6 期。

很长一段时间内，不自觉地增强了行政化的倾向。

然而，群团组织区别于其他党委、政府部门之处在于，它还具有显著的社会属性。早些年，广东和北京自省（市）级层面提出建设和发展枢纽型社会组织，并把工、青、妇等人民团体列入这类组织。基于两地的实践，随后有不少学者开始提出把数量极其庞大的群团组织朝向社会组织进行建设，使其具有社会属性。例如，李培林认为，社会组织体制改革应该把传统体制内的组织纳入进来，如工、青、妇等人民团体①。把群团引入社会组织范畴，主要是考虑在培育与发展社会组织过程中，要充分利用存量资源。这类观点的潜在意蕴在于，工、青、妇等群团组织伴随建党或者建国，在协助中国共产党组织、联系、覆盖目标群众的工作中发挥了巨大的作用，具有显著的社会属性，因此可以把它作为存量社会组织加以利用和发展。但这类观点存在较为相通的问题在于，虽然从工作对象的角度，可以部分论证群团组织的社会属性，但群团具有的国家属性直接否定了社会组织的性质。对于一部分学者而言，国家属性和社会属性是无法在同一类型组织中共存的，群团组织的性质非此即彼。

于是，近一两年，无论是学术界和还是群团实践工作者，开始回避“枢纽型社会组织”这类提法，转而提出“发挥群团枢纽作用”，或者“把群团建设成枢纽型组织”。新的提法和工作思路不能被视为对过去的割裂，而是修正和深化发展。换句话说，仅从工作对象角度无法充分论证群团组织的社会属性，还要从工作主体、手段、资源、职能等多个方面确立群团组织在国家属性之外兼具的社会属性。

就主体而言，群团组织开展工作充分借助社会组织和企业等广义的社会力量，延长手臂。例如广东各级层面建立了依托群团组织的支持型社会组织，利用支持型社会组织聚拢各类服务群众的社会组织。有许多地方工会借助律师协会或者律师事务所，开展维护职工权益的工作。另外，志愿者和志愿者组织也是工会、共青团等群团开展工作中经常借用的力量。

---

① 李培林：《我国社会组织体制的改革和未来》，《社会》2013 年第 3 期。

就手段而言，群团组织注重创新工作方式，尽最大可能地发挥社会力量的协同作用。党委一般通过政党的领导权力、政府一般通过国家权力，制定政策，为社会提供必要的公共服务。群团组织不是党委、政府部门，规模相对较小，但又要直接面对群众。针对社会成员原子化分散的现状，当前群团组织把“互联网＋”作为创新工作手段的重要抓手。不仅是利用互联网加强对目标群众的会籍管理，更注重全面加强网络平台的服务模块，更好地服务目标群众。除此之外，群团组织特别注意运用项目制的形式，以购买服务的形式更广泛地吸纳社会力量参与协同。

就资源而言，群团组织吸纳社会资源展开工作。部分群团组织下辖的社会组织接受社会捐赠，例如，有些地方的共青团建立公募慈善组织，广泛募集社会善款帮助目标群众；部分具有慈善职能的群团组织甚至直接接受社会捐赠。这使得群团组织区别于党委、政府，依托社会资源辅助履行组织职能，并利用社会资源反过来服务社会。

就职能而言，群团组织旨在增强针对目标群众的服务型职能和代表性职能。《中华人民共和国工会法》第6条指出，工会在维护全国人民总体利益的同时，代表和维护职工的合法权益。这是法律层面对工会职能的明确界定。近来，针对群团组织实践中社会属性相对削弱的现实情况，有学者提出群团组织需要以社会属性为基础的服务型、代表性功能和国家属性为基础的行政性功能的均衡发展①。这实际上是从职能角度对群团组织的社会属性的强调。

作为一种具有混合性质的组织，群团介于国家和社会之间的中介地位对其参与社会治理具有独特的优势。鉴于一直以来国家在我国历史进程中所发挥的主导作用，以及在可见的未来国家主导作用的强化，群团组织的国家属性应当是在社会治理中扮演规制作用。鉴于社会复杂性程度不断加深，国家在应对社会问题时日渐力不从心，群团组织的社会属性应当在社会治理中扮演助力作用。因此，无论是国家属性还是社会属性，都是群团组织参与社会治理的优势。

---

① 褚松燕：《在国家和社会之间：中国政治社会团体功能研究》，国家行政学院出版社2014年版，第250页。

其一，群团组织的国家属性可以把社会参与纳入国家的轨道上来。社会具有独立于国家的自发性和自主逻辑。改革开放以后，伴随市场经济的发展，公众的主体意识开始增强。各类社会主体越来越多地参与到国家治理和社会建设中，这已不是国家道路选择的结果，而是国家必须面对的现实。然而，社会参与具有两大问题。一来，社会参与具有自发性。这主要表现为社会力量在参与公共服务时，大多依照组织自身的理性选择和价值选择，较少从国家整体发展的角度考虑当下的迫切需求。从社会的角度而言，这无可厚非。但从国家的角度而言，这可能会造成资源和需求的断裂。二来，社会参与呈现盲目、非理性乃至破坏性。特别是近十年，随着互联网先后进入 Web2.0 和 Web3.0 阶段，公众展现主体意识的渠道开始增多，能力开始增强。社会已经习惯经由互联网制造对国家的压力，使国家接收和反馈来自社会的逻辑。当互联网中社会个体的非理性达到一定规模以后，稍有不慎，就有可能形成既脱离社会本意，也脱离国家控制的局面。

社会参与已成态势。既然无法选择，国家就要主动面对，把它纳入符合国家逻辑的轨道上来。群团组织的国家属性可以直面上述两大问题。一来，群团组织是党的群团组织，其领导是党的领导干部，群团组织在引导社会主体时，可以将国家逻辑植入参与行为中，避免国家逻辑缺失的情况发生。在公共服务中，群团可以将国家的需求传递给社会主体，使社会主体的参与行为契合国家发展的整体战略和步骤。二来，群团组织与党委、政府、人大、政协已经建立起一系列的机制。例如，工会与政府的联席工作会议机制、工会与人社的三方机制、政协界别等。这些现行机制可以成为社会意见表达的途径。如果没法让社会不表达，就要让社会在现行机制中表达。事实上，社会并非一定要在现行机制之外的途径表达。群团将社会意见表达纳入现行机制，不需要重起炉灶，只要在此基础上开展工作即可。

其二，群团组织的国家属性使其可以成为培育社会组织的有效实体。当前，我国社会组织的培育与发展采用民政主导的模式。有关社会组织登记与监管、社会组织孵化平台建立与运营以及社会组织相关政策的修订都较为明确地归口民政部门。自 2006 年中央明确“社会组织”

这一提法之后，民政主导的社会组织培育模式在全国各地普遍实践，虽然在数量上有些许成绩，但在质量上难言成就。归根结底是因为，不同领域社会组织具有差异化的职能、结构、模式，与社会组织相比，各级社会组织（民间组织）管理局和社会组织（民间组织）服务中心体量与能力与之完全不成正比。把培育社会组织的工作完全交给民政，对后者而言实在不堪重负。

《中共中央关于全面深化改革若干重大问题的决定》第十三章要求创新社会治理体制，其中，激发社会组织活力是关键。群团组织的国家属性使其可以在民政之外成为又一股培育与发展社会组织的力量。相较民政部门，群团组织有更为具体的职能需求，能以此引导社会组织有目标的发展壮大。现阶段我国的社会组织对党委、政府具有较强的主动依附性，渴望通过靠近党委、政府获得生存的空间。群团组织虽然不是党委、政府部门，但在公众心目中，具有较强的国家色彩。增强群团组织在培育与发展社会组织中的作用，实际上是满足部分公众试图依附国家组建和运行社会组织的内在需求。反过来看，群团组织具有资金保障上的优势，可以引导社会组织建设朝向党委、政府需要的方向上来，通过对社会组织的规范化建设，根本上提升社会组织的组织能力。群团组织的国家属性可以在培育与发展社会组织的过程中满足国家和社会两方面的需求。

其三，群团组织具有社会属性，已经建成或吸纳一批可以有效助力社会治理的社会力量。随着社会复杂性程度日益增加，现代政府在公共管理和公共服务中的职能相应增加，但政府规模不允许轻易扩大。群团组织虽然不是党委、政府部门，但其组织规模扩大也几乎没有可能。因此，各类群团组织业已吸纳或建立的一批社会力量成为其参与社会治理不可或缺的优势力量。例如，工会的职工服务中心、矛盾调解委员会、法律志愿服务队、工人职业培训组织，共青团的网络服务平台、志愿者队伍等，是群团组织体现社会属性，发挥社会力量的载体。

这些社会力量有些作为常设性机构悬挂在群团科层组织内部。比如，工会的职工服务中心，在协助工会开展职工就业帮扶、法律维权、困难职工帮扶、职工婚恋、子女入学等方面发挥作用，有些作为非常设机构为群团组织履行部分公共服务职能。例如，工会的矛盾调解委员会，作为一个非实体性的机构，它吸纳法律专业人士参与，增强职工服务的专业程度，为职工提供法律咨询、法律援助等服务。共青团长期以来打造的志愿者队伍，在党委、政府的中心工作、城市大型活动中发挥了巨大的作用。有些作为群团组织履行公共服务职能的社会化手段。例如，共青团充分运用互联网平台开展活动，全国共青团系统的青年之声，团浙江省委围绕公益、婚恋、创业、心理打造的“亲青筹”“青青恋”“亲青创”“亲青帮”四大网络平台等。

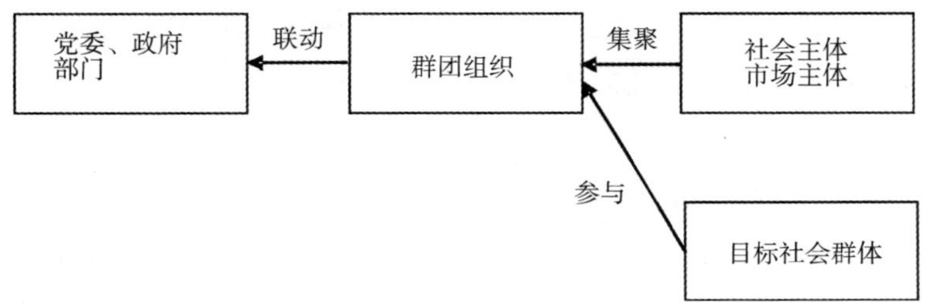


**图 5.1　“共同参与”中各主体间关系**

## 三　群团组织参与社会治理的总体目标

群团组织参与创新社会治理的总体目标应当是“共同参与”。所谓“共同参与”是指，群团组织及其联系的各类社会主体和覆盖的目标社会群体共同成为国家进行社会治理的协同者和参与者。

“共同”是指参与社会治理的主体。除了党委、政府等国家机构，还应包括群团组织、以群团组织为枢纽的市场主体和社会主体、群团组织所要覆盖的目标群众三个部分。群团组织要成为党委、政府在社会治理中的协同管理者；群团组织要集聚市场主体和社会主体，使之成为党委、政府在社会治理中的协同参与者；群团组织要吸纳传统意义上的管控对象，使之变被动为能动，成为党委、政府在社会治理中的主动参与者。其中，群团组织集聚市场和社会主体，以及群团组织吸纳目标社会群体参与是实现总体目标的关键。“参与”是指各类主体的实践行为。主要包括向目标群众提供各类公共服务以及相关行为（如慈善捐赠）、预防和化解社会矛盾、协商民主和意见表达三个部分。

“共同参与”不同于一般的社会参与。（一）它是可控制的。参与途径、参与方法、参与内容都是由群团组织制定的，参与过程也由群团组织管理。因此，“共同参与”区别于一般社会参与的自发性，是符合群团导向，进而符合国家运行逻辑的。（二）它符合集体理性。一般的社会参与大多是社会主体依照各自的个体理性，从自身需求、能力出发生产相应的行为和语言，其结果也仅仅导向个体理性。但“共同参与”具有集体旨趣。进入“共同参与”的社会主体，其行为和语言的最终导向是集体目标的实现。这并非否定社会主体的个体理性，而是说，个体理性能够以恰如其分的方式进入集体理性的范畴中，实现两者的完美结合。

1978 年之后，我们国家以经济领域主导的改革旨在实现共同富裕，这与当时我国的综合国力是相匹配的。经过将 40 多年的改革，2015 年，我国 GDP 总量已达 103856.6 亿美元，仅次于美国排名世界第二。伴随改革开放也出现了一些新情况。第一，与经济发展相伴的社会问题开始增多。失业、欠薪、贫富差距等一系列负面现象随着经济发展的持续推进日益显著，威胁社会稳定。第二，由经济开发的社会需求开始增多。经济发展开发了人们的潜在需求。社会成员对教育、医疗、社会保障、就业的需求普遍提高。特别是在市场竞争中处于相对弱势地位的群体，无法完全通过市场手段满足自身需求。第三，与单位制解体相伴的社会控制力度急剧减弱。在城市，社会成员逐渐离开单位，在农村，社会成员逐渐离开生产队。社会成员的流动性前所未有地增加。过去通过单位集聚经济、政治、社会资源进而对社会成员进行控制的方式开始失效。第四，与 Web2.0 时代和 Web3.0 时代相伴的表达途径增多和表达欲望增强。以 BBS 为代表的 Web2.0 时代提供了传统媒体时代不曾拥有的表达途径，解放了人们表达的欲望；以微博、微信为代表的 Web3.0 时代进一步释放了人们表达的天性，使得表达具有随时随地发生的可能性。

群团组织主导下的“共同参与”，一方面是为了应对经济发展形成的社会弊病。这时，群团组织及其联系的市场主体和社会主体要扮演

“下水道”的角色。新的社会问题、新的社会需求，一旦被经济领域遗忘，都应该通过“共同参与”进入群团组织的工作视野中，使其被净化和清理。在市场经济中形成的弱势群体，都应该成为群团工作的目标群众；另一方面，“共同参与”是为了应对经济发展中社会成员不断提高的主体能动性。总体性社会下的资源集聚体制已经解体，依托单位对社会成员的整合变得不再可行；新形势下对社会成员的整合无法通过强制而要通过吸引。同时，原本作为管控对象的社会成员的表达欲望和参与社会建设的欲望越来越强，当欲望累积到一定程度，它必将以不可控制的方式释放。具有双重属性的群团组织要扮演“水坝”的角色，发挥疏导作用。社会成员表达和参与社会建设的欲望，应该通过“共同参与”在群团组织设定的渠道内加以释放，使之不仅仅是被管控，而是吸引其主动围绕在国家周围，成为社会建设的一员。“共同参与”旨在将其引入可以控制的渠道。

现代社会的正常运行需要多系统相互配合，我国在经济领域中出现的问题需要社会领域协同解决。群团组织在社会治理中的“共同参与”直接破解的是经济领域共同富裕产生的诸多困境。作为破解机制，“共同参与”并非要从根本上消除经济发展带来的上述困境，这也是不可能的，而是以社会的逻辑缓解经济发展带来的阵痛以及满足经济带给社会成员的新需求。

## 四　群团组织参与社会治理的总体思路

“搭台唱戏”是群团组织参与社会治理的总体思路。所谓唱戏是指，群团组织直接参与公共服务、化解社会矛盾、民主协商、培育社会组织等社会治理实践。传统意义上，群团组织在这些社会治理实践中亲力亲为，很多时候，疲惫不堪、事倍功半。所谓搭台是指，群团组织一方面协调党委、政府、人大、政协等国家机构，将制度、资源引入社会治理各领域；另一方面引入和培育社会主体与市场主体以及吸纳相应社会资源，创建国家和社会有效衔接的社会治理参与平台。在社会复杂性程度日益加大的情况下，群团组织参与社会治理的关键点在于实现

“共同”，也就是要将广义社会主体和目标社会群体纳入进来一起唱戏。这就要求群团组织在坚持自己唱好戏的基础上，花更大力气搭好台，让广义社会主体和目标社会群体唱好戏。群团组织可以利用其国家属性加强与国家机构的联系，使后者助力搭台；利用其社会属性使更多社会主体和市场主体进入社会治理的舞台来唱戏，实现“共同参与”的目标。

其一，利用其国家属性，加强与党委、政府、人大、政协的联动。我国的社会治理不是国家撒手不管的治理，也不是各类社会主体脱离国家机构各行其是的治理。从社会治理的资源而言，国家资源仍旧是不可或缺的一部分。从社会治理的参与主体而言，国家各个机构仍旧是广义社会主体需要合作或者协同的对象。群团组织具有国家属性，与国家各个机构天然亲近，前者应当联动后者建立稳定的国家资源转移渠道，前者也应当当好“中间人”，在国家机构和公众之间建立协商民主的机制。

《意见》第八条就群团如何参与社会治理提出，群团组织可以以合适方式参与政府购买服务，承接政府职能转移。在公共服务和化解社会矛盾中，政府的优势是掌握大量物质资源，劣势往往是缺少能够实现治理目标的社会助手。群团组织应当主动对接相关党委、政府部门，疏通完善群团参与政府购买服务的法律法规条款，与党委、政府部门协商建立合理的购买服务机制，致力于成为党委、政府信得过、靠得住的得力助手。

群团组织参与的社会协商介于政治协商和基层协商之间的中间层次[①]。“共同参与”的目标内涵之一，就是将社会的意见表达诉求纳入国家建构的渠道内。群团应当致力于完善现有与各个国家机构的协同工作机制，建立国家经由群团与公众的对话交流机制，提升社会主体主动参与社会治理的意愿。在社会矛盾化解、社会政策制定、舆情等方面，形成稳定的经由群团的公众意见反馈机制。

其二，增强其社会属性，搭建实体平台。搭建实体平台，就是要求

① 布成良：《论人民团体在我国协商民主中的属性和内容》，《中共天津市委党校学报》2014 年第 6 期。

群团组织以制度化的方式建立各种类型的正式或者非正式组织。这些组织不是群团组织唱独角戏的平台，应当具有社会吸纳性，可以且易于容纳各种社会力量登台唱戏，或者以社会化的方式唱戏。

建立悬挂在群团科层结构下的常设社会性机构，吸纳专职社会精英。本届政府伊始就强调政府规模只减不增，但同期，群团组织联系、服务群众的职能有增无减。要在只减不增和有增无减之间寻找平衡点，可以以社会性的分支机构辅助群团组织唱戏。以此为平台，吸纳一批具有相关业务能力的社会精英，使其直接参与群团工作，协助群团在公共服务、社会矛盾预防和化解等领域直接发挥作用。

建立专业性质的非常设机构，吸纳具有特殊技能的专业精英。具有特殊技能的专业精英往往具有正式的组织归属，但他们的技能又是群团参与社会治理之所需。群团可以设置非常设的机构，以专业委员会、工作室的形式，为专业精英定期或不定期参与社会治理设置渠道。例如，工会、妇联可以发挥矛盾调解委员会的作用，邀请律师等专业人士加入，发挥他们的专业特长，在各类社会矛盾预防和化解中，形成制度化的专业调解机制。

建立支持型社会组织，吸纳和培育能发挥专业职能的社会组织。支持型社会组织是群团联系社会组织的平台，它发挥的作用包括凝聚社会组织、培育社会组织、管理社会组织等。在技能培训、矛盾调处、目标群众服务、各类维权等领域，现有一大批专业性质的社会组织。这些社会组织既有相关方面的技能，渴望有发挥的平台，也有接受培育的需求，继续发展壮大。群团组织应当以支持型社会组织为枢纽，网罗一批社会组织，使其协助群团在社会治理中发挥专业性的服务职能。

其三，增强其社会属性，搭建互联网平台。在社会成员原子化、流动性剧增、表达意愿增强的背景下，群团组织通过搭建互联网平台参与社会治理是时代赋予的必答题。社会成员从单位走向社会，群团组织参与社会治理面临看不见、摸不着目标群众的尴尬窘境。参与社会治理，首先要找着目标群众；找着目标群众，就要增加平台吸引力。搭建互联网平台的目的绝不仅仅是群团组织吸纳目标成员，更重要的是以互联网为媒介，形成国家、群团、目标群众、各类社会力量相互连接的网络关系。一方面，群团通过互联网整合市场主体、社会主体，参与对目标群众的服务；另一方面，目标群众通过群团搭建的互联网平台，释放表达意愿，疏通表达渠道，形成与国家的良性互动。因此，互联网是单位制解体之后，群团参与社会治理的新平台。

通过互联网平台，群团可以在社会治理中实现服务与需求的整合。对目标群众进行服务，必须要有社会物质资源参与。群团组织可以以新近实施的《慈善法》和《公开募捐平台服务管理办法》为依据，开展合法的网络公募活动，衔接社会慈善资源和目标群众，增强群团对困难群体的帮扶。对目标群众进行服务，必须要能够精准对接社会服务主体和目标群众的需求。群团组织可以以互联网平台为中心，集聚和明确目标群众对公共服务的需求，汇集有服务能力的市场主体和社会主体，进而实现需求规模化和服务主体规模化。规模化可以提高服务质量和效率。

通过互联网平台，群团可以实现自下而上的意见表达，建构社会协商渠道。随着互联网逐渐从 Web1.0 到 Web2.0，进而向 Web3.0 进阶，公众的意见表达已经成为一股不可逆转的趋势。如果群团不主动打造可供公众有序表达的平台，公众就会在其他网络渠道进行表达。群团主动在互联网为公众提供表达的空间，便于制定表达的规则，使无序的表达意愿转化成为有序的表达方式、有边界的表达内容；便于通过公众表达，掌握社会矛盾的导火索，提前化解潜在矛盾；便于掌握民意，为党委、政府的科学决策提供依据和参考。

# 第六章　群团组织与党政群联动

工会、共青团、农民协会等群团组织是中国共产党在革命年代为了团结和发动特定群众创建的组织机构。中华人民共和国成立以后，党委组织系统和政府组织系统相继完善，且具有成熟的职能分派模式。群团组织相继重建或完善，与党委、政府等国家组织的内在职能冲突日渐形成。1949 年中国新民主主义青年团成立之后，时任副书记蒋南翔就明确指出过这个问题："青年团在各种实际工作当中所要发挥的作用，是属于党和人民政府的助手性质，不是也不能要求和共产党、人民政府的作用等量齐观。这就是要把青年团所能起的作用，放在一个恰如其分的地位上，不估计过低，也不能估计过高。"①

近年来，某省推动工匠工作。该省总工会一马当先，率先推出"AB 工匠"，以省份命名。省人社厅不甘落后，马上推出"CD 工匠"，由于以省命名已被工会系统抢先，只能以该省所在地的标志性山川命名。命名只是细节，反映的深层次问题是，群团组织与党委、政府部门存在职能交叉。有共青团同志表示，最乐于见到党委主要负责人明确指示共青团完成某项具体工作任务。这意味着共青团可以以任务为导向，与党委、政府协调关系，落实任务所需各类资源。这从另一面反映了同样的问题，群团组织没有自己的职能边界。如果套用群团干部自己的语言，上述案例展现的是"群团组织什么都要做，但又什么都做不了"。

如果群团组织试图有所作为，很可能触碰相关国家组织的职能边界。群团组织虽然隶属党委领导，但与党委、政府组织相比，又相对缺

---

① 蒋南翔：《发挥青年团在实际工作中的作用》，《人民日报》1950 年 5 月 5 日第 3 版。

乏实际工作范畴。相应地，在现行党委、政府机构序列中，群团组织也处于边缘化位置。对于群团组织而言，要么不求所为，但凡试图有所作为，要解决的关键问题是与党委、政府建立联动关系，谋求职能分割以及资源分割。在“什么都要做，什么都做不了”的情况下，群团组织“不得不做点什么”，那么，群团组织最终做得怎么样，取决于“借力”[①] 过程。因此，探究群团组织发展的方向，要从群团组织与其他国家组织关系入手。

群团组织不是党委、政府，但也不是一般的社会组织。在中央编办划定的机构分类中，群团组织与党委、政府、人大、政协、法院、检察院、民主党派共同构成八种类型。无论从人员安排、资源来源还是工作方式来看，群团组织与其他几种类型的组织无异。因此笔者将其置于府际关系视角下。

## 一　群团组织整体性治理的逻辑起点

整体性治理，或曰整体性政府，是英国、澳大利亚、新西兰、挪威等国在20世纪末开始的政治实践和理论探索。在政治上，它是西方各国执政党轮替过程中新执政理念的表达。在理论上，它是新公共管理范式后的新范式。Perry等学者就整体性治理中不同主体间的关系划分了两大类型：协同与整合，依据双方的关系方式，又可进一步分为八个次类[②]。协同与整合都是整体性治理中主体间的关系方式，两者的根本性差异在于是否维持既有组织边界。

党的十九届三中全会《深化党和国家机构改革方案》中有关群团组织的表述中有这样一段话：“促进党政机构同群团组织功能有机衔接，支持和鼓励群团组织承接适合由群团组织承担的公共服务职能。”实际上，在维持组织边界的情况下建构群团组织与党委、政府关系的实

---

① 吴建平：《地方工会“借力”运作的过程、条件及局限》，《社会学研究》2017年第2期。

② Perry etc. Towards Holistic Governance：The New Reform Agenda. New York：Palgrave，2002，p. 53.

践并不鲜见，如共青团和民政、工会与人社或司法等。这样的政策和实践使得运用“协同”概念对群团组织整体性治理进行分析是极具诱惑性的。近些年来，各地在不同层面探索试行群团共建。有乡镇在无法定编的情况下抽调工青妇人员组建党群办，还有的地方在更高层级探索工青妇三家干校合署运行，等等。这类实践使得运用“整合”概念分析群团组织整体性治理也具有同样大的诱惑力。

问题是，将这一国外的政治理念和学术概念用于研究中国本土的群团组织是否契合，将二三十年前的学术和政治概念用于研究群团组织是否过时，回答这些问题，必然要把群团组织面临的实际问题以及身处的社会环境和整体性治理的理论内核并列分析，在并列分析中寻找衔接点，也是寻求本章的逻辑起点。

### 1. 网络时代的到来

信息技术的发展是建构整体性政府的基础。科技正在使过去互不相连的团体之间建立起沟通网络和联盟关系①。有学者指出：“在20世纪90年代中后期提出整体性治理无疑是同信息技术的发展相关的，因为技术的进步提供了进行整体性治理的可能。”②

网络时代的到来为政府组织在维持组织独立性基础上的跨组织整合开辟了新的空间。传统整体性政府的表现形式，如领导小组等，都无法与互联网所开辟的全新空间媲美。网络为这一时代群团组织的整体性治理创造了得天独厚的优势。一方面，互联网维持群团组织及相关国家组织的边界，降低了整体性治理最大的阻力。传统组织处于实体空间中，互联网是实体空间外的另一个独立空间。互联网在独立空间中就整体性政府的探索可以不触及传统组织的边界。这在很大程度上减弱传统之于创新的阻力；另一方面，互联网赋予搭建跨组织信息交融和工作程序链接的便利，为群团组织整体性治理创造空间条件。当前，中国各层级群

① ［美］林登：《无缝隙政府：公共部门再造指南》，中国人民大学出版社2013年版，第7页。

② 竺乾威：《从新公共管理到整体性治理》，《中国行政管理》2008年第10期。

团组织以及相关国家组织纷纷开始在互联网搭建自己的服务平台和数据平台，有些已初具规模。互联网空间的优势在于，它可以较为便捷地为组织间的信息交换和工作程序衔接创造机会。技术的发展已经为群团组织整体性治理做好了充分准备。

### 2. 组织失能的窘境

理性化的科层制是整体性理论批判对象之一。批判点在于，前者过于强调组织与组织之间的职能分割①。有学者基于不同的理论立场提出相似的问题，他们认为新公共管理理论过于强调公共部门的结构性分化②。职能分工过于明显的弊端在于，劳动分工、目标制定、资源分配在组织间相互分割以致组织间缺乏相互协调。

对于群团组织而言，组织失能是当前面临的最大窘境。所谓组织失能是指，由于缺乏明确的职能边界，组织在职能匮乏和职能庞杂间摇摆的状态。历史上，政治动员历来是群团组织的核心职能。但 1949 年以来，政府体系下的组织结构越来越完善，职能分派越来越明确，职能分工留下的空白越来越小。群团组织在履行政治动员职能时运用的各种手段不可避免地会触及政府组织既有职能边界。这就使得群团组织进退维谷。退一步，群团组织面临职能匮乏，缺乏实现政治引领的手段。进一步，群团组织面临职能庞杂，触碰到其他国家组织的职能边界。要继续发挥群团组织的政治作用，不得不重新寻求群团组织与其他国家组织的关系模式。

### 3. 组织资源的短缺

与上一点相关，整体性理论批判资源依照组织边界分派的原则。传统组织理论强调资源根据组织职能进行分配，组织职能与组织边界相对应，因此资源往往在组织内部进行流动。整体性理论强调资源超越组织

---

① Perri 6. Holistic Government. London：Demos. 1997. p. 16.

② ［挪威］Christensen，Laegreid：《后新公共管理改革——作为一种新趋势的整体性政府》，《中国行政管理》2006 年第 9 期。

边界，依照服务和产品的绩效进行分配。这一资源分配方式是需求和成果导向的。也就是说，哪里有需求，哪里才会有资源。

相较其他国家组织，当前群团组织普遍存在资源短缺现象。由于已经形成相对较为成熟的会费收缴模式，工会工作并不缺资源。但是对于共青团和妇联而言，特别是基层组织，相对较为缺乏工作资源，保障水平相对较低。在预算单位为组织的情况下，共青团和妇联缺乏充足的财政支撑是一个较为普遍的问题。其他行政组织受制于财务制度和绩效考核，缺乏向共青团和妇联投入资源的可能性。

**4. 供需之间的矛盾**

泰勒的现代管理制度也是整体性理论批判的对象之一。批判点在于，前者过于强调对生产过程的管控，以致大批量地出现同质性极强的流水线产品。流水线产品大规模和单一性的特点并非满足而是限制顾客需求。整体性理论认为在过去一段时间内政府在运用泰勒管理制度后，过于强调对内部程序的管控，从而忽视向公众提供多样性的服务，客观上降低而不是提升服务质量，公众需求没有得到真正满足。

当前群团组织的服务供给与目标群众的真实需求之间存在显著矛盾。群团组织基于国家组织运行逻辑注重对服务生产过程的控制，不可避免地限制了服务产品供给质量的提高。行政体制下的责任风险机制强化了群团组织对国家组织运行逻辑的依赖。中央要求群团组织去机关化、去行政化，本质上就是要求群团组织重新探索服务生产的方式、流程，优化服务产品供给质量。与此同时，市场化进程的加速一方面生产开发了群众多样化的需求；另一方面也在群众间制造了不平等的需求满足问题。市场化可以确保所有群众都对优质产品和服务有需求，但又确保不是所有群众的需求都可以得到满足。产品和服务的稀缺性是市场化的内在机理，也是市场化的内在缺陷。于是，行政逻辑下的独立供给与市场逻辑下的需求欲望产生了张力。群团组织不得不重新探索新的服务和产品供给方式，以应对群众多样化的真正需求。

### 5. 社会主体的参与

整体性政府主张网络化治理。虽然网络化治理不同于过往理论之处在于强调政府间的协同关系，但第三方政府，即私人公司和非营利组织始终没有退出过理论和实践的视野①。Perry 等人也明确指出，整体性治理意味着可以在公权力组织与志愿实体或者私人企业之间进行整合②。

群团组织已经到了不得不向社会主体寻求助力的阶段。群团改革成不成功，很重要的指标就是群团组织是否能够探索出社会协同的路子。特别是基层群团组织，"有组织、缺人手"的情况已经极为普遍。几乎没有不缺工作人手的基层群团组织。离开社会力量的协同，基层群团组织已经很难开展实质性工作。从政策层面来看，近二十年来关于社会协同的宏观政策话语已经遍布各类文件，从中观层面来看，关于政府购买服务的政策话语也已十分普遍。虽然，在微观层面，地方政府关于群团组织参与购买服务的具体实施办法还有欠缺，例如，没有将群团工作范畴纳入或者完整纳入购买服务目录，但从整体来看，不断完善的趋势十分明显，吸纳社会力量参与群团组织日常工作在大环境上已经不存在明显障碍。

上述五个方面探寻了整体性治理理论之于群团组织的适用性。整体性治理赋予群团组织充分的组织空间，不改变或者小幅改变群团组织在国家组织架构中的边界。整体性治理对受众需求的关注充分契合群团组织直接面向群众的特点。整体性治理对多元主体的容纳符合中央对群团组织的部署。从群团组织的实践问题和整体性治理的理论要素来看，后者可以成为前者在现行国家组织架构中"突出重围"的理论武器。本章的逻辑起点在于，整体性治理是从群团组织自身出发，解决其在国家组织架构中缺位、失位的可行途径。这是一种基于群团组织内在特质及环境条件所做的尝试。

---

① ［美］戈德史密斯、埃格斯：《网络化治理：公共部门的新形态》，孙迎春译，北京大学出版社 2008 年版，第 8 页。

② Perry etc. Towards Holistic Governance：The New Reform Agenda. New York：Palgrave，2002，p. 29.

## 二　群团组织整体性治理的困境

整体性治理的改革指向是国家组织间的区隔（Fragmentation）[①]。在我国，党委、人大、政府、政协组织具有国家属性，属于国家组织范畴。整体性治理在英国等地兴起之初，电子信息技术的发展已展现苗头但尚未大规模介入国家治理。但对当今群团组织而言，电子信息技术介入已成大势所趋。分析它所面对的整体性治理困境，离不开电子信息技术。因此，本章首先阐述电子区隔之于群团组织的困境，进而分析作为深层次动因的组织区隔。

### 1. 电子区隔

在电子政务的大势下，本轮群团改革也致力于网上群团建设。工会、共青团、妇联不同程度“触网”。当历史的脚步即将迈向 21 世纪第三个十年的时候，互联网之于整体性治理是极为重要的元素。其一，互联网可以通过大数据的方式更为直接和精确地感知群团服务对象的需求。其二，互联网可以确保群团组织在维持组织边界的情况下参与整体性治理。虽然整体性治理可以容纳组织间整合，但维持边界显然比消弭边界有着更强的便捷性、可操作性，更利于推动整体性治理。互联网重新建构了一个协同的空间，供群团组织在横向和纵向上交换资源、构建合作程序。其三，互联网是资源生产平台。互联网不是一般的互动空间，要素在互联网汇集之后可以变成资源。对于群团组织而言，资源短缺通过互联网的资源属性可以得到弥补。

互联网区别于实体组织的一大特征是其开放性，然而群团组织在从线下走向线上的过程中，有把实体组织的封闭性搬到网上的趋向。不同层级群团组织和各家群团组织纷纷建立自己的网络服务平台，APP、网站等各种形式皆有。但这些平台相互间并没有形成完全的互联互通，数

---

① Perry etc. *Towards Holistic Governance*: *The New Reform Agenda*. New York: Palgrave, 2002, p. 36.

据和资源共享以及功能模块整合相对缺乏。甚至，部分群团组织内部不同业务模块间分立，拥有各自独立的网络服务平台。笔者将这种分立现象称之为电子区隔。所谓电子区隔，是指群团组织各自的网络服务平台独立运行，在纵向和横向上缺乏交流、交换、整合的状态。这是对群团组织间弱关系的描述。

基于互联网对于群团组织整体性治理的重要性，电子区隔是群团组织需直面的关键性困境。第一，互联网具有取代实体组织成为汇聚群众的群团组织形态的趋势。在流动性人口已成规模的情况下，依靠传统的实体组织形态以及纸质档案迁移方式，“户在、人不在”的问题只会愈演愈烈，基层群团组织空转现象不可逆转。尽快在互联网上探索群团组织新形态事关重大，分立式的网络服务平台显然不利于群团单位在纵向组织和横向组织上进行整合和提升。无论是涉及组织覆盖的会籍管理，还是涉及工作覆盖的会员服务，电子区隔都不利于群团组织的能力提升。第二，电子区隔不利于实现群团层级组织间的职能分工。不同层级的群团组织在自身能力、社会环境等方面存在着极大差异。这些差异直接决定群团组织服务群众的绩效。电子区隔意味着基层群团组织有可能无法依照群众真正需求规划和展开服务，只能依照既有条件“看菜吃饭”，“走一步看一步”。运用互联网技术对层级群团组织进行整合，有利于优化省级及以上群团组织职能，缓解市级及以下群团组织职能压力。并且，上下级群团组织各自的资源优劣可以通过互联网进行互补。第三，电子区隔不利于实现群团平行组织间的职能互补。工会和共青团在网上群团工作中各有特色，例如，工会的普惠性服务和实名制电子会籍领先一步，共青团的网络公募和民意疏导领先一步。网上服务平台建设如果无法超越工青妇各自的组织边界，也就无法在群团组织间建立横向的联系。工会、共青团、妇联当年是依照政治动员对象进行组织设置，但在改革年代，三家群团组织实现政治动员的手段部分是相通的。互联网理应是三家沟通和融合的媒介，而不是进一步深化区隔的空间。第四，电子区隔不利于群团组织与其他国家组织的融合。群团工作与其他国家组织存在诸多交叉点，例如，共青团发展青年社会组织与民政有交叉，工会劳动纠纷调解与人社或者司法有交叉，妇联青少年工作与教育有交叉，等等。整体性治理强调从受众需求出发，调整工作主体间关系，进行相互协作，以满足受众需求。然而，电子区隔意味着群团组织无法在网上打通与其他国家组织的界限。双方在网下作为独立系统存在，到了网上仍旧是独立系统。

### 2. 组织区隔

有学者把政府部门间区隔和层级关系区隔作为精准扶贫面临的深层次障碍[①]。这实际上是从国家组织的横向关系和纵向关系出发对国家政策执行和国家工作开展的症结进行描述。这一结论同样可以解释群团组织电子区隔的症结。电子区隔的根源在于组织区隔。所谓组织区隔是指，国家组织在所处的科层体系中在横向或纵向上与其他组织维持清晰边界，进而增加资源、信息互动和程序衔接难度的状态。同级群团组织间、上下级群团组织间、群团组织与党委、人大、政府、政协间都存在区隔。组织区隔是组织理性化发展到极致的产物，对绩效、控制、角色、资源的过分强调导致组织和组织间泾渭分明。组织区隔对于弱势组织是不利的，弱势组织无法通过组织间的协同或整合以实现组织目标。电子区隔是组织区隔的自然产物，在整体性战略实施之前，网络服务平台只不过是线下群团组织的电子翻版而已。电子区隔所形成的边界，来源于组织间为资源、信息、程序设置的边界。

组织区隔的成因是多方面的。群团组织纵向区隔有其历史背景。1949 年是中国新民主主义青年团元年。建团早期的一项重要工作是团的组织建设。1952 年，毛泽东同志提出了“党如何领导青年团的工作”的问题[②]。时任团中央书记胡耀邦在团一届三中全会总结发言《在毛主席的亲切教导下把青年工作更加推向前进》中回应：“不要过分强调团的系统领导，而要切切实实地尊重各地党委的领导。上级团委必须顾及各地的全面情况，切不可抛开各个地区的特点，向下级团委提出自己的

---

① 田丰韶：《从体制区隔走向协同治理：兰考精准脱贫的实践与思考》，《中国农业大学学报》（社会科学版）2017 年第 5 期。

② 《毛泽东文集》（第六卷），人民出版社，第 276 页。

主观空想的硬性的千篇一律的工作指示，相反的，上级团委应该要经常监督下级团委切实贯彻当地党委的指示。”[①] 这为此后群团组织间的纵向关系确立了基调。第一，干部任免机制导致纵向区隔。在对中国层级政府间关系研究中，大多是关于上下级政府强关系的研究。上下分治[②]、压力型体制[③]等都是用来描述上下间具有较强控制关系的概念。上下分治的理论逻辑是上级政府通过管控下级官员进而实施基层治理，对下级官员的任免是关键一环。压力型体制的关键是政治激励，而干部任免是政治激励的重要指标[④]。然而对于群团组织而言，恰恰无法打通层级组织间干部任免的环节。按照《中共中央关于加强和改进党的群团工作的意见》关于群团体制的相关表述，群团组织干部任免的主导权仍旧在同级党委手中：“群团组织实行分级管理、以同级党委领导为主的体制，工会、共青团、妇联受同级党委和各自上级组织双重领导。”虽然下级群团干部任免仍旧要经过上级群团讨论，但主要还是依照同级党委的意见。这就使得群团组织的政治激励来源主要是同级党委，而非上级群团。第二，弱项目机制不利于弥补纵向区隔。在对中国层级政府关系的研究中，项目制被认为是一种对现行科层架构的补充。上级组织通过项目中的资源，实现对下级组织的高效动员，以应对下级政府常规性的消极应对[⑤]。项目制的关键在于常规预算外的项目资源。然而对于群团组织而言，项目资源恰恰是其弱项。工会经费相对充裕，因此上级工会在开展工作时，往往会通过以奖代补等形式驱动下级工会。但对于共青团和妇联而言，本身就属于资源短缺型组织，通过大体量的项目实施对下级组织的驱动较为困难。因此在层级群团组织之间，既无法通过人事制度形成制度化的强联系，也无法通过补充性资源增强

① 胡耀邦：《在毛主席的亲切教导下把青年工作更加推向前进》，《人民日报》1952 年 9 月 14 日第 1 版。

② 曹正汉：《中国上下分治的治理体制及其稳定机制》，《社会学研究》2011 年第 1 期。

③ 杨雪冬：《压力型体制：一个概念的简明史》，《社会科学》2012 年第 11 期。

④ 冉冉：《“压力型体制”下的政治激励与地方环境治理》，《经济社会体制比较》2013 年第 3 期。

⑤ 陈家建：《项目制与基层政府动员——对社会管理项目化运作的社会学考察》，《中国社会科学》2013 年第 2 期。

联系强度。第三，群团组织在中国科层组织体系中的边缘位置不利于组织横向协同或整合。改革开放后的中国政治是被发展逻辑主导的，经济建设始终被放在突出重要位置。群团组织在整个政治体制内不具有显著的发展属性。因而组织本身在科层体系内是相对边缘化的。在对工会组织工作实施成功案例的研究中，“借力”是较为公认的概念[①②]。“借”而非“要”，客观上反映了群团组织面对横向国家组织时的尴尬境地。群团组织的边缘化也反映在群团干部的边缘化。共青团干部相较同龄干部虽然级别较高，但在同级别干部中的资历较浅。工会和妇联在整个组织体系中，对于干部而言属于安置型岗位，而非发展型岗位，往往是干部退休前的最后一站。因此，群团组织缺乏主动与横向国家组织建立整体性关系的内在条件。在缺少外力的情况下，群团组织几乎很难进行跨组织整合。

组织区隔本身就是群团组织整体性治理的突出困境，它同时也是电子区隔的根源性问题。组织区隔对于整体性治理产生的弊端，从根本上决定群团组织到底能够在多大程度上发挥它应有的作用。第一，组织区隔无法解决反而会强化组织失能问题。在组织区隔的情况下，组织只会坚守固有职能不放。特别是对于强势组织而言，放弃或者让渡职能缺乏深层次动力。组织区隔状态下，弱势组织的组织失能客观上会使强势组织享受更多资源效应，享受更大的控制权，享受更多的绩效成果。作为既得利益者，强势组织会进一步固化当前的职能分配模式。第二，组织区隔无法推动真正意义上的开放网络服务平台建设。网络服务平台本身就是对组织进行绩效考评的一个内容，组织区隔意味着绩效考评也是沿着组织边界开展的。如果绩效考评的方式、对象、成果利用始终依循组织边界，那么网络服务平台也只能是区隔的。一个区隔的网络平台，只能是局域网，而非互联网。第三，组织区隔将会异化组织目标。在组织间竞争性态势下，组织区隔将会使组织的服务目标异化为组织获取竞争

---

① 郎晓波：《社会治理视野下的工会转型与政府角色研究——以浙江省 YW 市工会维权模式为个案》，《北京行政学院学报》2008 年第 6 期。

② 吴建平：《地方工会“借力”运作的过程、条件及局限》，《社会学研究》2017 年第 2 期。

胜利的手段，从而弱化、忽视受众的真正需求。组织间竞争从来不是万能的钥匙。竞争的确对组织内部具有激励作用，但也会反过来加深组织对边界的守卫。资源等竞争性要素都无法超越边界在组织间流动，组织间也不可能建构合作性的程序，因为组织间竞争早已使组织忘却真正的服务性目标。

## 三　群团组织整体性治理的优势

尽管存在区隔，但群团组织整体性治理仍具有鲜明优势。优势，是相较于西方“群团组织”而言，既包括行业性质的工会，也包括政党附属机构性质的青年团、工会。这些优势决定了，群团组织参与党政联动是可行之举。

### 1. 完善的组织架构

党政部门之所以与群团组织展开合作，就是要取长补短，在政策实施中发挥后者基层组织架构完善、善于开展活动的优势，弥补党政部门的弱项。群团组织架构的最大特点在于其基层组织网络相对发达。近些年来，应中央的要求，各家群团组织普遍直面基层组织建设短板，查短板、补短板，出实招、下狠招，旨在增强基层组织的组织力。

一般意义上，群团组织将基层组织网络一直建到村（社区）或企业一级。工会、共青团、妇联、计划生育协会等群团组织普遍在村（社区）、企业有较为成熟的组织网络。单位制解体前，人们在就业方式、居住方式上趋于稳定。深入村（社区）、企业的群团组织网络可以确保对目标群众的全覆盖。单位制解体后，无论是就业方式和居住方式，人们的流动性开始增强，依赖传统的基层组织方式已无法实现对目标群众的全覆盖。针对这一情况，群团组织就其基层组织建设展开了两方面工作。其一，推进传统基层组织的改革。例如，妇联在村（社区）层面开展了“会改联”，充实基层组织的力量，增强其工作能力。其二，近些年来，在党中央的号召下，多家群团组织纷纷开始延伸基层组织。楼宇商圈、产业园区、特色小镇、人才公寓等物理场所，开始成为群团基层组织的载体。哪里有目标群众，哪里就有群团组织。通过创新基层组织的创建方式，群团组织致力于在人口高度流动的背景下实现对目标群众的重新覆盖，通过提升组织覆盖水平，为工作覆盖创造有利条件。

同时，群团组织纷纷注重联系引导本领域内的社会组织。自北京、广东开始从事枢纽型组织建设以来，群团组织逐渐加强社会组织联系、引导、孵化工作。通过建立支持型社会组织、直接培育专业型社会组织、担任相关社会组织业务主管单位等方式，群团组织已经建立起一批紧紧围绕在周围的社会组织队伍。这些社会组织普遍具有专业特长，诸如法律、心理、社会服务等，能够在特定领域帮助群团组织实现工作目标。

完善的基层组织网络和联系引导的社会组织，使得群团组织具有相对较强的基层力量。基层力量具有覆盖广、专业强、零距离等特点，这是很多党政部门完全不具有的优势条件。党政部门在政策实施中，往往需要群团组织所具备的基层力量。

### 2. 强烈的内在驱力

群团组织具有强烈的内在驱力与党政部门开展联动，这是由群团组织在科层结构中的位置决定的。

对于群团组织而言，其部分职能与党政部门的职能有交叉。如果独立开展工作，群团组织面临有职能要求，无相应权力的局面。例如，在化解劳动关系领域矛盾纠纷时，工会理应维护职工群众合法权利，但工会并无实施仲裁和接受诉讼的权力。虽然工会有参与调解的权力，但调解权也并非工会独享。因此，工会与法院在劳动关系领域纠纷案件中开展联动，分享调解权，形成调、仲、诉结合的矛盾化解流程，这是符合工会内在渴求的。

对于群团组织而言，与党委部门联动开展活动有利于体现其价值。在中国的科层结构中，党委部门有着特殊地位，特别是组织部、宣传部等强势部门。虽然党委部门很多时候是强势部门，但在部分具体工作落实中，也会呈现其弱势。特别是在一些具体服务工作落实或活动项目开展时，受限于人员数量、专业范围，党委部门有时也会捉襟见肘。然而，这恰是群团组织的擅长之处。例如，各地宣传部门在兴建大量文化阵地后，亟需为其引入具体活动，共青团、计划生育协会等群团组织正好可以借助宣传部门的硬件开展活动。因此，针对共同的目标群众，群团组织与党委部门联动开展活动或者从事服务，既能满足各自需求，也能较好地展现群团组织的价值。

对于群团组织而言，与相关政府部门联动有利于资源优化。在中国的科层结构中，群团组织并非强势部门。很多时候，缺钱、缺资源。与相关政府部门开展联动，有利于借助后者的资源弥补自身的弱项。例如计划生育协会与卫健委合署办公，地方计生协专职副会长兼卫健委副主任，并分管卫健委所辖部分工作。对于计生协而言，在开展计生特殊家庭工作服务工作时，引入医疗卫生资源，增强服务资源，提升服务水平，成效显著。因此，不管是对于工青妇，还是其他由特定政府部门管理的群团组织而言，与政府部门联动开展工作，是借力发力的有效之举。

## 四 群团组织整体性治理的未来

基于电子区隔和组织区隔基础上的群团改革，其导向应当是基于群众真正需求的组织运行方式转型。将整体性治理应用于群团改革，就是解决群团组织在区隔化背景下产生的组织失能，及基于电子技术发展的网络空间拓展。整体性治理绝不意味着群团组织必然要打碎既有组织边界进行全盘革新，而是在既有组织边界下积极探索党、政、群、社四种主体的协同关系，与此同时，打造高度整合的网上服务平台，使之成为服务群众的新空间。在这一部分，将阐述党、政、群关系，群社关系将在下一章专题展开阐述。

### 1. 致力于打造党政群联动机制

党政群联动关系的本质，是党政群三种主体为了共同目标采取一体化行动。这其中，党群和政群联动关系有相似，也有差异。党群联动关系的未来，应当是紧紧围绕“党建带群建”，党群双方在各领域实践中实现资源互补。从历史上来看，党群关系是群团组织出生和成长的依据。就新时代来看，“党建带群建”符合党群双方共同的诉求。一方面，群团事业需要紧紧围绕党委工作和党建工作开展；另一方面，党委工作和党建工作部分需由群团工作加以支撑。

在操作层面，建议在乡镇（街道）一级尝试探索党群共建，成立党群工作部，统抓实施党建工作和群团工作。建议由分管党群工作的专职副书记担任党群工作部负责人，同时兼任工会主席，理顺体制机制，增强基层群团事业的工作力度。

建议党群服务中心（站、点）建设应将群团模块作为必选项植入其中。在县一级探索将工人文化宫、职工书屋、青少年活动中心、妇女活动中心等群团阵地统一纳入党群服务中心建设体系中，使之作为党群服务中心的组成部分，增强群团传统阵地的活跃度，提升党群阵地建设的覆盖面。乡镇（街道）党群服务中心（站、点）建设应为群团工作留有充足的活动空间，群团组织应当充分参与党群服务中心（站、点）的日常运营，利用成熟完善的硬件设施开展深受群众欢迎的活动。

党委宣传部门应当充分利用文化礼堂、新时代文明实践中心等阵地硬件优势，与群团组织联动开展活动。党委宣传部门是宣传思想文化工作的负责机构，群团组织面向各自目标群众肩负重要的宣传思想文化工作任务，双方有共同的目标责任。群团组织应当发挥善于组织举办活动的优势，借助党委宣传部门的力量可以更为顺畅地开展工作，同时提升群团组织在党委系统中的影响力。

例如，浙江各级计划生育协会充分利用全省文化礼堂开展群众健康素养提升行动。全省多地计划生育协会与宣传部门联合发文，为“健康素养进文化礼堂”搭建行动依据。计划生育协会借助宣传部门的影响力，掌握了健康素养活动开展的场地，激发了基层活动开展的动力，取得良好的效果。

政群联动关系的未来，应当是围绕“职能链接”，在各领域探索具体实践做法。群团组织与政府部门在各个领域广泛形成工作交叉。交叉，是指工作领域交叉，而非职能交叉。在具体领域中，政府部门和群团组织应当履行的职能有所差异。很多情况下，政府部门在某一领域享受国家授予的强制性权力，群团组织往往不具有相应的强制性权力。因此，政群联动，不是要求群团组织替代政府部门履职，而是要求政群两类主体在同一领域内厘清职能边界，形成相互链接的工作机制，既发挥各自优势，又降低各自履职压力。

例如，在劳动关系领域的矛盾纠纷中，我国实行的调解、仲裁、诉讼的处理流程。工会能做的是开展调解，仲裁和诉讼只能交由政府相关部门。针对这一领域的矛盾，工会积极履职，力争在调解环节化解矛盾，一方面可以减轻劳动仲裁机构和法院的工作压力；另一方面对矛盾化解本身也更为有利。基于此，2020 年初，最高人民法院和中华全国总工会联合发文，在内蒙古、吉林、上海、江西、山东、湖北、广东、四川等省（自治区、直辖市），以及陕西省西安市、浙江省宁波市和广西壮族自治区北海市开展劳动争议多元化解试点工作。试点内容的关键在于，工会系统建立并发挥劳动争议调解中心作用，组建劳动争议调解员队伍，探索向律所律师购买服务机制，力争在调解环节化解劳动关系领域纠纷矛盾。

### 2. 致力于跨组织合作的大群团建设

大群团建设的未来，应当是围绕平台整合、资源整合的跨组织合作。群团组织间工作领域、职能、目标群众都有交叉。在此前提下，群团组织应当围绕交叉点形成跨组织的工作平台和工作机制，发挥各自资源优势，取长补短，为共同目标联合行动。

建议同级群团组织间围绕同一工作领域设立工作专班，以大群团的方式推动工作。例如，党的十九届四中全会报告首次提出，注重发挥家庭家教家风在基层社会治理中的重要作用。家庭是多家群团组织的工作对象，妇联、共青团、计划生育协会都围绕家庭开展工作。十九届四中全会在社会治理方面的理论创新对于多家群团组织而言，都是组织发展的宝贵契机。建议由党委相关部门牵头，成立由多家群团组织参与的家庭工作领导小组。适当的时候，以多部门的名义联合发文推动社会治理中的家庭工作。

建议同级群团组织间整合资源共同进行各类阵地建设。例如，群团组织开展相关领域社会组织工作时，往往会搭建枢纽型社会组织，形成本领域社会组织阵地平台。搭建枢纽型社会组织平台，需要群团组织协调联系场地资源，投入大量资金，也对本区域社会组织资源有一定要求。对于部分群团组织而言，物质投入是巨大的负担，但工作又必须开展。建议群团组织间取长补短，共同开展阵地建设，避免阵地建设中出现资源浪费、无效投入的情况。

建议相关群团组织整合资源共同开展基层组织建设。例如，妇联和计划生育协会可以在村级组织建设中联动开展工作。很多情况下，村级妇联主席和村级计划生育协会秘书长往往是同一人。浙江省秀洲区妇联和计划生育协会共同开展基层干部培训，协调联系秀洲区委党校，将村级干部培训班列入区委党校主体班次。通过此举，妇联和计划生育协会各自节省培训经费开支，同时又增强了村级干部工作积极性，取得了良好效果。

### 3. 致力于互联互通的大平台建设

大平台建设，就是要打造超越群团实体组织边界的网络服务平台。网络服务平台是群团组织整合和服务群众的新空间，具有群团实体组织不具有的诸多特点，是组织内部和组织间的流程再造。

第一，跨组织协同和整合。大平台的首要特点是横向和纵向的跨组织协同和整合功能。整合政府入口网站，实现跨部门的信息共享，是互联网年代整体性治理的突出特点①。群团及党政实体组织的协同和整合具有可操作性，但困难重重。群团组织失能迫切需要跨组织的协同和整合，网络服务平台可以提供新空间。网络服务平台提供的空间可以为层级群团组织间、横向群团组织间、群团组织与党政组织间的沟通和衔接程序再造提供可能。形成这一可能的前提是网络服务平台对实体组织间的边界具有高度宽容性。新的空间，就是要在不触碰或者少触碰既有实

① 李荣娟、田仕兵：《整体性治理视角下的大部制改革完善探析》，《社会主义研究》2011 年第 3 期。

体组织边界的情况下赋予实体组织协同和整合的可能。

第二，无盲区覆盖。网络服务平台是应对流动性人口蔓延，群团实体组织覆盖和工作覆盖失效困境的举措。群众不理群团组织，是因为群团组织的组织形式已经跟不上群众的行为方式和集聚方式。互联网业已成为群众最热衷的场所，在互联网上再造群团组织，就是群团组织适应群众行为和集聚方式的创新举措。群众离不开互联网，群团组织就要适应互联网。适应互联网，群团组织才能够从线下转移到线上实现对群众的无盲区覆盖。

第三，资源整合。网络服务平台是群团组织整合社会资源的场所。群团组织利用社会资源服务群众，也要为社会资源创造价值。社会资源具有趋利性，群团组织的最终目标是政治动员，但群团组织不能不为社会资源追逐效益。离开效益的社会资源对群团组织而言最多就是一锤子买卖。网络服务平台具有为社会资源创造无限市场空间的能力，从而将社会资源整合进入群团事业，进而实现政治动员。

第四，大数据收集。网络服务平台形成的大数据可以直观反映群众需求和动向。大数据的特征在于运用普查的方式，而非抽样数据的方式掌握总体概况[①]。Web3.0 是将所有行动向互联网搬迁的时代。行动从线下向线上搬迁，意味着所有行动都可以转换成数据，成为分析的对象。群众在网络服务平台上的日常行动，最终都会以数据的方式记录在数据库中。对数据库的分析和利用，可以快速便捷地掌握群众的真实需求和行为动向。

---

① 舍恩伯格、库克耶：《大数据时代》，浙江人民出版社 2013 年版，第 29 页。

# 第七章　群团组织与社会协同

社会协同的实践早在20世纪80年代就已经显现。例如，从国家部委分离出来的行业协会商会实际上就是以社会的形式助力国家职能履行。然而，社会协同政策话语的诞生却晚至2004年十六届四中全会报告《中共中央关于加强党的执政能力建设的决定》，彼时，它被嵌入“党委领导、政府负责、社会协同、公众参与”十六字方针。2012年十八大报告将“法治保障”附加后演化为社会建设领域的二十字方针。

从政策层面出发，加强社会协同是全面深化改革的题中之义。全面深化改革的总目标是推进国家治理体系和治理能力现代化。两个“治理”背景下的群团改革，势必涉及提升社会主体参与国家治理能力的问题。同时，加强社会协同也是中央对群团改革提出的明确要求。《中共中央关于加强和改进党的群团工作的意见》指出：“群团组织要通过服务来引导和促进社会组织健康有序发展。推动政府治理和社会自我调节、基层群众自治良性互动，促进多元治理主体协同协作协调、互促互补互融。”

从实践层面出发，加强社会协同是群团组织提升服务群众能力的必然选择和关键环节。群团改革需要破解的难题是缺钱、缺人。特别是基层群团组织，层级越是往下，越是缺钱、缺人。群团事务越来越多，但群团规模不宜扩大。要实质性地提升群团组织服务能力，加强社会协同就不是群团改革的附加题，而是必答题。有没有社会力量协同参与、社会协同水平高不高，直接关系到群团组织是否能够真正服务群众、满足群众需求，是否能够真正覆盖群众、引领群众。

近十年来，有关社会协同的研究成果丰硕。这些研究部分以“社会协同”示人，与政策话语保持一致；有些以“协同治理”示人，通过学理分析解剖和勾画中国社会未来发展的图景。无论是“社会协同”研究还是“协同治理”研究，其基本理论立场大致是一致的，都认为单位制解体后国家应当引入多元主体和多种资源助力国家各类职能履行。

然而，两类研究还是稍显差异的。有关“社会协同”的研究倾向从宏观上倡导国家应与社会建立平等、协商的协同关系。例如，朱力在与笔者的论文中，主张从社会组织切入寻求建构与政府、社区、企业等主体的协同关系，并从过去到当前到未来提出社会主体有限参与、发展参与、充分参与的社会协同三阶段演进历程①。甘峰倡导在社会协同中引入新的主体，即社会企业②。严国萍和任泽涛从共同目标和理念入手提出社会协同的构建路径，并主张从法治化和制度化入手为社会协同寻求保障③。邵静野和来丽梅从国家和社会关系入手就社会协同涉及的要素从宏观上提出七项机制④。

有关“协同治理”的研究倾向在整合西方协同理论和治理理论成果基础上⑤，对我国社会协同涉及的价值意蕴、条件、领域、主体、逻辑起点、分析维度进行探讨。例如，郑巧和肖文涛认为，公民本位、公平正义、服务精神、公共责任是协同治理蕴藏的价值导向⑥。郁建兴和任泽涛认为，社会协同实际上是政府治理能力较高且社会发育程度较低两个条件共同作用下的产物⑦。徐嫣和宋世民认为社会协同的适用领域可分为国家事务管理、社会事务管理、公共服务供给三类⑧。它启示，

① 朱力、葛亮：《社会协同：社会管理的重大创新》，《社会科学研究》2013 年第 5 期。

② 甘峰：《社会企业与社会协同治理》，《中国特色社会主义研究》2014 年第 3 期。

③ 严国萍、任泽涛：《论社会管理体制中的社会协同》，《中国行政管理》2013 年第 4 期。

④ 邵静野、来丽梅：《社会治理体制创新中社会协同机制的构建》，《东北师大学报》2014 年第 1 期。

⑤ 李汉卿：《协同治理理论探析》，《理论月刊》2014 年第 1 期。

⑥ 郑巧、肖文涛：《协同治理：服务型政府的治道逻辑》，《中国行政管理》2008 年第 7 期。

⑦ 郁建兴、任泽涛：《当代中国社会建设中的协同治理——一个分析框架》，《学术月刊》2012 年第 8 期。

⑧ 徐嫣、宋世明：《协同治理理论在中国的具体适用研究》，《天津社会科学》2016 年第 2 期。

群团组织加强社会协同，并不是让社会主体无所不能，而旨在社会事务管理和公共服务供给中发挥作用。闫亭豫在对国外社会协同研究梳理总结后发现，国外较少从差异类型的协同治理主体切入关注与之相关的种种问题①。张振波探讨了作为逻辑起点的公共性②。公共性主要包括两个方面，社会力量的不断壮大以及公共问题的凸显。正因为出现公共性扩散，协同治理是对其进行的回应。马雪松尝试为社会协同研究确立结构、资源、主体三个分析维度③。它启示笔者，在案例选择时尽可能地反映地方实践是如何应对社会协同中多种主体和多类资源的问题。

综合学术领域的研究成果，检视实践领域的具体做法，是否需要社会协同的问题已经基本达成共识。下一步的问题是，通过对现有各种类型社会协同实践的解剖，就如何分析社会协同实践、如何提升社会协同水平进行理论提炼。群团改革以来，从省级群团组织到乡镇、街道基层群团组织，出现多种多样的群团组织社会协同实践，旨在借助社会力量增强群团组织服务群众的能力。本章的整体思路是，选取四个实践案例，分别代表兼职干部、购买服务、乡贤捐赠、网络公募四种群团组织社会协同实践形式，首先呈现他们如何围绕资源、人员等突出困境践行社会协同，然后对其进行归纳，提炼出关乎社会协同水平的两个理论维度，进而运用这两个维度对这四个社会协同实践的水平进行简要分析。

## 一　群团组织社会协同的实践案例

### 1. 兼职干部

《中共中央关于加强和改进党的群团工作的意见》指出："工会、共青团、妇联负责人中基层一线代表人士的兼职比例应该适当增加。"为此，JS 省在该省群团改革实施方案中对此做出相应的要求。省里文件下发以后，团 ZB 市委迅速行动，按照专职干部在领导班子中的比例

① 闫亭豫：《国外协同治理研究及对我国的启示》，《江西社会科学》2015 年第 7 期。

② 张振波：《论协同治理的生成逻辑与建构路径》，《中国行政管理》2015 年第 1 期。

③ 马雪松：《结构、资源、主体：基本公共服务协同治理》，《中国行政管理》2016 年第 7 期。

不多于50%的原则，经市委组织部统筹安排，确定了挂职干部和兼职干部的人选。选拔兼职干部属于群团组织机构改革的范畴，旨在通过增设兼职干部提升群团服务能力。在对试点单位调研后，市委组织部和团市委意识到，选拔兼职干部人选的正确与否，直接决定能否实现制度设计的初衷。因此，双方都认为应在兼职岗位的制度平台上，引入社会力量，为团市委注入新鲜血液。为此，结合婚恋交友方面的实际工作需求，市委组织部和团市委选拔了当地一家颇具社会影响力的婚恋交友网站的负责人担任团市委兼职副书记。在任期内，他的主要职责是推动团市委的婚恋交友工作。

市委组织部和团市委在商定具体人选的过程中，试图为团市委的组织目标和兼职副书记的个人目标寻找共同点。该人选的政治素质是市委组织部和团市委的首要考量因素，但除了政治素质之外，该人选需要有提升共青团日常工作的能力和水平。换言之，能够补齐共青团当前工作的短板。这是组织目标。群团改革以后，团中央要求各级共青团进一步加强青年婚恋交友工作力度。青年婚恋作为重要内容被纳入《中长期青年发展规划（2016—2025年）》。然而，团市委现有专职工作人员数量以及工作方式都无法确保这项工作能够顺利推开。人员力量成为履行工作职能中的短板。因此，市委组织部和团市委希望这名体制外的兼职干部能够将其在婚恋交友方面的专业能力植入团市委的婚恋交友工作，支撑起这块工作。

对于这名兼职副书记而言，推动婚恋交友网站发展是其兼职工作中若隐若现的个人目标。“我是一名商人，我必须要考虑企业发展的问题。”（笔者对兼职副书记的访谈，2016年12月，下同）担任兼职副书记，能够极大地提升婚恋交友网站的社会形象，进而成为企业发展的社会资本。一方面，“担任兼职副书记也是给我的政治荣誉”。社会信任是婚恋交友网站的社会资本。政治荣誉能够赋予企业极大的社会资本；另一方面，“担任兼职副书记可以最大程度地将公司的业务和团的婚恋交友工作融合起来”。在他看来，团的婚恋交友工作可以移植企业部分的工作方法和工作资源，以促成工作目标；借助团的官方形象，企业也可以提升在潜在客户中的认同度，有利于企业效益。一旦团市委和企业通过合作取得成功，企业也会自然而然地与县一级甚至其他地市团委形成合作关系，从而形成系列式的发展机遇。

对于市委组织部和团市委而言，选拔任用兼职副书记主要有两方面的制度化依循。其一，中央到省委以及市委群团工作的文件。《中共中央关于加强和改进党的群团工作的意见》就群团组织增设兼职干部提出了要求。于是，在调研了全国群团改革试点省份之后，JS 省的群团改革实施意见就兼职干部的比例提出了具体的要求。而市级群团改革实施意见也相应明确了这一比例。在我们国家党委、政府的科层架构内，文件是行为制度化的动因之一，而且是非常重要的动因。因为，文件内容将会成为后期对该项工作进行考核的指标来源。特别是对于兼职干部选拔任用而言，这既事关群团组织工作体制改革的重大问题，也是一项极其便于量化和判定的指标，必定会将其纳入工作考核指标中。其二，“上行下效”的科层行动规则。在现行科层架构内，“上行下效”是一项不成文的制度化规则。所谓“上行下效”是指，上级组织从事的工作举措，下级组织要紧紧跟进，上级组织还没有从事的工作举措，下级组织不宜跟进，哪怕是上级组织已经打算要从事的工作举措，下级组织也要在上级组织之后才能跟进。这就决定了，设置兼职副书记与否，并不是市委组织部和团市委自己可以决定的，他们甚至不能根据自己的意愿选择时间点，而是要根据中央和省里的工作举措和工作进度，来及时进行工作安排。因此，设置兼职副书记，甚至参照上级团组织的做法为婚恋交友工作安排相应的兼职人选，就成为一个制度化的行为。

### 2. 网络公募

群团组织利用公募基金会募集社会资源开展服务的历程几乎等同于改革开放的历史。1981 年 7 月，中国儿童少年基金会由中国福利会、中国人民保卫儿童全国委员会、全国妇联、全国总工会、共青团中央、全国青联、中国文联、中国科协、中华全国体育总会、全国侨联、全国工商联共同发起成立。在 20 世纪 80 年代，国家层面成立了一批公募基金会，组建成立之后，往往由群团组织担任业务主管单位。例如 1984 年 3 月成立的中国残疾人福利基金会。

JS省青少年发展基金会成立于1991年，由团省委发起并担任业务主管单位。2016年9月1日《慈善法》实施以后，所有的慈善组织需要重新进行资格认定。当年12月，青少年发展基金会与省内其余四家官办基金会一同被民政厅认定为首批全省性慈善组织。青少年发展基金会同时还取得了公募资格，可以面向全社会公开募集善款。

随着微信、支付宝等网络支付手段在全社会的认可度越来越高，团省委考虑借助青少年发展基金会的公募资格，利用网络平台充分调动全社会的资源，汇集起来开展助困、助学、助医等帮扶活动。为此，青少年发展基金会建立了专门的网站，以项目的形式开展日常网络募捐。

网络公募将共青团服务困难群众的目标与社会资源的助困导向紧紧地联系起来。地市共青团或者县市区共青团根据辖区内困难群众的具体情况，向青少年发展基金会申报具体的项目，包括困难群众的事迹、募捐的目标数额，经青少年发展基金会审核通过后，项目发布于专门的网站。社会公众登录网站，可以浏览各个募捐项目，针对不同的募捐项目，随时利用网络支付手段进行数额不等的捐赠。所得捐赠款项由青少年发展基金会和当地共青团统一交由受助群众。对于青少年发展基金会和各地共青团而言，网络公募可以实现群团组织针对目标群众的精准帮扶。青少年发展基金会的负责人表示，“我们过去也有一些募捐活动，但受助对象总是有局限性的，遇到一些临时主动找上门的困难群众，我们也很难有渠道对其帮助。”（笔者对青少年发展基金会负责人的访谈，2017年1月，下同）对于各地共青团而言，“其实每个地方都有困难群众，地方上其实多少都了解情况的。有了这个网络公募之后，就可以通过共青团系统内自己的渠道对其进行快速的帮助。”换言之，群团组织可以精准定位目标群众的迫切需求，围绕其真实需求展开有针对性的帮助和服务。对于捐款群众而言，共青团的网络公募具有快速、透明、有针对性的优势。“现在的群众其实公益捐赠的热情都还是有的，主要还是前些年慈善领域的负面新闻让大家不敢捐了。这个网络公募因为是共青团搞的，在很多人心中还是有权威性的，所以大家也敢捐。”“每个人捐款的初衷是不一样的，有些人特别同情没学上的，有些人同情生病没钱看的，有些人同情家庭困难的，我们的网络公募中，有各种各样的项目，你对哪个项目有感触，就在哪个项目里捐，钱最终去了哪里，捐赠者也都看得到，所以捐的时候目标都很明确。”共青团和青少年发展基金会设置网络公募项目是有明确指向的，网络捐赠者进行捐款也有自己的导向，通过具体项目，两者可以较为有效地衔接到一起，形成资源使用的合力。

团省委和青少年发展基金会致力于把网络公募打造成群团组织领导下的制度化社会资源募集平台。因此它们在机制建设上不遗余力地朝着制度化的方向努力。团省委积极与省民政厅沟通协调，为青少年发展基金会赋予合法的身份。除此之外，团省委还在工作开展之初敦促青少年发展基金会建立制度化的工作程序。例如，为每一个捐赠项目建立了公开透明的网络反馈制度。捐赠结束之后，项目发起单位都要将受助者的近况在网站上进行公示，公示内容甚至包括受助者近照、出院记录等文件材料。再例如，青少年发展基金会可以为有需要的捐赠者提供公益性捐赠票据。

对于公众而言，还未在理念层面形成网络捐赠的制度化力量，致使捐赠行为呈现碎片化状态。网络公募平台的捐赠行为展现了公益能量但未呈现公益体量。据该网络平台数据显示，迄今为止，网络公募共获得捐赠 15965761 元，涉及捐赠者有 180761 人。也就是说，每人捐款数额只有 88 元。除去一些数额相对较大的捐赠，大多数的单笔捐赠往往只有几十元。这与体制内单位在特殊时间段内自上而下发起的捐款呈现差异。团省委和青少年发展基金会为了拓展网络公募的社会影响力，邀请了省里两名知名主持人担任形象代言人，但社会公众对于这一网络公募的知晓度仍旧很低。“目前大多数知道的人都是在机关事业单位工作的人，或者过去就对我们基金会有所了解的。要真正在全社会形成公益慈善的理念还是需要时间的。”

### 3. 乡贤捐赠

MT 镇是所在县的一个大镇。该县是所在省的欠发达县，2016 年财政收入只有 24.64 亿元。对于 MT 镇而言，要完成党委、政府的中心工作本身就面临巨大的经费压力，群团工作特别是共青团和妇联工作更是缺乏充足的经费保障。党委、政府的很多日常工作，需要通过各种办法借助社会资金解决问题。这也为群团工作提供了向社会要资源的工作思路。

县委统战部对乡贤工作极为重视，要求全县每个乡镇、街道都要建立乡贤理事会，吸纳本地出身的政界、企业界、文化界精英，乡镇、街道担任业务主管单位，并且在民政登记注册为社会组织。镇里的乡贤有很多在外地做生意，甚至有几个乡贤在外创办了有一定规模的企业。平日里，这些乡贤都会进行捐赠，少则几万元，多则几十万元。筹措的款项用来协助镇政府开展助老、助残、助学、助困、修路等工作。

群团改革开始以后，MT 镇致力于“群团共建”。“群团共建”，就是进行机构调整，集中镇工会、共青团、妇联的人力和资源，整合成立镇党群办，由其负责一体化开展群团工作。“群团共建”之后，MT 镇由组织委员协助副书记开展群团工作。组织委员与分管统战工作的人武部长是高中同学，一直就有较好的私交。这层私交消弭了组织委员和乡贤理事会的距离。于是，在组织委员和人武部长的共同引导下，有乡贤在 2017 年的捐赠中，将捐赠资金投向了镇里的群团工作。例如，镇党群办打算在妇联工作中针对本镇留守儿童和随务工人员进城的本镇儿童开展教育帮扶工作。该项工作预算资金是 12 万元，但镇妇联本身的工作经费极其有限，这 12 万元资金完全是缺口。为此，在组织委员和人武部长的努力下，争取到了本镇乡贤王某的 12 万元捐赠。

镇党群办引入乡贤捐赠，旨在推动镇群团工作，这项工作的具体内容是对本镇的户籍儿童进行关爱，进而实现对本镇户籍人口的引领。在组织委员看来，“乡镇群团工作一怕没思路，二怕没资金。没资金比没思路更头疼。没思路可以主动走出去学，没资金就只能到处化缘了。”（笔者对组织委员的访谈，2017 年 3 月，下同）按照 MT 镇的计划，这 12 万元被分成 4 万元和 8 万元两个部分。其中的 8 万元由乡贤王某直接捐给本镇乡贤理事会，然后由乡贤理事会在过年的时候对本镇有子女的家庭进行慰问。首先由各村挨家挨户分别进行统计。统计发现，该镇目前随在外务工父母的未成年人共有 354 人。然后在过年期间，由镇党群办和乡贤理事会一同为每名未成年子女送上 200 元的教育慰问金。另外的 4 万元，由乡贤王某捐给一家从事未成年人培训的教育类社会组织。这家社会组织由 MT 镇党群办从上海引入，在该镇专职对留守儿童进行心理辅导以及传统文化、书法、英语等培训。经统计，全镇共有留守儿童 152 名。针对 8—18 岁的学龄留守儿童，这家社会组织主要对其进行心理辅导以及书法、传统文化培训。针对 6—8 岁的非学龄留守儿童，主要对其进行英语培训。

对于乡贤王某而言，积极捐赠一方面是出于“在乡里乡亲中有面子”（笔者对乡贤王某的访谈，2017 年 3 月，下同）；另一方面基于一个背景，王某所在村的村书记在这届任期结束之后就要卸任。乡贤王某表示，“我是从村里走出去的，现在开公司赚了点钱，也想为村里做点事”。潜台词是，王某希望能够在老书记任期结束之后担任村书记。因此近一两年来，王某和镇里多个领导走得很近。村里的人和笔者谈起王某，“他这两年也给乡贤理事会捐了不少钱，好像每年都有，去年的钱用来修路了，今年就投到教小孩上了”。（笔者对村民的访谈，2017 年 3 月）在访谈中王某表示，“我也不懂什么什么儿童，反正镇里（笔者注：指组织委员和人武部长）让我捐我就捐了”。王某追随组织委员和人武部长的建议把捐赠投向群团工作，就是为了拉近和镇领导的关系，从而实现自身的目标。

不管对党群办而言，还是对王某来说，募捐和捐赠都不是一个制度化行为，缺乏法律、法规层面的制度支持。它依赖镇领导和乡贤在特殊时期建立的临时关系。所谓临时关系，就是说关系建立依赖于特殊背景下的诉求，随着时间的推进，乡贤会因为个人诉求实现减弱捐赠意愿，关系将会逐步解体。这层关系并不受到法律、法规、政策的制度性保障。组织委员说，“乡镇工作很难的，难就难在没有抓手。要推工作，不能没有抓手。没抓手，只好自己找抓手。”在组织委员的亲自介入下，妇联的这项工作顺利推开了。但推工作并不是因为法律、法规、政策赋予了可以利用的条件。在组织委员看来，这些具体做法都是临时性的，不稳定。“很多乡贤虽然有钱，但也不一定愿意拿出来，王某正好有这么一个背景，那就让他多参与一点镇里和村里的事务，他也愿意。”但同时，组织委员也坦承，“以后就不好说了”。

#### 4. 购买服务

群团改革之后，MT 镇为了进一步提升群团组织服务群众的能力和条件，对镇党群服务中心进行了装修。党群服务中心面积有 4000 平方米，其中 90% 的面积用于各类功能性教室，共计 15 间。按照 MT 镇的设计，群团组织可以在这些功能性教室中开展各类群众服务活动。镇党群服务中心修缮完毕了，但摆在 MT 镇面前的难题是，谁来运营镇党群服务中心？换句话说，硬件有了，软件在哪里？完全依托镇党群办，即便把工青妇所有的人都投入党群服务中心也无济于事。不仅缺乏充足的人手，更缺乏专业的能手。于是，MT 镇想到了专业社会组织，通过政府购买服务的方式，吸纳专业社会力量来运营党群服务中心。

MT 镇的目标非常明确，希望通过购买服务的方式引入专业社会组织，使得党群服务中心服务群众的专业能力有本质提升。组织委员说，"现在乡镇的工作任务确实比较繁重，工青妇虽然都有专职的人员，但他们不可能专门就做工青妇的事情，一个人身兼多条线甚至十几条线的工作是很正常的，让他们分出精力给党群服务中心根本不现实。"（笔者对组织委员的访谈，2017 年 6 月，下同）而且就能力来说，"他们基本上都是一直在镇里工作的，行政这套东西他们很熟悉，但你要他们去做一些具体的专业工作，那也确实勉为其难了。"因此，MT 镇在引入 CT 社会组织后，对他们提出了两点要求。第一，"派驻专职人员维护和管理镇党群服务中心，确保正常的日常运营。"第二，"引入专业人员或者其他专业社会组织，提升服务群众的专业水平。"

然而，CT 社会组织的趋利性使其目标与 MT 镇的要求有所偏离。CT 社会组织是省城一家专门从事组织运行的社会服务机构，由于相关法规对设立异地分支机构的限制，MT 镇通过新成立一家 CT 社会组织的方式将其引入。CT 社会组织就其性质而言，是一家社会服务机构，具有非营利性。这符合 MT 镇的期待。CT 社会组织也确保了镇党群服务中心的正常运营。但是，它的负责人为了节省运营成本，也在一定程度上降低了 MT 镇期待的专业性。据组织委员反映，"我们原本希望他们能够通过在省城的资源，把一些稍微专业一点的社会工作者或者心理咨询师带过来，至少定期不定期地过来一下，后来他们可能从成本的角度考虑吧，就找了些相关专业的大学毕业生。我看了下，这些毕业生专业还是有的，就是好像不是很接地气。”显然，CT 社会组织已经偏离了镇党群办当初就专业化的期待和要求。

党的十八大以来，MT 镇就政府向社会力量购买服务在政策层面获得了制度化支撑。2014 年，MT 镇所在省以省政府办公厅的名义下发了《关于政府向社会力量购买服务的实施意见》。自此，该省财政厅每年下半年都会制定下一年度的《JS 省政府向社会力量购买服务指导目录》，并经省政府购买服务工作联席会议同意后下发。相应地，MT 镇所在市以及县都会逐级制定自己的指导目录。购买服务事项涉及基本公共服务、行业管理服务、社会管理服务等。应该说，逐级制定的指导目录为 MT 镇在相关工作领域进行购买服务确立了合法性，使其购买服务具有稳定的依据。然而，令 MT 镇领导起初有些担忧的是，历年的指导目录并没有明确将党群服务中心运营纳入其中，而且预算申报也可能有困难，这就需要看县领导个人的态度。也就是说，虽然政府购买服务具备制度化的保障，但具体到党群服务中心的运营还是具有可解释的灵活空间。细想之后，MT 镇领导感觉，“财政资金使用应该可以获得县领导的支持，可能涉及的审计风险并不大”（笔者对镇主要领导的访谈，2017 年 6 月）。因为，党群服务中心所涉及的相关业务都已经被明确列入其中。例如，就业创业培训、职业技能培训、人才培训、老年文体活动服务、各类人群的健康教育服务、各类文化和体育服务、法律援助服务、调解服务、青少年社会工作服务。并且，“在和县领导沟通的过程中也能感觉到他们非常支持，这些党委、政府应该做但自己做不了的事就应该交给社会力量去做。有他们支持，我们才向财政局报预算的”。于是，在跨越了不高的非制度化门槛后，MT 镇踏入了制度化的购买服务之门。镇党群办整合了前一年分散的各类购买服务项目，将其统一打包交由 CT 社会组织承接。

## 二　群团组织社会协同的理论维度

本章业已呈现了各级群团组织加强社会协同的四个案例。四个案例中的实践形式不同、借助的社会力量不同，但是，仍旧可以在案例中提取特定的理论维度来一体化分析和比较国家与社会这两种主体的实践行为。

### 1. 目标共同化

在宏观层面，社会协同中的国家和社会具有共同的目标。从国家来讲，它需要多元主体参与国家职能履行，借助社会的力量减轻国家日益繁重的负担；从社会来讲，它希望参与国家事务，通过自身实践呈现民主的力量，进而壮大社会的能力。然而，这并不能在中观层面推演出社会协同涉及的各类国家主体和社会主体也具有共同的目标。因为，社会主体的行为价值取向呈现多元化的特征，而价值取向直接决定行为方向。参与网络公募的价值取向可能是公益慈善，参与兼职的价值取向可能是科层原则或者效率原则，参与购买服务的价值取向可能是社会使命或者效率原则，参与乡贤捐赠的价值取向可能是政治追求或者效率原则或者伦理道德。对于国家主体而言，其行为价值取向是科层原则导引下的政治追求，这是相对较为稳定的。因此，社会主体和国家主体可能会因行为价值取向的断裂导致行为目标的偏差。

从上述案例来看，协同中的国家主体和社会主体多少都呈现目标不一致，协同实践存在异化倾向，即国家主体推动协同的本来目标成为社会主体的工具，协同只是社会主体达成自身目标的手段。异化倾向越严重，国家主体和社会主体的目标共同化水平越低，反之亦然。换言之，借助协同，国家主体和社会主体虽然建立了行为链接，但这一链接是脆弱的，社会主体时刻都可能向着自己的行为价值取向发生偏离，进而弱化国家提升群团服务能力的意图。

在本章选取的四个案例中，目标共同化水平自低到高依次是乡贤捐赠、购买服务、兼职干部、网络公募（图 7. 1）。群团组织要么希望借助社会主体的资金，要么希望借助社会主体的专业能人，以提升群团组织服务群众的能力。但是在乡贤捐赠、购买服务、兼职干部三个案例背后，协同实践或多或少呈现了效率原则的价值取向，从而导致实践中呈现的行为目标偏离群团组织的期待。在乡贤捐赠中，乡贤把为群团工作捐赠作为获得乡镇领导信任的一种手段。在购买服务中，社会组织把服务群团目标对象作为实现组织效益的一种手段。在兼职干部中，兼职人员从事的具体事务和群团工作要求相对较为接近，但也试图将其作为推动企业发展的途径。相应地，三个案例中社会主体的目标也会发生偏离，只是偏离程度有所差异。网络公募中，社会捐赠者的目标倒是和群团组织较为接近，试图对受助对象进行帮扶，而群团组织希望通过帮扶加强对目标群众的政治引领。

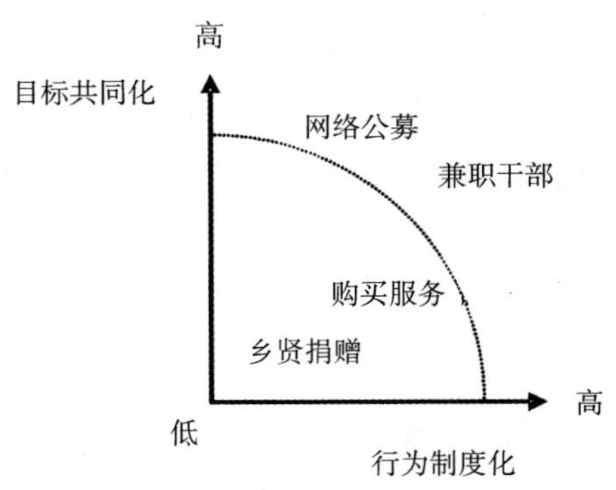


**图 7.1 二维视野下的社会协同实践案例分析**

## 2. 行为制度化

所谓制度，通常指稳定重复的、有意义的符号或行为规范，包括正式组织、规章制度、规范、期待、社会结构等①。制度的表征多种多样、五花八门，但其核心要义在于，它一定是经过一段过程之后，稳定下来的被人们广为接受的一种形式。这里所说的过程，就是制度化。分

① 周雪光：《西方社会学关于中国组织与制度变迁研究状况述评》，《社会学研究》1999年第4期。

析社会协同实践，就要分析他们在实践中形成的制度表征。

这些表征意味着一种社会协同实践已经成为人们广为接受的行为方式，并且倾向于重复进行。稳固且多元的制度表征可以确保相关的社会协同实践行为反复出现。也就是说，一个制度表征越是稳固，或者，各种制度表征越是丰富，那么，这类社会协同的实践行为值得期待，是可重复的。制度化水平越高，意味着社会协同行为水平越高。稳定且可预期的行为将会极大地降低不确定性。因探索而碰到的种种不可知因素都会伴随行为的制度化被击退或规避。从某种意义而言，制度化赋予行为的是效率，它可以让人们对自己的行为及其后果有所预期，并提前进行谋划。

分析群团组织社会协同行为的制度化，就是分析它所涉及的各类制度表征。经政策赋予合法性的购买服务目录和程序，上级部门在政策文书中明确的兼职干部任免要求，党委、政府科层组织体系中就兼职干部的任免方式，各种法律、法规明确的公益平台搭建方式和运行机制，上述都是社会协同中的制度表征。这些表征，以及因非制度化带来的干扰因素，将成为下文判断四个案例制度化水平的依据。

在本章选取的四个案例中，行为制度化水平自低到高依次是乡贤捐赠、网络公募、购买服务、兼职干部（图 7.1）。乡贤捐赠依托于乡镇干部与乡贤的私人关系以及捐赠者的个人诉求和个人特质，较为缺乏可重复的制度表征。网络公募在群团组织的主管下，经民政部门的配合，搭建了合法的制度化公益平台，得以持续开展募捐活动，规制性的制度表征相对较为完善，但在公众层面尚未形成稳定的公益理念，也就是缺乏规范性的制度表征。购买服务的制度表征主要是各类相关的法律、法规、政策，从国家一直到县的各级政府都以文书形式为群团组织购买服务明确了原则、范围、操作方法，但是否进行购买服务，仍需遵循地方领导的认同，存在非制度化的干扰因素，制度表征有被消弭的可能。兼职干部的制度表征是党内文件，它所内含的政策要求经制度化科层体系的配合迅速成为一种必然会遵循且会复制的原则，无须遵从任何地方领导的个人意志，制度表征被消弭的可能性相对较小。行为制度化水平反映的是社会协同行为的稳定性，一种社会协同行为重复出现的可能性越高，它所呈现的行为水平就越高。因此，兼职干部最值得期待，而乡贤捐赠最需要提升。

## 三　群团组织社会协同的分析探讨

研究群团组织社会协同，就要仔细剖析国家主体和社会主体是如何建构合作关系的。目标共同化和行为制度化提供了两种可能的分析维度。作为不同的理论维度，目标共同化和行为制度化蕴含着各自的理论路径。前者旨在分析社会主体与国家主体间如何因价值差异导致目标差异，后者旨在分析国家主体和社会主体各自面对的规制性或规范性制度表征，及其与非制度化因素的角力。这两条理论路径分别形成了目标共同化和行为制度化两个理论维度。

从这两个维度出发对上述四个实践案例的分析和比较会发现，实践案例越是靠近原点，社会协同水平越低，离原点越远，则社会协同水平越高（图 7.1）。社会协同水平高，意味着协同行为对提升群团组织服务群众能力有显著帮助，同时也意味着这一协同行为在不同地域内具有复制操作的可能性。

需要说明的是，图 7.1 呈现的是对实践案例而非网络公募、乡贤捐赠、购买服务、兼职干部四类社会协同实践形式的比较分析。实践案例和实践形式是有区别的。换言之，上述四类社会协同实践形式会因具体实践案例的变动，从而在目标共同化和行为制度化两个维度上有所变动，进而改变社会协同水平。例如，从部分群团组织的实践来看，如果选择机关事业单位干部到群团组织担任兼职干部，其实际目标往往是获得科层体系内的职业晋升，则目标共同化水平就会降低。在很多地方，参与群团组织购买服务的社会组织，具有较强的社会使命感和专业水平，则目标共同化水平就会提升。随着时间推移，如果公众的慈善理念得到普及，那么社会捐赠的制度化水平就会提升，进而行为制度化水平也会提升。本章无法为四类实践形式的社会协同水平盖棺定论，只是通过实践案例抛砖引玉。

在全面深化改革的大背景下，社会协同既是中央对群团组织工作方式革新的明确要求，也是各级、各类群团组织应对自身工作困局的探索创新。在社会复杂化程度日益显著的背景下，群团组织与基层党委、政府面临着诸多相似的困局，特别是资源稀缺和人员不足。向社会要资源、向社会要人员，不仅对于群团组织，而且对于基层党委、政府而言也是时代的选择。通过实践案例对群团组织社会协同进行理论研究，对于党委、政府工作领域的社会协同同样有参考意义。

# 第三部分

# 第八章　从单位政治组织到社会政治组织

传统而言，对中国共产党和群团的基层组织研究大多集中于党史党建、政治学等学科。近来，社会学对中国共产党和群团的基层组织的关注开始增多。这和中国社会现实的剧烈变迁密切相关。中国共产党组织领导广大人民群众取得中国革命胜利之后，在全国范围内确立了单位体制，党和群团的基层组织依附单位建立。自20世纪70年代末，中国共产党审时度势主动推动全面改革。随着改革的不断深入，中国社会整体环境条件发生变化，特别是单位制解体，促使党和群团的基层组织不得不同步自我革新。

虽然党和群团的基层组织建设对于中国共产党而言是老得不能再老的任务，但老任务碰上了新形势。近些年，中央先后出台文件要求在非公企业、社会组织（“两新”组织）加强党建工作，同时也在深入推进群团改革。新业态新领域中的党建工作和群团工作，基础性的任务是党和群团的基层组织建设。如果说政党转型是中国共产党适应社会变化的时代选择①，那么，基层组织自我革新则是这一选择的关键之举。区域化党建以及20世纪90年代开始的区域化群团建设②，都是以新形式的基层政治组织为基础展开工作。区域范围内跨企业、行业范围内、临时租住空间内的基层政治组织井喷。在这一现实条件下，有学者基于对当下中国经验的关怀，倡导建构本土的政党社会

① 周建勇：《中国共产党转型研究：政党—社会关系视角》，《上海行政学院学报》2011年第4期。

② 张立驰、邓希泉：《试论共青团区域化组织格局的生成与架构》，《中国青年研究》2014年第6期。

学，试图从组织社会学和政治社会学寻求研究视角，关注政党的社会基础、组织结构等问题[①]。

近年来，围绕基层组织、区域化党建、商圈党建、社会组织党建等“两新”党建问题，经验研究热火朝天。总体来看，这些研究在一些基本问题上已经达成了一些共识。第一，单位制是理论发展的前提，单位是基层政治组织生成和变革的社会基础[②]。传统基层政治组织依附体制内单位建立，其特性也由单位特质决定。而新的基层政治组织形式基于单位制解体的背景，它的依附对象已经不是单位，因此，它的特性需要超越单位去寻求。第二，人口的高度流动性是新形势下基层政治组织面对的最大现实。城市人离开单位，农民离开人民公社，所有人都被“松绑”。城市人开始自主择业，农民开始进城务工，人们不再永久居住于某一地域，不再永久工作于某一企业或生产大队，人们可以今天在这里，明天在那里。“口袋党员”“口袋团员”等戏称意味着仅仅依托“组织关系”根本无法确保基层政治组织稳定发挥作用。

从总体来看，这些研究取得的结论对认识和理解新的基层政治组织具有非常显著的帮助，但也存在进一步讨论的空间。其一，用“区域”二字不足以充分指代新基层政治组织。“区域党建”“区域化党建”“商圈楼宇党建”“区域化群建”是用物理空间的概念对基层政治组织的新形式进行概括。这的确能够较为准确地涵盖部分组织的显著特征。然而，新型基层政治组织并不必然以物理空间来划分。例如，依托行业协会建立的基层组织、互联网社区中建立的基层组织，都需要超越物理空间来认知，前者属于行业空间，后者属于虚拟空间。除此之外，以区域形态呈现的体外党建组织并不是新时代基层政治组织的唯一形态，体内党建组织也是一种非常重要的形态[③]。潜在危机在于，用“区域”二字

① 张汉：《“社会中的政党”与“政党中的社会”：政党社会学的历史传统与研究路径》，《经济社会体制比较》2017 年第 4 期。

② 彭勃、邵春霞：《组织嵌入与功能调适：执政党基层组织研究》，《上海行政学院学报》2012 年第 2 期。

③ 赵刚印：《“两新”组织党建的战略新思维》，《中共中央党校学报》2014 年第 1 期。

容易湮没新兴基层政治组织的部分内在特质，它是无法用“区域”等空间概念充分展现的。例如，在人才公寓中建立的党组织、群团组织，不能仅仅理解为覆盖同一物理空间内的个体。

其二，对新基层政治组织内在特质的把握仍有挖掘空间。“两新”党组织还是中国共产党的组织，区域群团还是中国共产党的助手，但其生成方式、运行条件已和过去的党组织和群团组织有显著差异。现有的理论研究主要从组织属性和组织手段①、组织结构②、组织体系③、整合模式④等入手对新形式的基层政治组织加以关注，也积累了富有洞见的结论，但在这些研究中，局部性结论多于整合性成果。政党社会学赋予了诸如组织生成、组织机制等研究任务。在单位制解体的社会基础下，新基层政治组织如何在传统基层政治组织映衬下回应政党社会学的学科要求，是值得进一步研究的问题。当前亟须一个相对完善、可供进一步探讨的概念框架。这一概念框架应当可以清晰地指明新形式基层政治组织的生成方式、运行条件，同时指引研究新政治整合方式。群团改革以来，各地新经验新做法的产生使得在理论层面回答这些问题显得更有必要。

因此，本章的研究任务是，在对传统基层政治组织社会基础、组织生成、组织运行、组织功能分析的基础上，简要探讨促其变革的时代动因，进而基于“两新”党建和群团改革的实践经验，阐释新基层政治组织的概念框架和相关特性。这既是对当下基层政治组织模式的判断，也是对未来基层政治组织走向的预测。通过此举，尝试为当下本土政党社会学研究贡献标靶。

---

① 焦连志、桑玉成：《“回归社会”：非公经济组织党建的理念变革与创新》，《理论探讨》2015 年第 5 期。

② 张汉：《政党调适理论视野中的城市商圈党建：理论脉络与研究议题》，《中共浙江省委党校学报》2016 年第 3 期。

③ 程勉中：《区域化党建的组织网络架构思路——基于苏南区域实践的视角》，《学习与实践》2013 年第 7 期。

④ 唐文玉：《区域化党建与执政党对社会的有机整合》，《中共中央党校学报》2012 年第 1 期。

## 一　单位政治组织：单位的附属机构

理解社会政治组织，首先要理解单位政治组织。它既是前者的实践先驱，也是理论参照。单位政治组织，是指镶嵌在机关单位、事业单位、国有企业、集体企业等体制内科层架构中的政党、群团等组织，它们通过经济手段、政治手段、文化手段、社会手段，辅助单位履行政治整合功能。在对改革开放前后中国社会的研究中，单位制被认为是一种能够普遍反映城镇地区整合方式的制度形式。单位，既是中国人在日常生活中表述组织归属和心理归属的语言方式，也是研究改革开放前后中国社会整合完全无法脱离的理论概念。单位集聚经济资源、政治资源、文化资源、社会资源，是计划经济时期中国共产党履行经济功能、政治功能、文化功能、社会功能的基层组织。简言之，单位介于国家与个人之间，是实际意义上国家服务个人、管控个人的基层组织。单位政治组织是依托单位资源、结构、功能、人员而存在的附属机构。因此，单位政治组织的种种特质直接来源于单位。

单位政治组织的生成原则，是依附单位。单位政治组织建立在封闭的单位科层架构内。封闭，意味着单位政治组织与单位是一一对应关系。多个单位对应一个单位政治组织或者多个单位政治组织对应一个单位的现象不是主流。因此，在封闭的单位科层架构内，单位的行政指令可以极为通畅地传递给相应的单位政治组织。反过来说，单位的行政指令不可能也没必要传递给其他单位政治组织。

单位政治组织的资源，来源于单位行政拨付。单位是集多功能于一体的组织，相应地，单位资源也被赋予经济属性之外的政治、文化、社会属性。单位资源的使用不能仅仅考虑经济效益，向单位政治组织划拨资源，也是单位履行多功能的具体表现。因此机关党委、工会等单位政治组织的经费来源于单位经费或行政预算。

单位政治组织的覆盖对象，具有高度稳定性的特点。单位职工就是单位政治组织的覆盖对象，进入单位就意味着自动进入单位政治组织的覆盖。因此单位政治组织覆盖对象的边界是极为清晰的。单位人一进单位，离开单位最大的可能是死亡，因此要想脱离单位政治组织几乎是不可能的，要想接受其他单位政治组织的覆盖也是天方夜谭。

单位政治组织的工作手段，是科层架构赋予的行政指令。单位政治组织是单位的附属机构，单位科层架构内通行的行政指令在单位政治组织内通行无碍。对于单位政治组织而言，其资源完全来源于单位，其覆盖对象与单位职工完全重合，因此通过行政指令开展工作对其而言也是自然而然的选择，不存在工作手段创新的外部需求和内在动力。

单位政治组织的功能，是辅助单位进行政治整合。政治整合是传统单位的一项重要功能。中国共产党通过单位面向基层群众。由于单位掌握每个人从摇篮到坟墓所需的一切资源，因此，单位可以较为顺畅地独立履行政治整合功能。依附单位体制的单位政治组织只是单位履行政治整合功能的执行机构，并不能将其理解为替代单位履行政治整合功能的机构。

## 二　“组织转型、个人转身”：基层政治组织变革的时代动因

改革开放以来，我国面临着层出不穷的新情况。经济领域改革产生的影响不限于经济领域，对政治领域和社会领域产生了连锁效应。自20世纪80年代兴起的民营经济和90年代开始的国有企业改革，逐步完成了国家以及基层组织对社会个体的“松绑”，单位组织层面的“转型”和单位个人层面的“转身”促使基层政治组织不得不谋求变革。

组织层面的转型，主要是国家控制的单位转为资本控制的企业。转型的结果是，企业政治功能极端弱化，经济功能极端强化。单位制的本质特征在于组织集各种功能于一体。从国有经济、集体经济向个体经济、民营经济的转型过程中，经济组织的功能趋于专业化和单一化。造成这种现象，主要有两方面原因。其一，非公有制经济主体聚焦实现利润，履行政治功能的热情极大降低。对于很多企业主而言，产生利润是首要目标，甚至是唯一目标。即便部分非公有制经济主体有履行政治功

能的意愿，也往往是将其作为实现经济目标的手段。其二，非公有制经济主体规模相对偏小，履行政治功能的能力减弱。对于很多中小规模的非公有制经济主体而言，企业人数本来就少，党员、团员数量更少，很难开展像样的政治活动。有的企业虽然日常经营红红火火，但缺少懂政治、会政治的政治工作者。一个弱化一个强化，使得单位政治组织的功能特征与运行方式与非公经济主体存在不相匹配的情况。

个人层面的转身，主要是单位人转为社会人。转身的结果是，满足个人经济需求的渠道多元化，满足文化、社会需求的途径社会化，政治需求日趋减弱，因而人口在职业、居住上呈现高度流动性。据国家工商管理行政总局的数据显示，截至 2015 年 6 月底，全国个体私营经济从业人员实有 2. 64 亿人，比 2014 年底增加 1454. 7 万人①，到 2016 年底，全国个体私营经济从业人员增加至 3. 1 亿人②。有越来越多的社会成员正在从单位人变为社会人。离开单位后，社会成员在社会保障、精神文化方面的诉求不再通过企业满足，满足经济诉求的途径也不局限于特定企业。过去的单位人是有根的，现在的社会人是无根的。利用传统的基层政治组织形式，国家对社会成员进行政治整合日益感到力不从心。

一个转型，企业不再是单位，不想管个人；一个转身，个人不再是职工，不依赖企业。单位政治组织依附的单位发生根本性的变化，迫使单位政治组织的政治整合能力急剧弱化。依赖单位政治组织，能够覆盖的社会成员越来越少。基层组织的覆盖面出现大片盲区，工作覆盖有心无力。21 世纪以来，越来越多的地方转而尝试新形式的基层政治组织及相应的工作方法。

## 三　社会政治组织：介于国家和个人的新基层组织

单位制解体以来，“两新”党组织和基层群团组织碰到了一系列的困境，例如，找不到可以依附的“靠山”，部分基层共青团、妇联及社

① http：//www. saic. gov. cn/sj/tjsj/201605/t20160516_ 165112. html.

② http：//www. saic. gov. cn/sj/tjsj/201701/t20170119_ 234706. html.

会组织党组织缺少运行经费，工作对象不理不睬，行政指令完全失效，组织工作繁重但职能茫然等。这些困境的根源在于，基层政治组织还在用过去单位政治组织的思维逻辑和工作方法指导实践。本章将当前“两新”党建和群团改革中碰到的突出问题梳理为组织生成、组织资源、覆盖对象、覆盖手段、组织功能五个维度，总结性地依据各地实践中的做法，尝试建立用于分析新型基层政治组织的概念框架，即社会政治组织，以供进一步的讨论。（表 8.1）组织生成维度试图回答社会政治组织的生成方式，组织资源、覆盖对象、覆盖手段三个维度试图回答社会政治组织的运行方式，组织功能维度试图回答社会政治组织的功能定位。

**表** 8.1　**单位政治组织和社会政治组织**

| | 组织生成 | 组织资源 | 覆盖对象 | 覆盖手段 | 组织功能 |
|---|---|---|---|---|---|
| 单位政治组织 | 依附单位 | 行政拨付 | 高度稳定性 | 行政指令 | 辅助政治整合 |
| 社会政治组织 | 物理/虚拟空间集聚性 | 社会资源 | 流动性人口 | 满足需求 | 主导政治整合 |

第一，社会政治组织的生成原则，是空间集聚性。社会政治组织从物理空间维度或虚拟空间维度出发，依照有效集聚的标准，进行机构生成。用一种新的组织生成方式取代旧的组织生成方式，就是寻求新的纽带。新的纽带是否合理，直接决定社会政治组织是否覆盖目标群众。单位基层组织附属于单位，因此它所集聚的对象往往在物理空间和虚拟空间两个维度具有高度重合性。一个单位的同事通常都在厂区范围内工作，居住在相近的社区环境中，并且他们同处一个行业，具有相近的心理联系。社会政治组织则不然，它所面对的群体可能在物理空间内相近，例如，相邻两家企业的职工、同一产业园区内的产业工人、同一写字楼里的白领、租住在人才公寓内的邻居。也可能在虚拟空间内相近，例如，同一行业组织内的同仁、互联网社区中的群体、身处异乡的同乡等。很多时候，同一群体之间，很难在物理空间和虚拟空间两个维度形成重叠。

因此，社会政治组织的生成，需要从物理空间或者虚拟空间维度出发，寻找能够覆盖目标群众的空间纽带。这个空间纽带是多样化的，可以同行业、同居住地、同工作地、同互联网社区等。从物理空间出发生成社会政治组织，往往是以政治活动为纽带。一个能够正常履行政治整合功能的基层组织，一定是能够正常开展日常活动的组织。社会政治组织不同于单位政治组织之处在于，它是脱离单位的，开展日常活动不具有后者的诸多先天便利条件。因此在生成社会政治组织的时候，非常重要的考量是能够便利地开展日常政治活动。交通、硬件、资金等都是需要考虑的条件。以产业园区、孵化器、商圈、人才公寓为单位建立基层政治组织，能够在一个相对较小的地域范围内将社会成员集中起来，利用园区、写字楼、人才公寓的公共硬件设施，或者其中一家企业的独立硬件设施，最大程度地发挥上级组织的资源效应和指导力量，将政治活动开展起来，推动工作覆盖。

从虚拟空间出发生成社会政治组织，往往是以共同诉求为纽带。在市场经济背景下，共同诉求可以天然将原子化的社会成员集聚成群体。这类社会成员很可能身处不同的物理空间内，大多数情况下身处不同的企业组织，但具有共同的社会期待和心理预期。相近甚至相同的社会期待和心理预期构成共同诉求，并将其整合成相对较为稳固的社会群体。这些社会群体或者以正式或非正式的社会组织形式存在，或者以松散互联网共同体形式存在。因此在生成社会政治组织的时候，可以充分利用这些群体原有的凝聚力，赋予政治属性。在行业协会等社会组织中建立基层组织，或者在互联网社区中建立基层组织，就是抓住了社会成员间新的集群形式，在一个虚拟空间内，进行跨地域、跨企业的政治整合。

第二，社会政治组织的资源来源，可以且鼓励社会资源。社会政治组织具有资源广泛性的特征。广泛性意味着，社会政治组织有三种资源渠道。上级组织垂直的资源拨付，如工会系统的会费返还、上级党组织党费返还或以奖代补等，这是社会政治组织的第一种资源。其他党委、政府横向的资源支持，如民政在政府购买服务中对青年、妇女、劳动关系领域社会组织的倾斜、金融单位对群团创业创新工作的支持等，这是社会政治组织的第二种资源。以上两类都是体制内资源。除此之外，一切可以利用的社会资源，只要不违反政治属性和政治要求，都可以而且鼓励提倡加以吸纳和利用，它构成了社会政治组织的第三种资源。社会复杂化程度日益提高，社会政治组织需要承担的政治整合功能越来越复杂，所需资源体量也有所增加。因此，社会政治组织对社会资源具有较高的依赖性。对社会资源的容纳，也是与单位政治组织的显著差异。

一般来说，社会政治组织吸纳和利用的社会资源主要分为两种形式：一种是公益捐赠。新时代中国特色社会主义最本质特征是坚持中国共产党领导。社会政治组织作为中国共产党的基层组织，吸纳公益捐赠就是将社会公益力量集聚，进而引导到党委、政府的中心工作上来。以社会政治组织为枢纽，有效衔接社会公益资源和人民群众的迫切需求。例如，在有些地区，围绕困难群众的生活困境，基层团委向省级团委申报设置网络公益项目，经过官方认证后，项目在省级团委的公募基金会网站发布，社会公益资金十分踊跃，能够迅速缓解或者解决群众的生活困境。

另一种是企业投入。社会政治组织不再依附单位，但没有脱离企业组织。相反，有相当部分的社会政治组织仍旧依托企业。有些社会政治组织虽然是区域内的跨企业组织，但往往以其中一家企业为主建立组织、开展日常工作。有些依托人才公寓建立的社会政治组织，其依托对象也具有鲜明的企业实体性。社会政治组织依托企业，其工作成效也会反作用于企业，因此，企业对社会政治组织有多大投入，相应地也会获得多大回报。对于企业而言，在社会政治组织中的投入不是消费，而是投资。这些企业的投入是社会政治组织非常重要的资源来源。在浙江等沿海地区，民营经济较为发达，有很多企业建立完善的职工文体活动中心、心理咨询室、职工子女活动室，以上述硬件为基础开展区域性的党建或者工青妇活动，还有的企业稳定投入资金，为区域性的基层党组织或者群团组织开展活动提供条件。为此，企业在职工招募、职工管理中获得了非常大的主动性。对于这部分企业而言，往往非常愿意向社会政治组织稳定地投入资源。

第三，社会政治组织的覆盖对象，具有高度流动性的特点。笔者将其称之为流动性人口。所谓流动性人口，是就政治整合而言的概念。指不稳定接受同一政治组织覆盖的对象，它跳跃于不同政治组织之间，或从一个政治组织跳跃到覆盖范围外。流动性人口包含流动人口，但远不限于流动人口。它包括在机关事业单位、国有企业、军队等体制内单位之外就业的城镇户籍人口和农村户籍人口。这类人口无论就职业而言，还是就居住地而言，都具有相对灵活的自主选择权，因而具有高度流动性。（图 8.1）

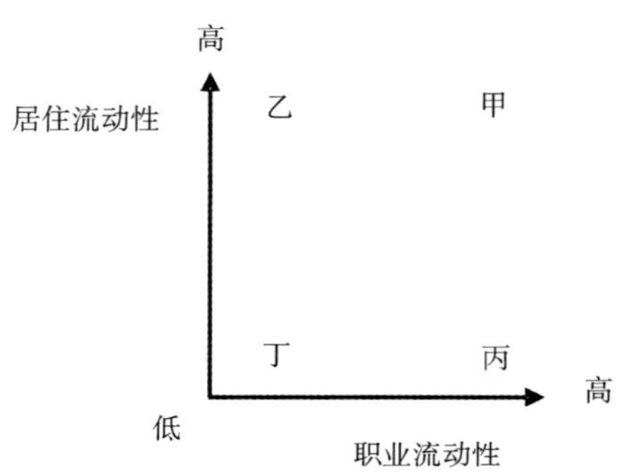


**图 8.1 社会政治组织覆盖对象的流动性**

丁是单位制解体前体制内就业的典型。他终身供职于同一家单位，职业流动性非常低。丁的住房由单位提供，长期居住在同一地点，居住流动性也非常低。如果是在农村，丁长期居住于本村，供职于同一生产大队，居住流动性和生产流动性都非常低。因此，单位政治组织能够长期对其有效覆盖。

乙是单位制解体之后体制内就业的典型。他长期供职于同一家单位，职业流动性非常低。住宅市场化改革后，乙可以自主寻求更好的居住条件，可能并不住在单位分配的房子内，居住流动性很高。但是，单位政治组织仍旧可以长期对其有效覆盖。

丙是农村留守人员的典型。他长期不离自己的宅基地，居住在自建的住宅内，居住流动性很低。但丙可能已经不再以务农为生，或者自己从事小买卖，或者在镇上企业打工，或者从事个体经营，职业流动性较高。因此，依赖村委会可以对其有效覆盖。

甲是单位制解体后农村进城务工人员和城镇体制外就业或自主创业人口的典型。和乙、丙、丁不同，甲无论在职业上还是居住上都不具有稳定性。这类人口是单位制解体后新人口特征为基层政治组织出的新课题，也是社会政治组织试图覆盖的主要对象。从职业而言，他们不倾向于在同一家企业稳定就业。根据个人的职业发展需求和阶段，在不同企业间流动。从居住而言，住房市场化改革迫使他们需要自主寻找住所。根据个人在不同阶段的经济能力，他们会试图改善自己的居住品质。有时为了适应工作单位的位置，也会调整住所。因此，依赖单位建立的政治组织，或者依赖村、社区建立的政治组织，都无法对其进行长期覆盖。

甲在政治上是无根的。现代企业的经济功能极端强化，政治功能极端弱化。换言之，企业对甲只有经济责任，没有政治责任。对于甲而言，他在职场上没有政治上可以靠拢的组织。现代社区和村经济功能较弱，社会功能不强，文化功能可以忽略不计。对于甲而言，不需要在经济、文化、社会等需求上依赖社区和村。换言之，社区和村虽然试图在政治上吸纳甲，但仍然缺乏行之有效的抓手。因此，社会政治组织的使命是覆盖这类具有高度职业流动性和居住流动性的人口。

第四，社会政治组织的覆盖手段，是满足需求。党的十九大报告着重强调，党建工作要把党的政治建设摆在首位。2015 年群团改革要求“去四化”“增三性”，归根结底，也是要求群团组织强化政治属性，发挥政治整合功能。然而，脱离单位之后的基层政治组织，无法通过政治讲政治。只有专注于满足人民群众的各类需求，才可能将其围绕到党的政治目标上来。失去行政依托之后，基层党组织需要在所依附组织和组织成员这两个层面找到利益推动点①，这是社会政治组织必然要追寻的“效率机制”②。因此，社会政治组织的覆盖手段是满足所依附组织和组织成员的需求。

社会政治组织依附各种类型组织存在，只有帮助这些企业实现自身目标，社会政治组织的政治功能才能体现。在很多民营企业中，基层党

① 唐睿：《“两新”组织党建“构筑利益推动点中获取认同”机制分析——基于对浦东新区四个国家级开发区基层党组织的调查》，《社会科学》2011 年第 7 期。

② 葛亮：《制度环境与社会组织党建的动力机制研究——以 Z 市雪菜饼协会为个案》，《社会主义研究》2018 年第 1 期。

组织通过党员活动增强员工凝聚力；以优秀党员为指引，形成企业管理的新抓手；依赖党员活动阵地，成为企业招募新员工的优势因素。在一些人才公寓，基层群团组织的相亲交友、就业服务等活动旨在增强其在同类人才公寓中的比较优势。这是由市场经济中的主体性质决定的。企业作为一种纯粹的经济组织，实现效益最大化，维持与扩大市场份额，对于企业而言具有决定性的意义，它直接关系到企业的生存。一切有利于企业运行的手段，都是可以利用的手段。社会政治组织依附企业，就是将自身植入企业，关键是植入企业的生产流程。在民营企业中，社会政治组织被植入管理模式中，对企业和员工关系、员工间关系进行调节。在人才公寓中，社会政治组织被植入形象建构中，通过自身的优质形象赋予其比较优势，通过各类活动弥补企业运行的空白点。

社会政治组织的覆盖对象是组织成员，只有帮助这些组织成员实现利益诉求，他们才会围绕在组织的政治目标周围。在很多产业园区，基层群团组织旨在为产业工人或者白领职工提供就业技能培训、相亲交友活动、文化体育活动，满足其职业领域和生活领域的诉求。在一些行业协会，基层党组织通过行业渠道拓展、行业原料谈判帮助会员降低成本、开拓市场。社会政治组织主要面向体制外的社会成员，他们脱离国家的控制，同时，也脱离国家的庇护。他们的社会诉求无法通过国家资源加以满足，他们的经济诉求无法通过国家手段加以实现。因此社会政治组织从社会诉求和经济诉求出发，满足其职业发展的需求，满足其维护自身合法权益的需求，满足其文体需求，尽力帮助其实现经济效益，从而获得认同。

第五，社会政治组织的功能定位，是主导进行政治整合。单位制解体对国家政治整合产生的根本影响是，本来单位是介于国家和个体之间的基层中介组织，单位通过垄断个人所需的经济、文化、社会等领域的服务资源进而履行对个人的管控。简言之，单位是帮助国家履行政治整合功能的组织。单位政治组织只是单位履行政治整合的辅助机构。社会政治组织主导进行政治整合意味着，它取代单位成为国家和个人的基层中介组织，通过向个人提供经济、文化、社会、生态等服务，进而履行对个人的管控。（图 8.2）

**图 8.2 社会政治组织的功能定位**

对于社会政治组织的功能定位，需要从两方面加以理解。其一，它在政治整合中的定位是主导，而非辅助。社会政治组织从单位政治组织演化而来，但前者取代的对象并不是后者，而是单位。改革开放以来，我国在城市和农村分别经历了单位制和人民公社解体。伴随这一过程，国家一直试图寻找一种新的基层中介组织，以填补政治整合功能的空缺，例如加强村居党组织建设。然而，过去的尝试忽略了职业流动性和居住流动性带来的人口流动性，以及村居党建实践中实际存在的国家、社会属性不清的困局。近年来通过“两新”党建、群团改革带动的社会政治组织建设，实质上正是在寻找国家和个人间的新型中介组织。

其二，服务个人和管控个人是社会政治组织宏观功能定位下的两类中观职能，服务为了管控，服务导向管控。社会政治组织不是国家职能机构，社会政治组织在经济、文化、社会、生态等领域从事具体的服务工作，本质上是以服务为抓手，强化对目标对象的管控效力。近年来，在从事“两新”党建工作中，各地纷纷采取“党建 +”的思路，把党建工作融入民营企业的日常管理工作中，把党建工作融入社会组织的具体服务中。在群团改革中，有的地方加强对目标群众创业创新的扶持力度，有的地方加强对困难群众帮扶力度。社会政治组织的服务工作，虽然与经信、民政等国家机构的服务工作有所交叉，但存在本质上的差别。它的落脚点并不在于服务工作本身，而是通过服务工作加强政党对目标群众的引领力度，使目标群众的行动方向与政党保持一致。

## 四 基层政治组织发展的趋势判断

我国基层政治组织的发展模式已经到了必须要变革的阶段。变革是为了使基层政治组织一如既往地在政治领域发挥作用。变革不是改革的附加题，而是必答题。这是时代发展对基层政治组织提出的新要求。社会政治组织是对改革呼唤做出的回应。

社会政治组织的发展模式，既是基于21世纪以来“两新”党建和群团改革工作实践经验的理论判断，也是对未来我国基层政治整合可能模式的趋势预测。其一，虽然本章提出的社会政治组织前四个维度的特征都来源于现实经验，但目前在“两新”党建和群团改革中的诸多做法，有些还未上升到制度层面，有些虽然早已上升到制度层面但推广较慢，有些还未在全国范围内推广。其二，对社会政治组织功能定位的分析既来源于现实，也来源于中国共产党因社会变革产生的新需求以及中国共产党对自身基层组织变革产生的新期待。全力动员社会力量参与群团改革，全力通过广义社会下的服务工作凝聚目标群众，如果这些举措进一步深化，社会政治组织必将会得到巩固。然而当前，在基层公职人员中，对“两新”党建和群团工作的未来发展方向认识相当不足，这在很大程度上制约了社会政治组织的深化。因而，社会政治组织虽然已具雏形，但其未来方向还只是一种可能。

理解社会政治组织，要把它放到单位政治组织的参照下。中华人民共和国成立以来单位政治组织发挥了巨大的作用并有一套成熟的运行机制。这一机制的精髓在于，基层政治组织依附单位，即嵌入单位科层结构。深入剖析单位政治组织，就是深入剖析单位制如何决定单位政治组织的运行。从组织生成、组织资源、覆盖对象、覆盖手段四个维度来看，单位的资源集聚性降低了单位政治组织的工作复杂性。而单位政治组织的政治整合功能，也因为单位制本身具有的强大资源集聚性，使其变成政治整合功能的执行机构，而非主导机构。单位政治组织对社会政治组织的启发在于，既然后者是前者变革的产物，那么新型组织沿着原有的五个维度也势必发生变异，这就需要具体分析这五个维度上，社会政治组织变异后的特性。

理解社会政治组织，要跳出单位政治组织的固有思维。现有实践和学术领域，普遍倾向于用“区域”对基层党建和群团建的方向进行标识。“区域”意味着政治组织从组织到工作是跨企业的，是按照地域来划分的。该标识方法可以说抓住了基层政治组织的表现形式。然而，倘若进一步深挖新型组织的实质，则需立足单位，进而跳出单位。社会政治组织跨企业，但不能理解为跨单位，而是去单位。去单位的核心在于，它已经彻底剥离了政治工作中因多种资源集聚赋予的有效抓手和先天条件。以区域的形式建立基层政治组织，集合了众多的企业，却不是过去单位政治组织有效抓手和先天条件的重新组合。因而这仅是跨企业，非跨单位。社会政治组织实际上是回归社会重新寻找基层政治工作有效抓手和先天条件的产物。回归社会，就是回归群众。社会政治组织要到群众中去寻找新业态新领域中人和人的各种联结方式，到群众中去寻找可以助力开展政治工作的优势资源，到群众中去研究人口特征，到群众中去寻找经济社会快速变革产生的各类需求，重新理解国家在当前政治工作中的困境。

# 第九章　群团组织与支持型社会组织

## 一　研究支持型社会组织的两个转换

近年来，支持型社会组织蓬勃发展。在实践中，支持型社会组织的呈现形式多种多样，包括社会组织联合会、社会组织服务中心、社会组织党群服务中心、青年社会组织联合会、妇女社会组织服务中心、社会组织指导中心等。在上述支持型社会组织背后，是民政、乡镇街道或者市县政府、共青团、妇联等国家力量的推动和支持。

有学者把支持型社会组织分为三类：政府力量主导型、社会力量主导型、基金会力量主导型[①]。这种方法大致上是从社会组织性质出发进行分类。按照北京市委社会工作委员会的认定方式，工青妇等群团组织都属于“枢纽型”社会组织。政府力量主导型主要也是指这类组织。社会力量主导型的差别在于，它们从性质上来看都是在民政部门正式登记注册的社会组织。无论与基层政府的关系有多亲密，它经由民政部门赋予的正式身份将其与政府力量主导型区别开来。这一分类方法在支持型社会组织研究领域的贡献在于，它已经认识到支持型社会组织的内在差异性，对这类组织进行一体化的研究不利于深入挖掘组织运行的实际逻辑，进而提醒其他学者以差异性为起点展开针对性的后续研究。然而，从社会组织性质出发进行分类还不足以充分揭示国家与支持型社会

---

① 丁惠平：《支持型社会组织的分类与比较研究——从结构与行动的角度看》，《学术研究》2017 年第 2 期。

组织的真正关系。根源性在于，在“轴心—外围”① 关系中，群团组织肩负重大政治使命，无论是“政府”还是“主导”实际上都有弱化群团组织之嫌。因此，本章不将这类组织纳入支持型社会组织范畴。

所谓支持型社会组织，是指制度上独立于政府和企业，致力于调动资源和信息，培养社会组织及其成员的能力，促使其在社会中建立横向和纵向联盟的民间组织。② 这个定义具有概念指涉的一般性。但中国本土支持型社会组织包括自下而上和自上而下两种类型，本章的研究对象是后者。它是支持型社会组织中的次类型，最突出的特征是由国家组织主导引入、培育与发展。

关于支持型社会组织和政府关系，笔者提出“非制度性依赖”的概念③，当时的研究对象是自下而上支持型社会组织。本章研究支持型社会组织，主要基于与日俱增的实践差异性，及学术界研究视角的进展。第一，对象的延展。近些年大规模出现的支持型社会组织有别于曾经的研究对象。曾经的研究对象是指由民间力量自下而上发起成立的组织。这类组织主动接近国家，但不依附国家，仍旧保持相对独立性。近些年出现相当数量的支持型社会组织，完全是由各级政府或者群团组织引入并发起成立，参与政府购买服务。有相当数量组织实质上是基层政府和群团职能日益庞大情况下的“非编机构”，有学者将其称之为“派生型组织”④。再怎么突出其社会组织身份都无法掩盖其与政府和群团等国家组织⑤的真正关系。这类支持型社会组织是本章关注的对象。就

---

① 林尚立：《轴心与外围：共产党的组织网络与中国社会整合》，《中国民主的制度结构：复旦政治学评论》，上海人民出版社 2008 年版，第 356 页。

② 葛亮、朱力：《非制度性依赖：中国支持型社会组织与政府关系探索》，《学习与实践》2012 年第 12 期。

③ 葛亮、朱力：《非制度性依赖：中国支持型社会组织与政府关系探索》，《学习与实践》2012 年第 12 期。

④ 史普原、李晨行：《派生型组织：对中国国家与社会关系形态的组织分析》，《社会学研究》2018 年第 4 期。

⑤ 中央编办将我国国家层级的机构分为八个种类：党中央部门机构、全国人大机构、国务院机构、全国政协机构、最高人民法院机构、最高人民检察院机构、群众团体机关、民主党派中央机关。结合地方情况，这些机构进一步可归纳为党委、人大、政府、政协、群团、民主党派。他们共同的特征在于，财政供养、组织部门统一安排领导岗位人选。因此，本文将其称之为“国家组织”。

登记注册的性质而言，它与曾经的研究对象没有差异，但其实际运行逻辑却大相径庭。第二，本土化导向。笔者曾经尝试从社会组织的视角论述其与政府的关系，潜在的理论导向是独立性、自主性。这是极具西化色彩的非营利理论研究导向。然而，近些年井喷式自上而下支持型社会组织依循改革开放后中国社会组织的生成方式，大多是国家主动催生的社会产物。固守西化导向不利于揭示支持型社会组织真正的运行逻辑及国家在其中发挥的作用。

因此，本章尝试进行两个转换。第一，研究对象转换。本章无意推翻“非制度性依赖”的结论，它对自下而上支持型社会组织仍具有解释力。但本章试图转向研究自上而下支持型社会组织。这类组织具有如下突出特征：性质上是社会组织；由国家组织引进或发起成立；通过政府购买服务与国家建立联系；“延长国家手臂”，辅助其履行职能。第二，研究视角转换。近年来，越来越多的学者开始认识到国家以购买服务为途径，吸纳社会力量，将其作为行政工作的帮手①，以解决自身灵活性不足的问题，有的学者甚至将这种现象形象地称之为基层政府“借道”社会组织②。这种“委托—代理关系”③、“反向嵌入关系”④，或被称之为国家组织“工具主义”⑤ 态度，使得专业社会工作嵌入基层政权运行之后出现了服务行政化、内部治理官僚化、专业建制化的现象⑥。这类研究的突出之处在于，尝试引入国家视角，从国家组织的职能履行出发理解社会组织嵌入国家的行动逻辑。这一社会组织行动分析

---

① 唐文玉：《行政吸纳服务——中国大陆国家与社会关系的一种新诠释》，《公共管理学报》2010 年第 1 期。

② 黄晓春、周黎安：《政府治理机制转型与社会组织发展》，《中国社会科学》2017 年第 11 期。

③ 詹轶：《社会组织治理中“同心圆”架构及其“委托—代理”关系——基于 S 市枢纽组织的研究》，《公共管理学报》2018 年第 3 期。

④ 管兵：《竞争性与反向嵌入性：政府购买服务与社会组织发展》，《公共管理学报》2015 年第 3 期。

⑤ 唐文玉：《从“工具主义”到“合作治理——政府支持社会组织发展的模式转型”》，《学习与实践》2016 年第 9 期。

⑥ 朱健刚、陈安娜：《嵌入中的专业社会工作与街区权力关系——对一个政府购买服务项目的个案分析》，《社会学研究》2013 年第 1 期。

方法不仅关注社会组织本身的行动策略，更是把国家作为主体引入行动分析中，从不同程度上纠偏“对国家层面行动策略研究匮乏”[①] 的现状。本章尝试从社会组织视角转向国家视角，旨在解释国家在履行自身职能时产生的行政性质的需要是如何经由支持型社会组织满足，及国家在其中发挥的作用。

社会内生性动力固然是自上而下支持型社会组织生成和发展的动力，也有学者研究认为超越国家与社会视角的市场化机制、全球化机制、网络化机制[②]是社会力量壮大的动因，但这还不足以充分解释自上而下支持型社会组织为什么会特别繁盛。因为，如果社会内生性动力和环境机制足够充分的话，自下而上支持型社会组织应该同样繁盛。但最近几年来，这两类组织的生成态势显然有所差异。这就提醒学界，需要到支持型社会组织外部对其生发动因进行探究。自上而下支持型社会组织生成和发展的真正动因到底是什么？这是本章的研究问题。

## 二　“行政逻辑”是研究支持型社会组织的国家视角

理论分析的逻辑起点在于，运用国家视角是否可以回答研究问题？首先需要从中西两股源流对这一理论视角的来源进行分析。

其一，来源于中国本土学者对国家组织和社会组织和谐共生关系的分析。这一关系反映的实质性理论导向是对社会组织研究中国家视角的倡导[③]。“吸纳”[④] “共生”[⑤] 等概念实际上反映的都是国家视角。研究

① 张紧跟：《从结构论争到行动分析：海外中国 NGO 研究述评》，《社会》2012 年第 3 期。

② 丁惠平：《市场化、全球化与网络化——当代中国社会组织变迁的影响机制及内在逻辑》，《吉林大学社会科学学报》2017 年第 6 期。

③ 纪莺莺：《治理取向与制度环境：近期社会组织研究的国家中心转向》，《浙江学刊》2016 年第 3 期。

④ 陈天祥、应优优：《甄别性吸纳：中国国家与社会关系的新常态》，《中山大学学报》（社会科学版）2018 年第 2 期。

⑤ 宋道雷：《共生型国家社会关系：社会治理中的政社互动视角研究》，《马克思主义与现实》2018 年第 3 期。

中细微的进化在于，过往研究较为侧重强调社会组织如何有选择地回避国家为社会组织设定的行为禁区，进而形成与国家的策略性合作关系。这类研究持续至今[①]。它们共通的立场是，潜在认识到国家之于社会组织的主导作用，但又明确从社会自身出发探究相应主体的生成方式和行为特征。近来，越来越多的研究开始从国家出发探寻社会及相应主体的存在意义和运行方式。例如，有学者在宏观理论层面提出“政治社会”的概念，也就是“现代国家按照直接统治的意图将社会塑造成为一种状态以满足现代国家的需要”[②]。它们共同的立场是，基于中国本土经验，更为充分地认识国家才是型塑社会及相应主体的源头，是激发社会及相应主体的动因。

其二，来自斯考克波等人在分析国家/社会关系中所倡导的从社会中心主义向国家中心主义的转换[③]。国家中心主义的核心概念是国家自主性。国家自主性，应当从以下几个递进的层次中加以理解：国家行为不能仅仅理解为对社会条件的机械反应；如果从宏观社会结构去理解社会条件，就会把国家行为理解成对结构性社会条件的反应，这是不合理的社会决定论；任何国家行为都具有能动性；要超越宏观结构，尽可能在中观层面寻找分析元素理解国家的能动性行为；中观层面的分析元素很有可能超越结构性社会条件的约束，具有独立性。实质上，从社会中心主义到国家中心主义，主要包含两个方面的转换。一方面，从社会先于国家转向国家先于社会。如果国家仅仅受制于社会，那么国家主体内含权力的强制性在分析中就会被忽略。斯考克波等人的新视角突出强调国家能动性的特质。运用这一视角进行分析，应当着重观照的问题是国家如何通过自身行为影响社会，而不是相反。因此，分析的重点是国家的行为；另一方面，从宏观向中观的转换。这一视角走的是中观分析路

---

① 郁建兴、沈永东：《调适性合作：十八大以来中国政府与社会组织关系的策略性变革》，《政治学研究》2017 年第 3 期。

② 汪仕凯：《从国家——社会分析框架到政治社会理论：再论现代国家的政治基础》，《社会主义研究》2018 年第 3 期。

③ 斯考克波：《找回国家——当前研究的战略分析》，载于埃文斯等：《找回国家》，生活·读书·新知三联书店 2009 年版，第 3、7 页。

线，而非宏大叙事搬的国家决定论。它倡导把国家组织放入科层体系中分析国家主体的行为特质，采用行动分析的策略。因此，分析元素往往定位于官僚骨干、组织职能等。

基于上述两股中西源流，本章研究中国的支持型社会组织尝试采用国家视角。采用国家视角意味着，需要在中观层面，从国家组织自身的行政逻辑出发研究中国本土支持型社会组织生成和发展的动因。这是一个行政逻辑先于社会逻辑的分析路径。换言之，只有更透彻地剖析国家行为，才能更切实地认识社会。

在运用本土经验材料论证之前，仍有个理论问题需要加以解决：在分析层面，引入“行政逻辑”作为中观元素解释国家组织的行为如何影响支持型社会组织生发。即，重在分析国家组织的行为特征。

下级国家组织在政策执行过程中的偏离甚至大相径庭一直是学术界关注的焦点①。在诸多研究理路中，学术界通过对项目制的热议，从理论上回答上级国家组织对下级国家组织的动员②和控制③问题。对项目制的研究客观上展现了分税制改革后基层国家组织运作过程中有关资金的诉求。除此之外，也有学者运用“谋利型政权经营者”④ 和政绩观⑤阐释基层组织在政策执行和政府创新中的逻辑。上述研究被一些学者概括为政策执行中的利益视角⑥⑦。也就是说，基层国家组织的行动被赋予了理性假设，行动选择的关键目标是钱和利。然而，广大的基层国家组织在行动选择中只会“见钱眼开”“见利忘义”？分析基层国家组织

---

① 周雪光：《基层政府间的“共谋现象”——一个政府行为的制度逻辑》，《社会学研究》2008 年第 6 期。

② 陈家建：《项目制与基层政府动员——对社会管理项目化运作的社会学考察》，《中国社会科学》2013 年第 2 期。

③ 折晓叶、陈婴婴：《项目制的分级运作机制和治理逻辑——对“项目进村”案例的社会学分析》，《中国社会科学》2011 年第 4 期。

④ 杨善华、苏红：《从“代理型政权经营者”到“谋利型政权经营者”——向市场经济转型背景下的乡镇政权》，《社会学研究》2002 年第 1 期。

⑤ 陈家喜：《政绩驱动：地方政府创新的动力分析》，《政治学研究》2013 年第 4 期。

⑥ 陈家建等：《科层结构与政策执行》，《社会学研究》2013 年第 6 期。

⑦ 薛立强、杨书文：《论政策执行的“断裂带”及其作用机制——以“节能家电补贴推广政策”为例》，《公共管理学报》2016 年第 1 期。

政策执行的行政逻辑光有“钱”和“利”够吗？近年来，越来越多的研究从利益视角迈向科层视角。社会学和政治学界纷纷尝试分析中国本土科层体系的独特性对基层国家组织行动选择的影响。其中，纵向府际关系[①][②][③]和横向府际关系[④]成为科层视角下最为常用的切入点。这一视角的关键点在于把国家组织置入到组织结构关系中分析其非人格化的行动驱力。那么，在分析基层国家组织的行政逻辑时，利益视角和科层视角可以调和吗？

本章从本土科层结构赋予基层国家组织的多样化需求切入，进行利益视角和科层视角的调和性尝试。行政逻辑，是国家组织（特别是基层国家组织）行动选择的方式。具体到本章，行政逻辑是指国家组织通过大力培育与发展支持型社会组织的方式以实现自身理性化目标，也就是通过实现外部需求的方式以实现内部需求。本土科层体系的一大特征在于，上下级国家组织一体化和分离化并存的局面赋予基层国家组织众多隐匿需求。这些隐匿的需求往往是基层国家组织是否贯彻、多大程度上贯彻、如何贯彻上级组织决策部署的重要条件。换句话说，在基层工作中，围绕这些隐匿需求形成的工作路径往往是基层国家组织的真正实践逻辑。第一，把需求区分为外部和内部，是根据它的意义指向。外部需求指向上级国家组织根据整体经济、政治、文化、社会、生态、党建发展制定的成文政策要求，即日常所说的“依据”。内部需求指向下级国家组织自身发展中的关切点，是广义的利益诉求。第二，外部需求是显性的，内部需求是隐匿的。外部需求具有高度的政治合法性，适宜且应当被公开言说。内部需求虽然合情且合理，但不宜被公开言说。第三，任何基层国家组织都被同时赋予内部和外部需求，因为它必定处在科层结构关系的某个结点。不能脱离科层结构关系谈需求，特别是内部

① 陈家建、张琼文：《政策执行波动于基层治理问题》，《社会学研究》2015 年第 3 期。

② 贺东航、孔繁斌：《公共政策执行的中国经验》，《中国社会科学》2011 年第 5 期。

③ 竺乾威：《地方政府的政策执行行为分析：以“拉闸限电”为例》，《西安交通大学学报》（社会科学版）2012 年第 2 期。

④ 薛立强、杨书文：《论政策执行的“断裂带”及其作用机制——以“节能家电补贴推广政策”为例》，《公共管理学报》2016 年第 1 期。

需求。第四，不能将内部需求化约为组织内部个体的欲望和冲动。即便内部需求表现为组织内部个体的需求，也是被科层结构赋予的。它经科层体系内的长期实践，业已制度化。

在中国，早期的支持型社会组织是社会内生性力量作用下的产物，形成了自下而上的组织类型[①]。但支持型社会组织大规模兴盛却源于自上而下组织的繁衍，这类组织是国家基于自身内外需求引入及培育的产物。本章研究的支持型社会组织，其母体包括群团组织、党委组织部门、民政部门、乡镇街道等。这些体制内组织都是国家组织，它们基于科层法则形成的内外需求是支持型社会组织生成和发展的前提条件，支持型社会组织的存在依据主要是协助国家组织实现其目标。本章旨在中观层面阐释，支持型社会组织究竟是何种逻辑下的产物。

为了回答这一问题，本章纳入团 S 市委和 J 市委组织部的两个案例。之所以选取选择共青团和党委组织部门的案例是因为，培育和发展支持型社会组织传统意义上不属于，或者根本不属于这两个国家组织的职能范畴。这种情况下，它们仍旧热衷于支持型社会组织，这背后必然有其原因。虽然民政或者乡镇、街道等基层国家组织培育和发展支持型社会组织的案例有很多，但这本就属于其职能范畴。也就是说，培育和发展支持型社会组织是科层体系赋予民政或者乡镇、街道的行政职责，即外部需求。以共青团和党委组织部门为案例，可以剥去这类面上的行政职能，更好地凸显内部需求的实现过程，进而揭示支持型社会组织日常运行中的行政逻辑。

需要充分认识的本土现实是，支持型社会组织的成长和发展很大程度上依赖国家财政支撑。现有社会学、政治学和公共管理领域的研究普遍认识到“财政收益最大化在塑造地方政府行为中的优先地位”[②]。既然支持型社会组织大体上是消耗而非增加地方政府财政收入，特别是基层政府的财政收益，但国家组织仍然乐于推动支持型社会组织，那么这

① 葛亮、朱力：《非制度性依赖：中国支持型社会组织与政府关系探索》，《学习与实践》2012 年第 12 期。

② 郁建兴、高翔：《地方发展型政府的行为逻辑及制度基础》，《中国社会科学》2012 年第 5 期。

必然有它的内在机理，必然符合地方国家组织的某种需求。因此本章选取两个地级市的案例。

## 三　支持型社会组织的生成和发展

研究支持型社会组织生成和发展的外部动因，要从经验层面厘清相关问题，包括国家组织出于何种考虑引进或主导创办支持型社会组织、支持型社会组织可以满足国家组织的哪些关键需求、为什么国家组织的需求要经由支持型社会组织实现。上述问题主要不是回答支持型社会组织的内生性动因是什么，而是从国家组织的角度回答生成和发展支持型社会组织的外部动因是什么。换言之，以国家视角研究支持型社会组织。

### 1. 作为宣传阵地的支持型社会组织

2017 年，中共中央、国务院印发《中长期青年发展规划（2016—2025）》。文件指出："引导青年社会组织健康有序发展。"结合共青团在青年社会组织领域已取得的成绩，这份文件意味着共青团需进一步加大在这一领域的工作力度。

S 市是地级市。针对这项工作要求，团 S 市委马上着手摸排了青年社会组织的情况，掌握到全市目前有固定组织、固定人员的青年社会组织有 625 家。团市委书记 H 认为，共青团从事社会组织工作，要与民政相应职能区别开来，"其一是要把青年社会组织吸引过来，'为我所用'，服务青年；更关键是要把这些组织紧紧地团聚在共青团周围"。[①]于是，团市委筹建了 S 市青年社会组织服务中心，即由共青团主导创办的支持型社会组织。服务中心很快吸引了 22 家青年社会组织入驻接受孵化，其中，有 3 家常驻其中进行办公。

在现行国家组织所处的科层体系中，宣传不仅仅是群众工作的一种手段，也是国家组织在科层体系中寻求存在感和成就感的一种必不可少

① 2017 年 6 月，对 S 市团委书记的访谈，下同。

的方法。宣传工作是我们党革命和建设年代群众工作取得卓越成就的法宝，所谓宣传，原初是党和国家指向群众的。中华人民共和国成立后随着行政系统逐步完善，对于各级各类国家组织而言，在科层体系内的宣传愈发重要。正如基层干部所言，“酒香也怕巷子深”，“光说不做，是缺乏实干精神”，但“光做不说，等于白做，不如不做”[①]。所以在基层实践中，宣传工作和具体工作几乎具有同等重要的意义。此时，宣传的意义有所延展，也包括国家组织指向其他国家组织及个体。“说”，就是要让上级领导关注到国家组织及其具体工作，就是要让具体工作逐步演化为正面典型，即“盆景”，甚至是“风景”。因此，宣传是国家组织，特别是基层组织，在实践中不可言明的内部需求。

团市委书记 H 在谋划青年社会组织工作之初，就已经将宣传工作纳入考虑范畴。中央有关群团改革的文件明确要求群团组织加大各自领域的社会组织工作。在各家群团组织中，H 认为“共青团的社会组织工作领先一步，具有传统优势，是绝对不能放松的，而且和其他地方相比，S 市的社会组织基础也相对比较好，至少已经有了很多注册过的青年社会组织”。因此，团市委如果在这项工作上投入力度，是可以获得上级领导关注的。H 通过调研发现，从事社会组织工作，还是要抓准切入点，这个切入点就是支持型社会组织。她认为：“以一家具体领域内的社会组织为切入，除非把它搞得规模很大，才能引起关注，但社会组织服务中心的特点是能把很多社会组织整合起来，而且以它为平台，我们的很多工作就可以扩大覆盖面。”简单说来，支持型社会组织较容易在体制内产生更大的影响力。

对于国家组织而言，宣传，或曰“说”，是其内部需求。更为重要的问题是，国家组织应当怎么“说”，也就是宣传手段的问题。国家组织所处科层体系的封闭性使“说”的方法明显不同于其他体系，如商业体系。科层体系的“说”有其独特的方式。

对于基层国家组织而言，一方面，宣传工作需要通过汇报材料、理论宣传文章等文字形式完成；另一方面，宣传工作需通过有形载体的呈

① 2017 年 4 月，对 S 市乡镇党委副书记的访谈。

现。从宣传意义上来讲，后一方面的重要性不亚于前者。这就是说，国家组织要把工作成果转化为看得见、摸得着的物质形式，供上级组织及领导，或科层体系内的各类主体，前来参观、访问、参会、考察、交流、学习。在绝大多数工作中，体制机制固然是能从根源上产生成效的工作切入点，但是有关体制机制的工作内容通过各类文字形式就可达到宣传效果。而在现行科层体系中，上级领导前来实地考察在很多情况下意味着对其工作的肯定和鼓励，或者上级国家组织把工作的现场会放在某个地方召开意味着对地方工作的肯定，这将会直接增加地方政府年终的考核分数，络绎不绝的各类考察学习交流团队从某种程度而言也意味着地方工作已经取得影响。在上述情况下，文字材料的汇报不足以充分展现地方工作成效。下级国家组织往往在工作谋划阶段，就需要做好计划，如何将这项工作的成果以有形载体的形式呈现出来。这个以物质形式呈现的有形载体，就是通常所说的“点”，或曰宣传阵地。它通常是一个场地规模相对较大的场所，能够以感性、直观的方式集中展示基层国家组织的工作框架和全盘内容，是后期可以承载各类荣誉称号的平台。

S 市青年社会组织服务中心的场地有 1500 平方米，原来是团市委外租的，在租期结束后，团市委收回使用。对场地进行装修时，团市委按照两个模块对其进行设计。一个模块是该市青年社会组织工作的思路、目标、制度的文字、图片展示，占据了大约 300 平方米，另一个模块是入驻青年社会组织的办公场所。按照团市委的设想，前一个模块主要用于向前来考察的领导或团队系统性地展示这一领域的整体情况，也就是从“面”上进行展示；后一模块主要供青年社会组织日常办公所用，但同时，当有领导或团队前来考察时，也可以把青年社会组织实际办公场景呈现出来，使其对这项工作有直观和感性认识，也就是从“点”上进行展示。对于团市委来说，如果有领导或者团队来考察，有关体制机制等实践做法和经验固然可以通过“成文”材料进行介绍，但如果有“成型”的点面结合的参观场所，对于这项工作的宣传肯定会达到更好的效果。在科层体系下，无论是领导视察，抑或工作现场会，还是普通的考察团队，单纯的座谈会及相应地文字材料并不足以支撑整个行程，一个实地参观点是必不可少的。因此S市青年社会组织服务中心发挥的展示作用是一家普通的社会组织无法企及的，它可以把共青团如何通过众多服务型社会组织提升自身业务能力的过程展现出来，也可以把共青团凝聚青年社会组织加以体现。也就是说，它以物质形式展现了共青团从事这项工作的深刻内涵和显著成效。

### 2. 履行运行职能的支持型社会组织

J市是地级市，所在省大力推动党群服务中心建设。J市委组织部建立了市本级的党群服务中心。早期党群服务中心的主要功能是展示，组织部门或乡镇街道把本地区党建工作的做法、成效以平面或者动态形式陈列于党群服务中心，向上级领导或参观考察团展示。“这是党群服务中心的1.0版本。”[①] 然而，党群服务中心的本质是服务属性。1.0版本的党群服务中心在服务属性上确实有所弱化。“2.0版本的党群服务中心着重强化服务属性。这一版本的党群服务中心引入了党建服务和行政服务，通过为群众提供各类党建服务和行政办事服务实现党群服务中心的服务属性。”

问题随之而来，对于群众而言，党建服务和行政服务并非日常性的，也许是一次性的。群众对党群服务中心可能有需求，但不存在依赖性。因此，J市委组织部在设计之初，着重考虑如何增加群众对党群服务中心的日常依赖性，也就是黏性，使党群服务中心成为群众“想得到、用得着、走得进”党组织。这也催生了3.0版本的党群服务中心。3.0版本的党群服务中心围绕群众的日常生活所需打造功能模块。除了传统的展示区域，另外配备了38个功能性教室。不同的教室可以满足群众不同类型活动的需求。既包括党员活动室、党员宣誓室等，也包括厨艺教学室、幼儿托管室、美妆室、书法绘画室电脑操作室等、体育健身室等。

就J市委组织部而言，他们的需求在于，3.0版本的党群服务中心应当是有人流量的，与之相应的，需要有人负责日常运营。党群服务中

① 2017年12月，对J市委组织部同志的访谈，下同。

心的最终导向是政治建设，但其实现路径却是社会建设。“要把群众动员到我们党周围，和群众就政治谈政治已经行不通了，群众可以不理你，所以我们设想通过向群众提供他们日常所需的各种社会服务，先把人聚拢来，然后再开展政治工作”。因此，38 个功能性教室就是 J 市委组织部构想中开展社会服务的平台，也是吸引群众的物质条件。然而，38 个功能性教室只是前期硬件成果，要确保党群服务中心对群众有日常吸引力，“内容为王”。硬件本身是不会产生效果的，得需要有人合理地对其加以利用，也就是这些功能性教室得有相对专业人员入驻并使用，才能发挥它的潜在效用。

J 市委组织部面临的问题是，不可能依托自身力量运行党群服务中心。从组织部门自身定位来看，参与具体的日常运营工作既有弱化组织工作之嫌，也超出组织部门的职能边界，有可能触碰其他政府部门的工作范畴。从实际操作过程来看，日常运营所需的人力和专业性也不是组织部门日常工作人员可以满足的。组织部门日常工作安排已经非常饱满，很难抽出专门的人员运行党群服务中心。况且，把功能性教室的效用最大化也不是普通工作人员擅长的。于是，引入社会力量支撑党群服务中心的日常运营，就成为 J 市委组织部迫切的内部需求。

J 市委组织部找到市民政局，希望通过与民政局合作解决这一问题。具体的路径是，市民政局主导创建 J 市社会组织联合会，即引进一家支持型社会组织，社会组织联合会进驻党群服务中心，与其共用场地，并负责党群服务中心的日常运营。也就是说，社会组织联合会与党群服务中心独立挂牌，但合署运行。

组织部、民政局、支持型社会组织共同介入党群服务中心运营，意味着后者的出现能够契合前两者的需求。首先，支持型社会组织能够整合具有各类专长的社会组织，把党群服务中心的服务属性最大化。J 市社会组织联合会虽是一家独立的民办非企业单位（社会服务机构），但另有 20 家社会组织入驻接受孵化。这 20 家社会组织各有所长，有些擅长家政服务与培训，有些擅长儿童教育，有些擅长心理疏导，等等。借助党群服务中心的场地，这些社会组织在专业领域内从事具体工作具备基本的物质条件，不仅能够实现各自社会目标，反过来也能实现党群服务中心 38 个功能性教室的设计初衷。支持型社会组织与一般社会组织的最大差别在于，前者对后者具有整合效应。支持型社会组织是社会组织的平台，通过引入一般社会组织，对其进行孵化、培育，使之发挥各自的服务特长。对于支持型社会组织而言，服务职能就会更为立体、饱满，进而满足党群服务中心综合性的服务需求。

按照 J 市民政局的计划，社会组织联合会早就在设想之内。但民政局一直有一个担忧，建立一家社会组织联合会容易，为其找一个场地也容易，找些社会组织接受孵化也容易，难点在于，如何让接受孵化的社会组织有事可做、有做事的条件。简言之，不能让孵化工作虚化，要把孵化工作落实。把社会组织联合会植入党群服务中心，一方面从物质条件上可以对接受孵化的社会组织提供强有力的保障；另一方面可以确保接受孵化的社会组织有具体事情可以做。社会组织联合会只要能够满足组织部关于运行党群服务中心的要求，它就可以获得充足的资源保障和成长条件，获得发展的空间。

## 四　支持型社会组织的未来

支持型社会组织在全国范围内的大规模兴起让人侧目。研究这类组织生成和发展的动因，必须要将其分为自上而下和自下而上两种。本章试图描述和解释的是前一种。如果社会内在动因足以支撑支持型社会组织兴盛，那么这两种组织应该以同等速度发展。然而现实情况并非如此。本章尝试超越社会力量的内在动因进行研究，寻求社会力量生成和发展的外部动因。这个外部动因来自于国家。

本章选取两个案例用以描述支持型社会组织到底被何种力量激发。在第一个案例中，支持型社会组织的出生是为了满足共青团的宣传需求，在第二个案例中，支持型社会组织的存在是为了满足党委组织部门运行党群服务中心的需求。总体而言，由科层结构赋予母体组织的内部需求成为支持型社会组织出生和成长中的关键因素。

在中国当前的科层体系中，国家组织的内部需求往往被外部需求掩盖，但它并不会因为掩盖而消失。很多情况下，上级的政策或者指示最终被下级国家组织贯彻落实的驱动力并不是上级的政策意图，而是下级国家组织的内部需求。这些内部需求有其突出特性。其一，它是科层体系赋予国家组织的行政需求。它内在于行政架构，不会超越国家组织的边界。例如，共青团面向上级组织和领导的宣传需求是基于当前科层体系干部升迁规则产生的。其二，国家组织不适宜或者没能力通过直接行为满足这些需求。例如，党群服务中心的运营事务超越党委组织部门的职能范畴，有弱化组织定位之嫌，同时也超越其能力所及，依托现有的人力资源不足以支撑其日常工作。简言之，国家组织的内部需求有其刚性，必然需要加以实现，但也有其艰巨性，必然要通过科层体系的外部途径加以实现。

中国当下支持型社会组织是基于国家组织的行政逻辑生成和发展。国家组织通过实现外部需求以满足内部需求的过程就是行政逻辑展现的过程。国家组织凭借科层资源引进和培育支持型社会组织，其根源性动力很难说是促成社会力量的成长，而是借助社会力量的成长反向哺育国家组织的内部需求。关键点在于，支持型社会组织的生发动因主要是母体国家组织的行政逻辑。

本章依循国家视角提出行政逻辑的概念，旨在描述国家培育支持型社会组织的真正逻辑，以及当下支持型社会组织作为一股重要的社会力量对于国家的意义。国家视角重在回答的问题包括，国家期待社会满足国家的何种需求、为什么国家的需求要由社会来满足、社会存在的意义是什么等。研究中国的社会，需要警惕的是西方理论中潜在蕴含的社会能动性、社会无所不能、甚至社会中心论的倾向，反映在理论话语中则是社会及其主体自主性、独立性等。国家视角的理论源泉囊括中西，将其用于支持型社会组织研究则是对西方非营利理论话语的本土化修正。在当前中国基层国家组织的运行中，对社会力量的警惕性依旧存在，这是学术研究不容忽视的本土现实。这就意味着，除非国家的某种内部需求需经由支持型社会组织来满足，不然社会组织的成长将会面临困境。反过来说，基层国家组织对于社会力量的工具主义态度是支持型社会组织很大的发展起点。因此，针对当前的本土实际，笔者倡导用国家视角对支持型社会组织进行研究。

# 第十章　群团组织与互联网

2015 年 7 月中央党的群团工作会议上，习近平总书记指出：“工会、共青团、妇联等群团组织要下大力气开展网上工作，亮出群团组织的旗帜，发出我们的声音。”截至 2017 年 12 月，我国网民规模达 7.72 亿，普及率达到 55.8%。如果群团组织不理睬互联网，就是不理睬群众，那反过来群众更不会搭理群团组织。如果群团工作不能有效利用互联网，就是抗拒新工作方式，那群众工作的方式方法就不能创新。群团工作能不能过得了网络这一关，就意味着能不能过得了群众这一关。互联网不是群团改革的附加题，而是必答题。

当前一些研究成果对网上群团工作的现状描述和问题分析已经较为饱满。例如张晓莹和赵明明的论文较为全面地呈现了当前各地网上工会建设的成果与问题[①]。但这些研究也留下了进一步对网上群团工作进行讨论的空间。最大的空间在于，网上群团是技术问题，更是体制机制问题。网上群团存在的问题要到网下找，也就是从群团组织的体制机制入手探讨网上群团工作问题的成因。就网上群团谈网上群团不一定能找到问题的症结，更无法找到未来的发展路径。

## 一　“互联网+群团”的意义

### 1. 群众出没的地方，就应该是群团出没的地方

哪里有群众，哪里就应该有群团。群团工作的本质是群众工作，群

① 张晓莹、赵明明：《“互联网+”语境下工会服务职工的路径探析》，《中国劳动关系学院学报》2017 年第 6 期。

众工作首先得要深入群众。深入群众首先得要找到群众。过去，群众在村里，群众在社区里，群众在单位里，群众在社会组织里，群众在企业里，群众在部队里，群众在机关里，群众在学校里。群众散落在各种形态的社会空间里。互联网时代，村里的群众，社区里的群众，单位里的群众，社会组织里的群众，企业里的群众，部队里的群众，机关里的群众，学校里的群众，无一例外都会出现在网上。网络是群众集聚的地方。它是深受群众欢迎的工作和生活场所，是深得群众认同的表达和宣泄场所。

群团组织如果不覆盖互联网，就是脱离群众。群团组织如果不适应互联网，就是不熟悉群众。群团组织如果不掌握互联网规律，就是排斥群众工作的新方法。对于群团组织而言，互联网是科技进步和时代发展对群众工作提出的崭新要求，互联网是新时代下群众工作的阵地。能不能占领这块阵地，通过什么样的方式占领这块阵地，直接意味着群团群众工作的成败。互联网是群众工作新方法的萌发地。能不能创造、适应这些新方法，直接决定群团组织能否走近群众。

**2. 互联网的特长，就应该是群团吸收的优势**

互联网与群团工作是相融相通的。互联网的特长也可以成为群团组织的特长。互联网有什么特长？互动、参与、资源整合。这些特点都可以而且应该为群团组织所用。

自博客、BBS 诞生以来，中国的互联网进入了 Web2. 0。这一阶段互联网最大的特点是互动。特别是微博、微信的诞生激发了群众高密度互动的可能，提高了互动的频率。由互动产生的群体意识开始显现于各个群体。原来散落于社会各个角落的群众，因为互联网互动工具出现，开始形成交流。特别是同质性群众交流的增加，直接催生群体意识产生。

互联网是个平台，平台的主体是网民，网民的参与构成互联网平台的发展。特别是在 Web2. 0 之后，互联网已经从传统的信息传播途径演进为人与人交往的场所。人们的互动行为从面对面转向了以共同兴趣和利益为纽带的网络社交场所。在网络社交中，每个网民都是互联网发展的有效主体，每个行为都是互联网发展的有效动作。

互联网是各类资源的集聚地，但更为宝贵的资源来源于互联网本身。自互联网进入 Web3.0，群众各类行为大规模地向网络迁移。群众行为在互联网产生记录，记录的汇集演变成为可加分析和利用的大数据。大数据是互联网独一无二的资源。它一方面吸纳了各类经济和社会资源向互联网进一步靠拢；另一方面为互联网行为的开发创造了前所未有的条件。总的来说，互联网所具有的资源整合能力无可匹敌。

互联网内含的互动、参与、资源整合的特长也是新时代群团组织应当具有的优势。群团组织应当是党和群众互动的中介组织，通过群团组织，党可以有效吸纳群众的声音；通过群团组织，群众可以有效反映自己的呼声。群团组织应当是群众参与国家事业发展的中介组织，通过群团组织，群众可以在民主协商等各领域贡献自己的力量。群团组织应当是资源集聚的场所，通过群团组织，各类经济和社会资源可以形成规模效应，更好地服务群众。互联网与群团工作相结合，是群团既有工作方式的变革，更是对群团组织服务群众能力的提升。

## 二　“互联网 + 群团”的突出问题

互联网之于群团组织而言属于全新的领域。所谓新，是指行政工作的方式和原有体制机制并不完全适应互联网工作的要求。“互联网 + 群团”是群团改革的重要组成部分，改革必然面临问题，改革也会产生问题。厘清问题，就是为未来“互联网 + 群团”厘清思路。在“互联网 + 群团”工作中，共青团一马当先，工会后发制人，妇联紧紧跟上。工青妇起点不同，底子不同，思路不同，存在的问题有所相同但也有所不同。

### 1. 顶层设计

《中共中央关于加强和改进党的群团工作的意见》关于“互联网 + 群团”的总体要求是“打造网上网下相互促进、有机融合的群团工作新格局”。这实际是中央对群团组织利用互联网做好群众工作的总要求。本轮改革启动之后，群团组织对标中央要求，工青妇各自明确了网上工作的目标和要求。全国总工会印发了《全国工会网上工作纲要（2017—2020）》，分步骤明确了全国工会系统的网上工会建设的阶段性目标，分解了任务安排。中共中央、国务院印发了《中长期青年发展规划（2016—2025）》，其中，把青年网络文明发展工程作为共青团改革十大重点项目之一。全国妇联出台了《关于加强妇联系统网络及新媒体建设的指导意见》要求“力争两年内，初步建成‘网上妇女之家’”，并在《关于进一步深化改革　夯实基础更好发挥基层妇联组织作用的意见》中进一步要求“大力推进‘网上妇女之家’建设”，围绕“女性之声”建设客户端、网站、微博等终端。

尽管如此，下级群团组织在应对网上群团建设时对顶层设计的呼声仍旧很高。这主要表现在几个方面。

第一，各级群团组织迫切需要国家层面进一步明确网络职能部门的设置方法。全国总工会新设置了网络工作部。相应地，很多省份以及地市都新设立了网络工作部。但在控编的大背景下，很多省份以及地市的网络工作部类似于虚设机构。有专职工作人员，有工作经费，但没有机构编制，更没有行政级别。这就为从事网络工作的同志开展具体工作制造了一定的困难。由于没有相应级别，实际工作中只能参照相关同志原有级别。部分情况下，在面对下级群团组织指导工作时就存在很大困难。同时也在一定程度上影响部分同志工作积极性。妇联的做法有所不同。全国妇联在宣传部设立网络及新媒体工作处，作为指导推进妇联系统网络及新媒体建设的职能处室，并且组建全国妇联网络信息传播中心，作为全国妇联下属事业单位，承担全国妇联网络及新媒体建设的具体任务。

工会和妇联共通的困难在于，网络职能部门的行政级别要么低于同单位其他职能部门，要么名义上与其相同。问题在于，互联网不是群团网络工作部门独立的职能，而是群团各项既有职能向网络拓展。从一般意义上来看，网络工作部门的职能是平台搭建，相关职能部门的职能是业务开展。这就涉及网络工作部门与其他各部门的衔接与配合。只有前者的努力，没有后者的付出，网络工作的成果只会是一个平台，或曰空架子。因此，网络工作部门级别不够的问题凸显。调研中发现，有些群团组织依靠网络工作部门同志的个人能力寻求与其他部门的工作衔接，有些群团组织依靠工作机制的建立解决这一问题。但无论什么方法，背后面临的深层次问题都是体制性症结。

第二，国家层面明确网上群团功能模块形势紧迫。全国总工会在《全国工会网上工作纲要（2017—2020）》明确了网上工会建设的功能模块，例如，会员实名制数据库以及十大类功能项目。从调研情况看，地方工会往往结合地域特色和工作条件开发功能模块，差异性极为显著，区域分割和层级分割的现象较为突出。如果国家层面前期不进一步明确各功能模块是否要接入上级工会，以及如何接入上级工会，那么后期有可能形成分割固化的现象。对于县（市、区）及以下工会而言，缺乏功能模块的统一接入，不利于上级工会资源向下级工会的输入。在实际工作中，县（市、区）及以下工会迫切需要上级工会各类资源支撑，从而提高服务能力。但在上下分割的情况下，各层级网上群团基本处于独立运转状态。共青团的情况稍有不同。全国各级共青团业已建立了从上到下的"青年之声"一体化平台。上下级共青团的网络阵地可以形成相互衔接。但哪些功能模块应该无差别地放到网络平台上，功能模块如何上网，这些问题则需进一步明确。因此，地方共青团往往根据自己对网上工作的理解或结合自身的优势进行探索，全国共青团尚未形成网络工作一盘棋的局面。

### 2. 品牌建设

品牌就是生产力，品牌就是生命力。中国的企业在度过传统加工生产阶段之后，逐步开始认识到品牌对于产品质量的重要性。产品质量一方面来源于使用价值；另一方面来源于符号价值。符号也是产品质量的组织部分，甚至是很重要的组织部分。群团组织从事网络工作，品牌也是网上服务质量的组成部分。网上群团起步时间不长，但很多群团组织已经意识到品牌的重要性，但在品牌建设中还是存在一些问题。

第一，品牌整合不够。品牌是符号，符号的价值来源于稀缺。多则滥，滥则烂，缺为贵。目前群团工作实际上还是按照行政工作的逻辑推进。没有统一协调，各项职能还是独立且平行前行，相互间缺乏协同。反映在网上群团，就是各项工作各自为阵。相对较好的情况是各自有独立品牌，相对不足的情况是缺乏成熟品牌。直观的感受是，部分群团组织下辖的平台分割较为严重，一项工作就是一个平台。即便在同一群团单位内部，平台整合力度也较为不足。这直接造成品牌整合不够。这就好比爱马仕女包有独立品牌，在一个网络平台销售；女装一个独立品牌，在一个网络平台销售。

第二，品牌推广不足。群团组织虽然有质量过关的网上服务，但很多时候，群团组织疏于推广。指望群众主动找上门是不现实的。有相当数量群团组织按照政务服务网的思路从事网上群团工作。但政务服务有其独特性，它是独一无二的。所以一旦有需要，群众不得不主动找上门。但群团服务不是独一无二的，如果不主动出击，就会被淹没在“茫茫人海”中。

事实上，有相当数量群团组织的网上服务是有质量且能吸引人的，但酒香也怕巷子深。就品牌建设而言，品牌推广本身就是产品生产的一个环节。不积极从事品牌建设，就是疏于服务质量提升。在当今这个互联网年代，网页和客户端多如繁星，互联网企业纷纷大力度推广自己的网络平台。但大多数的群团组织还没有形成推广网络平台进而提升品牌价值的意识，有些还是用传统方式提升认知度，品牌意识尚未建立。

第三，品牌属性不明。网上群团品牌建设应当具有独特属性，这就是其政治性。换言之，网上群团品牌应当有其政治边界。这一政治边界反映在具体的网上服务中，就是网上群团的服务对象是工会会员、青年团员、妇女儿童。然而，当前网上群团服务对象已经超越边界，部分网上群团服务甚至成为无边界的服务，无论是不是工青妇的目标群众都可以享受。这样情况下，网上群团就被弱化成京东、亚马逊、大众点评等普通的网络平台。即便网上群团可以形成品牌，这个品牌的政治属性也很难凸显。本来群团组织可以通过网络平台的政治属性来体现其先进性，现在也无从着手了。

形成这一问题的原因主要有两方面。其一，群团电子会籍尚不完善。虽然群团组织都在推行这项工作，但电子会籍涉及会员极广，工作量极大，耗费资源巨大。在电子会籍完善之前，开展有边界的服务较为困难。其二，群团组织为完成网上群团工作部署操之过急。有的为了完成吸粉的任务，不管是不是工会会员，都可以成为粉丝，有的为了增大网站流量，不管是不是团员，都可以享受服务。这样做，从单家群团局部来看，的确完成了工作任务，但从网上群团工作整体来看，就弱化了品牌政治属性建设的力度。

### 3. “内容为王”

“内容为王”是传统媒体和互联网媒体赢得客户的理念，指的是通过真正有质量的媒体产品获取客户认同。若要试图抓住客户，媒体可以动用各种手段方法，但若要长久抓住客户，唯有掌握有吸引力的内容。网上群团通过服务吸引群众，若要真正抓住群众，服务事项和服务质量就必须有吸引力。对于群团组织而言，所谓内容为王，就是要提升服务品质。自网上群团工作开展以来，群团组织为此注入了很多服务内容，但总体来看，这些服务对群众的吸引力还有进一步提升的空间。

第一，群团组织无法帮助社会力量实现价值。“一网一端”是群团组织服务群众的网上阵地。群团组织负责搭建平台，然后引入企业、社会组织、个人等社会力量加入平台，由后者提供服务内容、实施服务项目。社会力量是趋利的，如果能从群团网上平台获取效益，那么效率机制就会促使社会力量提供更多高质量的服务，或者更多高质量的社会主体加入平台，服务质量相应也会获得提升。高质量服务的唯一前提就是效益。对于群团组织而言，有效引入社会力量就要为其实现价值。当前，从何种路径持续性地为社会力量实现价值是困扰群团组织的难题。

例如，某地级市工会在普惠性服务中引入商家为群众提供折扣商品。一家农业休闲旅游基地负责人在和工会协商后，把 30000 张价值 120 元面额的基地门票放到工会客户端中。工会的意图是，一方面借助网上平台帮助这家农业休闲旅游基地推广农业休闲旅游产品；另一方面，给工会会员及普通群众实惠。通过满足两方需求，增强工会网上平台的吸引力。然而，由于农业休闲旅游基地仍然存在内部消费，因此仅仅赠送门票对群众的吸引力并不高。

再例如，某地工会尝试和银行合作，通过银联卡推行工会电子会员卡。这一举措获得了银行的初步认可，并且银行也投入了一定的人力物力。但是随着电子会员卡的退出，银行逐步感觉到，办卡人员以中低收入人群为主。相较中高收入人群，银行借助工会电子会员卡在中低人群中推广增值服务的难度显然较大。银行觉得无利可图，因此后期积极性减小很多。

对于群团组织而言，网上服务质量高不高，就看引入的社会力量强不强，归根结底就看能不能助其实现效益。调研中发现，群团组织负责人显然具有这样的意识。但由于群团干部在长期从事行政工作中形成了根深蒂固的行政逻辑，以及刚性财务制度为群团干部树立的风险意识，使其无法按照商业逻辑和商业手段为社会力量实现价值创造条件。

第二，基层群团组织步履维艰。对于县以及乡镇等基层群团组织而言，往往无法在本区域内寻找到合适的社会力量从事服务工作。特别是在非中心城市的县（市、区）及乡镇，以及离城市较远的县（市、区）和乡镇，群团组织往往力不从心。这就在一定程度上制约基层群团组织网上服务的质量水平。

例如，某县是人口输出大户。针对这一情况，该县妇联打算在网上群团植入留守儿童帮扶教育模块。妇联主席试图寻找一家机构提供高质量的课程内容。教育系统下属的中小学对这项工作兴趣不大。于是她构想与一家民办教育机构进行合作，因此找到了县民政局。但民政局在翻遍社会组织名录之后发现，全县 400 多家社会组织，虽然教育类的不少，但能够实施这项工作的几乎没有。

调研中发现，群团组织面临的这类困境比比皆是。基层群团网上缺乏高质量的服务内容，深层次的问题应当是层级群团组织间就网上群团的职能缺乏分工。无差异地要求省级群团、市级群团、县级群团、乡镇群团在网上提供服务，有可能迫使基层群团组织以低质量的服务或形式化的服务版块应对网上群团工作要求。

## 三　“互联网+群团”的理念建构

网上群团建设的根结在网下，网下工作的基础是群团干部的互联网理念。从当前网上群团工作的实际情况来看，很大一部分问题并不是互联网技术问题，而是群团体制问题，进一步深入探究，则是群团干部应对网上群团工作的理念问题。理念限制了思路。理念的适当与否，决定了网上群团工作能走多远，决定了网上群团工作发展思路。在群团工作中引入互联网，不是单纯把互联网理念引入群团工作，也不是用原有群团工作的理念支撑网上群团工作。实践证明，这不利于网上群团工作的思路转换。而是要建构“互联网+群团”的全新理念，从而形成对这项工作的支撑。

有学者指出，“互联网思维”中的核心理念“用户至上”与中国共产党“为人民服务”理念有异曲同工之妙。前者注重以用户满不满意为标准，而中国共产党执政强调以人民满不满意为标准①。这一观点从宏观上论证了互联网和群团工作相结合的合理性。也有群团干部暗示，互联网中蕴含的交互式理念和开放式理念虽然与当下群团工作方式不匹配，但确实是未来群团工作可以引进吸收的有效精神动力②。这一观点从中观上为网上群团工作寻找了部分精神动力。这些观点都从互联网精神的不同层面汲取了网上群团工作的精神源泉。但是，当前群团工作面临的具体问题不是照搬互联网精神的整体或局部就可以解决的，而是需要从党和国家整体发展中更为细致地寻找相应的精神力量。

### 1. 大改革的责任担当精神

大改革的责任担当精神，就是要求始终秉持“抓问题就抓牛鼻子”的大局意识，从深化改革、优化体制机制的角度为网上群团工作打下坚

① 胡献忠：《变革与重构：依托互联网打造群团升级版》，《中国党政干部论坛》2016年第7期。

② 魏国华：《智慧团建：互联网思维下共青团转型发展》，《中国青年研究》2014年第5期。

实基础。

网上群团不是群团组织新增的一块工作内容，而是群团组织所有既有业务与互联网融合并延展。因此，网上群团绝不是群团组织网络工作部门的独立工作，而是群团组织各部门如何借助互联网扩大既有业务影响力和成效的工作。这就涉及群团组织体制机制中的连锁问题，有没有设立专门的网络工作部门，设立之后能否解决编制问题，如何与其他传统业务部门建立业务分工关系，分工关系通过何种机制加以保障或激励。传统群团组织内部的体制机制在网络群团工作面前将会成为梗阻，网下体制机制中的系列困境直接关系网上工作的成败。

#### 2. 大群团的整体协同精神

大群团的整体协同精神，就是要求始终秉持“天下群团是一家”的大局意识，站在所有群团、所有层级群团整体推进、协同共建的立场上谋划网上群团工作。

网上群团不是一家群团组织独立的工作，而是各家群团组织、群团各层级组织共同的业务。网上群团要的是“大”，要的是“互联互通”，要的是“规模效应”，传统群团组织在横向上形成了工青妇分立、纵向上形成了从国家到省到市到县到乡以及更为基层的组织网络。依托传统组织网络建成的网上群团只能是独立且分割的。这样的网上群团不是真正的网上群团，只是传统群团组织的网络版。

网上群团建设是“烧钱”的业务，初期平台建设需要投入大量的资金。网上群团建设也是“烧技术”的业务，业务工作需要精通互联网技术的工作人员。不是所有的群团、也不是所有层级的群团都有能力去满足这样的投入规模。通常情况来讲，共青团、妇联等资金相对短缺的群团组织很难应对网上群团建设对资金的需求。传统群团组织下培养和成长起来的工作人员也很难适应网上群团工作对技术的需求。

#### 3. 大服务的历史战略精神

大服务的历史战略精神，就是要求始终秉持“服务导向引领”的大局意识，从时代之所需、网络之所求、群团之所变的角度把互联网建设成群团吸引人、抓住人、凝聚人的主阵地。

群团组织是党联系和发动群众的阵地。新形势下，服务在，阵地在，服务失，阵地失。单位制解体后的群众需要重新找到新的服务来源。特别是在户籍对人口松绑的情况下，人们不再依附固有职业和固有居住地。群团组织能不能提供有效服务，就意味着群团组织能不能覆盖流动性人口。在政府职能日益庞大的情况下，很多党委、政府疲于提供各类服务。群团组织可以与党委、政府形成协同关系，通过服务提升其在群众中的“存在感”。对于网上群团工作而言，服务更为重要。没有服务，就没有网上群团。

习近平总书记格外重视群团组织的服务属性。在2015年中央党的群团工作会议上，他首先对群团组织的服务定性：“如果说群团组织服务党委、政府中心工作是公转的话，那么服务群众就是自转，是基本职责。”他特别要求群团组织加强服务意识，提升服务能力，挖掘服务资源。至于群团组织具体提供什么服务，他要求：“群团组织把准群众需求脉搏，实实在在搞好服务。”当然，他也提醒群团组织在提供服务的过程中：“不要种了别家的地，荒了自家的田。”

网上群团和政务服务网是一样的，都是向群众提供政务服务。但也有和政务服务网不一样的地方，它需要向群众提供社会服务。当群众需要政务服务时，不得不找你。但当群众需要社会服务时，可以找你，也可以不找你。群团组织可以提供政务服务，但不可能成为网上群团的主要业务。网上群团能不能提供社会服务、提供什么样的社会服务，将会决定群团组织能不能吸引人、抓住人，进而为凝聚人创造机会。

## 四　“互联网+群团”的未来

### 1. 平台建设

新时代网上群团平台建设的重要性再怎么强调都不为过。建设网上平台，就是新时代的组织建设。组织建设是为了覆盖群众，网上平台建设就是人口流动性与日俱增的情况下加强对群众的覆盖。

网上群团的平台建设，第一步工作是建立“一网、一端、一云”。

虽然微信公众号、微信群、微博都是开展网上群团的场所，但网页和客户端才是群团组织联系群众的门户，是互联网时代群团组织的网上阵地。不要指望群众主动走进群团组织的办公大楼，也不可能依靠群团干部的双腿走进每个群众的家门。网上群团的本质在于让网页和客户端成为群团组织和群众的联结枢纽。网页和客户端是否具有吸引力，决定群众是否会向群团组织靠拢。网页和客户端是否具有开放性，决定群众是否会在群团组织久留。网页和客户端是否具有便捷性，决定群众是否会满意群团组织的服务。网页和客户端是联结群团组织和群众的关键环节。

这其中，手机客户端重于网页。手机客户端以其便捷性和快速性成为群众随时随地、随心所欲地走进群团组织的重要门户。一个具有亲和力的手机客户端，代表着具有亲和力的群团组织。移动互联的时代，群众不再依赖 PC 端。群团组织肯定需要坚守 PC 端，但局限于 PC 端，群团组织只会丢失群众。手机客户端可以让群众时时刻刻都能找到群团组织。

云，是中国互联网进入 Web3.0 的标志。如果说 Web1.0 的标志是快速的信息传播，Web2.0 的标志是博客、BBS 以及后期的微博、微信等互联网产品催生群众之间的高频率互动，Web3.0 的标志则是大数据的形成。在 Web3.0 阶段，人的一切行为都可以从线下转移到线上。本来打车是要招手的，现在打车可以通过点击完成。本来购物是要提篮子的，现在购物需要经过购物车。线下向线上转移，人们的所有行为都会留下痕迹，这些汇聚的痕迹就成为可以对此进行分析和利用的资源。大数据的意义在于，将单个人的行为汇聚以后就变成了有价值的资源。从这层意义上来看，一张网、一个端无非是一朵云的阶段性产物。一张网和一个端可以帮助群团组织收集目标群众行为和活动的记录，而一朵云才是群团组织真正借助互联网达到分析和掌握群众动态的工具。如果群团组织不对群众活动大数据进行分析，就等于浪费了互联网之于群团组织的科技效应，就是失去 Web3.0 最重要的价值。群团组织的“网·端·云”建设，就是群团网上工作开创新局面。

数据的价值来源于大，而不是小，因而网上群团建设的平台也要大，而不是小。要建设国家、省、市、县、乡、社区及基层组织一体化的群团网络平台。国家层面的群团组织应梳理自身固有职能，开发创新职能，在网上平台建设中为所有职能设定好功能模块。功能模块建设的最佳方案是自上而下，从头开始。如果上级群团组织不从顶层搭建完整的网络平台，那么后期下级群团组织不同的网络功能模块就很难接入。工作初期可以允许并且鼓励下级群团组织结合区域特点和自身特点在不同的功能模块中形成特色，但必须要能够让这个功能特色接入上级群团组织的功能模块中。

建立自上而下一体化的网络平台，要着重从体制机制层面解决两个问题。第一，上级群团组织和下级群团组织的业务衔接关系。虽然从理论上来说，群团组织是双重管理体制，但当前群团组织主要还是接受同级党委领导为主。上下级群团组织之间实质上还是业务指导关系。因此，尽可能由国家层面群团组织，或者由省级群团组织，发起创建网上群团建设标准。下级群团组织按照统一标准开展工作。第二，理顺层级群团组织间网上群团工作的职能分工。建议国家和省级群团组织主要负责搭建网上平台，省级、市级群团组织以及有条件的县级群团组织参与网上群团服务内容建设，结合本地实际情况形成专业和特色服务板块。第三，理顺群团组织内部的网络工作部门和其他工作部门之间的关系。国家层面群团组织要尽快推动本单位内部网络工作部门定岗定编，为下级群团组织确立标尺，推动下级群团组织开展相应工作。适当提高网络工作部门在群团单位内部的地位，可仿照办公室或者组织人事的机构设置方式，让网络工作部门的负责人进入单位领导班子。网络工作不是群团单位内部一个部门的工作，而是涉及几乎所有部门的工作。从某种意义上来说，网络工作部门只是负责网络平台搭建工作，技术性问题由其解决，业务性工作还是由原有职能部门解决。因此，从体制上解决网络工作部门的地位，其实也是为群团网络工作与相关职能衔接机制的建立创造基础性条件。

探索按照党建带群建、群团共建的思路建设跨组织的群团网络平台。尝试由组织部门推动，会同工青妇等群团组织建立一体化的网络平台。网上群团工作是“烧钱烧脑”的。即便对于工会等工作经费相对比较宽裕的群团组织而言，网络工作的支出也是极其巨大的。网络工作不同于群团组织其他工作，相关同志不仅要掌握一般性的工作经验，也要有互联网工作的独特经验，既要有丰富的机关工作履历，也要熟谙技术门道。没有相关经历的一般群团干部很难胜任网络工作部门的岗位。让工青妇等群团组织在网络工作单独行动是本质上是资源浪费。尝试从体制机制入手，搭建网上党群工作领导小组，由党委分管领导担任组长，小组成员由组织部、工青妇、网信办等部门构成。在网上党建引领下建设工青妇一体化的网上平台，工青妇各自的职能模块统一植入到的这一网上平台中。

2. **电子会籍**

群团组织越来越抓不住群众，首先抓不住的是人。团员档案在，人不在；人在，团员档案不在；人在企业，工会会籍没有；工会会籍在，人不在企业了。诸如此类不胜枚举。对于群团基层组织建设而言，组织建设的覆盖面是当前面临的一大难题。要实现人在会籍在（“双在”），依靠传统的线下方式肯定是行不通了。网上群团建设，本质上意味着群团基层组织建设。在流动性人口与日俱增的情况下，把线下组织搬到线上，事关群团组织的根本。群众不理群团组织，并不是群众不需要群团组织，而是群团组织跟不上群众的步伐。群众早已在网上“玩得不亦乐乎”，群团组织还在网下故步自封。探索网上群团基层组织建设，是群团工作的时代命题。

电子会籍是网上群团基层组织建设的关键环节。网上群团基层组织不是一般的网络社区、互动群、兴趣组织。它区别于其他网络平台的关键在于实名制成员。网络的匿名属性并不属于网上群团基层组织。不仅不能匿名，反而要求组织成员个人信息向组织公开化。电子会籍着重解决群团组织和群众“互盲”的困境。在线下，群团组织抓不住群众，群众找不到群团组织。通过电子会籍，群团组织成为群众到哪里都不离开的组织。流动性是时代为群众提供的选择，群众可以离开稳定的工作单位和稳定的居住场所。线下的流动不能成为群团组织和群众“互盲”的借口。电子会籍就是让双方始终保持“在线”。线下再怎么流动，线上始终“在线”。

电子会籍是网上群团工作的基础。离开电子会籍，群团网上服务就是“乱枪打鸟”。群团组织不是党委、政府职能部门，不需要面对全体公民开展服务。它的目标群众是有边界的。网上群团服务工作要精准到位，首先要知道目标群众在哪里。不是所有上网群众都是群团组织的工作对象，不是所有上网群众都有资格享受群团服务。群团服务不是普惠性的，普惠就是弱化群团工作的政治属性，把群团组织变成党委、政府职能部门。没有电子会籍，群团组织无法精准服务，只能无的放矢，“广撒网、缓称王”。

离开电子会籍，网上群团组织建设是“浮云”，不可能建成云。网上群团建设的目标之一，是要充分利用互联网带来的大数据效应。群团大数据的前提在于“真名真姓、真人真事”。什么样的人做了什么样的事，归根结底首先还是在于到底是谁做了什么事。电子会籍解决“谁”的问题；其次才可能通过大数据寻求“什么样”的答案。离开电子会籍，虽然群团组织也可以收集和分析群众的网上行为特征，但无法精确知晓到底是“谁干的”。因此，电子会籍关系到群团组织是否能够最大程度开发和利用大数据，关系到网上群团工作的深层次效应。因此电子会籍的推进深度和推进速度，也决定了网上群团工作的实际成效。

推行电子会籍难度最大但也是最重要的是会员信息录入。第一，上级群团组织一定要抓紧明确会员信息录入的字段。会员信息录入拥有庞大工作量。多一个字段，就意味着实际工作中会增加成千上万的工作量。什么字段是必要的，什么字段是可要可不要的，什么字段是不要的，应该自上而下统一筹划。前期工作不完善，要么导致前期录入过多字段，浪费人力物力，要么导致前期录入过少字段，无法形成完整的数据库。对于国家层面的群团组织而言，要全面论证各字段形成的价值。每一个字段都应该是有其存在的价值，可以对后续工作开展形成帮助。

第二，上级群团组织要抓紧明确会员信息录入的标准和分类。标准和分类不统一，即便明确了字段，也会造成会员信息的失效。基层同志录入信息的时候会因要求不明确造成错误信息、虚假信息、过时信息、无效信息的产生。例如，针对当前职工流动性较强的现实问题，录入工会会籍需要明确时间节点。针对团员职业身份的认定，需要参照统计局统计口径的基础上，针对共青团自身的工作特点调整相应的职业分类方法。

第三，各类、各级群团组织要制定切实可行的会员信息采集工作机制。工会系统掌握相对富足的经费，要为基层工会制定具有一定激励效应的保障措施，提升电子会员信息采集的工作积极性。共青团要明确新增团员发展中电子信息录入要求。针对群团目标群众流动性较强的特点，上级群团要通过立规甚至立法的形式明确电子会员信息变更的要求和权限。

第四，要逐步加强电子会籍与其他网上群团工作的联动。电子会籍是网上群团的重要工作，但也是基础性工作。网上群团工作从根源上依赖电子会籍的普及。因此，不仅要在其他网上群团工作中发挥电子会籍的作用，使服务更精确，也要借助网上群团的其他工作推动电子会员信息收集。例如，在群团网上服务发展相对较为成熟阶段，有步骤地缩小服务覆盖面，推动群众自发录入电子会员信息。

### 3. 服务导向

网上群团工作的落脚点始终是政治建设，但网上群团工作的着力点应该是社会服务。换言之，网上群团工作应当具有鲜明的服务导向。新时代群团工作的落脚点是不能松动的。这是自建党以来我们取得的宝贵经验。但是改革开放历经四十年，面对群众就政治谈政治已经行不通了。作为政治建设组成部分的网上群团工作，需要扎实地把社会服务作为着力点、工作手段，作为群众工作的抓手。

中国共产党已经从革命党转型成了执政党，相应地，群团组织也不再是诞生初期的革命力量。群团面对的群众不再具有革命性需求。抓住群众，就是要抓住群众的需求。网上群团要抓住群众，就一定要抓住群众的需求。做服务，强服务，是网上群团能力提升的必然选择。

一网一端是群团组织直接面对群众的节点。一网一端对群众有没有吸引力取决于群团组织整合服务资源和提升服务能力的水平高低。群众对一网一端提供的服务感兴趣，自然会聚集在群团组织周围，成为群团组织的粉丝。“运动式”吸粉固然可以短时间内提升粉丝数量，但长久提升粉丝活跃度还是需要依靠一网一端服务质量提升。因此群团组织应当熟谙群众心理和群众需求，杜绝按照政务服务模式打造一网一端，而是在结合政务服务基础上花大力气加大社会服务力度。社会服务是单位制解体之后流动性人口的需求点。抓住这个需求点，就是抓住流动性人口，就是抓住群众组织的目标群众。

群团组织本质上不是互联网企业，一网一端根本上也不是一般的网络平台，弱化一网一端的政治属性绝不能成为网上群团的初衷。然而，群团组织应当具有把一网一端打造成我们党自己的大众点评、淘宝、京东、滴滴的理念和决心。互联网企业打造网络平台的宗旨无不是吸粉，或曰服务客户。吸粉对于互联网平台而言是基础性工作。离开粉丝，互联网平台就是一个自娱自乐、自我陶醉的技术产品。因此互联网公司在吸粉过程中始终是从客户心理和客户需求出发，寻求建构互联网平台强有力的吸附能力。虽然互联网公司的本质是通过吸粉实现企业效益，但吸粉是实现互联网平台强劲生产力的共同举措，任何一家互联网公司或者任何一个互联网平台都不可能缺少这一环节。对于群团组织而言，一网一端的目标不是经济效益，而是政治效益，但通过社会服务吸粉，和互联网企业的逻辑是相通的。因此群团组织应当紧紧围绕各类社会性需求，使一网一端成为群众喜闻乐见、口口相传的互联网平台。这类平台是群众真正喜欢，闻之就来、来之不走的阵地。从这层意义来讲，群团组织与互联网企业是一样的，一网一端与大众点评、淘宝、京东、滴滴是一样的。访问的群众越多，流量越大，群众工作的基础越牢固，条件越优越，后期成效越大。

习近平总书记在2015年中央党的群团工作会议上提醒群团组织：“不要种了别人的地，荒了自己的田。”要结合工青妇主责主业明确一网一端社会服务的边界。第一，公益服务。群团组织具有公益属性，又具有国家属性。群团组织从事公益事业，能够展现国家属性和社会属性相结合的优势。特别是近些年公益事业污名化、运动化的背景下，群团组织通过一网一端推动公益日常化、常态化，能够有效整合社会组织资源、社会慈善资源，有针对性地投向受助人群，为网络公益事业树立典范。群团组织一网一端成为连结社会公益资源和受助群众的公益枢纽。例如，共青团浙江省委借由浙江省青少年发展基金会发起的“青亲筹”网络公募平台，有效利用共青团组织的国家属性扫除群众对网络公益的疑虑，以常态化的方式激发社会公益捐赠热情。一方面集聚社会闲散公益资源；一方面满足全省各地基层共青团服务弱势群众的工作需求；另一方面满足困难群众的公益诉求。

第二，生活服务。2012 年，新任中共中央总书记习近平同志说：“人民对美好生活的向往就是我们奋斗的目标。”群众衣食住行医疗等生活服务的需求，随着市场经济的发展愈加显著。单位制解体以后，群众需要在市场上自主寻找服务供应商。理论上讲，每位群众都需要群团组织提供的社会服务。特别是社会中下层群众，更为期待享受到国家提供的基本生活服务保障。即便是普通群众，也迫切渴望获得价廉物美的各类生活服务。生活服务涉及群众范围之广，是任何其他种类服务都不具备的。哪里有优质的生活服务，哪里就可以聚集起群众，哪里就可以获得民心。近来，北京、杭州、金华等全国多地总工会在工会职工服务 APP 中强势植入社会服务模块，使得群众能够通过工会客户端获得衣食住行医疗等方面的大量实惠。这一举措极大地扩大了工会在职工群众中的影响力，增加了工会在职工群众中的凝聚力和向心力。

第三，职业服务。向群众提供职业技能引导和教育、妇女和青年创业培训和扶持等职业领域的服务是各家群团组织近些年来非常看中的职能。工青妇等群团组织若要在职业服务领域的工作覆盖范围由点到面、由典型到普惠、由盆景到风景，在一网一端中植入职业服务模块是必不可少的。职业是群众赖以生存的基础，网上群团围绕就业创业展开服务是群团组织针对群众根本性需求的举措。职业不稳，群众基础就不稳。职业领域也是群团组织围绕党委、政府中心工作履行职能的重要途径。我们国家已经走过了粗放型发展阶段，经济发展要有所为，有所不为。各地党委、政府往往结合本地发展实际情况制定了产业发展的侧重点。这也是群团组织职业服务的重点所在。

第四，维权服务。维权服务是群团组织的基本职能。将维权服务模块植入网上群团，就是借助互联网的优势减少群团组织开展维权服务的难度，提高维权服务的质量。它可以集中群团开展维权服务的人力资源，优化资源配置。群团组织开展维权服务需要相对专业的技术人员的支撑，专业是否扎实往往决定群团维权服务的质量。网上维权服务可以凭借最少的人力资源服务最多的群众。它可以简化维权服务流程，优化程序。通过网上维权服务，群团组织可以会同相关部门实施一站式的服务，克服了线下维权服务程序烦琐的困境，消除群众在维权工作中时常存在的畏难情绪。它可以增加维权隐秘性，优化保密工作。线下维权服务不可避免地会增加当事人曝光的概率，客观上降低了当事人维权的积极性，也增加了当事人维权的风险。网上维权服务，可以最大程度地保护当事人的隐私，使得维权工作顺利开展。

群团组织网上服务包含多个模块，但应该明确哪些是规定动作，哪些是自选动作。上级群团组织搭建网上平台时应当无差异地纳入网上服务的所有模块。对于下级群团组织而言，可以且鼓励结合本地区、本组织特点着重突出部分模块的推广应用，但是这是对于服务模块自选动作而言的。针对群团组织服务模块的规定动作，应当是所有层级群团组织自上而下无差异地推广应用。例如，工会 APP 中普惠性服务，经济发达地区或者省会中心城市的工会可以重点打造，但县级乃至乡镇工会就可以根据本地区实际情况选择性应用，但如果是维权服务模块，就应该是所有层级工会组织无一例外地重点打造，因为这是《工会法》对工会基本职责的明确要求。

#### 4. 数据应用

革命年代，群团组织为执政党提供人力和智力。建设年代，群团组织为执政党稳定社会提供支持。改革年代与互联网 Web3.0 时代相遇，这为群团组织职能创新创造了条件。Web3.0 时代互联网最大的价值在于大数据，“互联网 + 群团”最大的价值在于形成由群团组织主导开发并利用的事关执政基础的大数据，从而创造群团组织服务执政党的新职能。

群团组织与互联网的结合，首先是大数据开发。滴滴收集了人们出行的规律，淘宝收集了人们购物的规律，澎湃收集了人们阅读的规律，微信收集了人们互动的规律，PPTV 收集了人们观影的规律。这些商业软件为资方收集了公众各类行为蕴含的倾向。人们看上去个体化的行动最终都汇聚成充满规律的群体性行为。那么群众民主参与、社会需求、维权诉求、公益取向、就业创业等行为由谁来收集呢？互联网资本的商业属性决定它是趋利的，如果不能从群众行为中获取利润，那么收集群众行为是没有价值的。即便有价值，由互联网资本来从事这一工作也是具有潜在政治风险的。那么，群团组织当仁不让。数据不会自动形成。也不是所有的党委、政府都适合收集数据。如果群团组织与互联网深度结合，那么群团组织就会借由互联网成为群众各种行为取向的汇集地。在“轴心—外围”结构下，这个数据将归属中国共产党自己。哪些权利受损最严重，哪些人群参与维权，哪些人群参与公益捐赠，哪些需要渴望得到满足，哪些职业需要扶持，哪些民主途径群众最为认可，等等。上述问题都将通过群团服务成为有价值的数据，以制度化的形式及时有效地汇集到相关渠道。

其次是大数据的利用。群团组织从服务群众中获取数据，但数据本身是没有价值的。资源可以利用，但如果不利用，资源就不具有价值。群团组织通过互联网向群众提供服务，在此过程中收集到群众的行为取向。如果群团工作止步于此，那么群众行为取向只是被收集而未被分析，网上群团工作的价值只是被开发而未被利用。互联网诞生之前，执政党只能通过其他途径掌握群众行为取向，所以毛泽东同志说，没有调查就没有发言权。互联网诞生之后，调查的方式方法也要更新。群团组织可以借由网络进一步分析群众行为取向，从而为执政党深入开展群众工作、巩固执政基础提供有益的参考。

因此，“互联网＋群团”为中国共产党的群众工作提供了新“数据库”，这也将成为群团组织服务执政党的新职能。群团组织应当扮演“眼睛”和“耳朵”的角色，为执政党的群众工作提供信息支撑。

# 第十一章　群团改革的未来之路

本章是本书的结论部分。前两节主要从实践层面就群团组织未来应该如何发挥枢纽作用提出宏观思路与建议。第三节主要从理论层面倡导未来群团研究中的理论运用。将群团组织纳入政党研究的理论视角下是未来群团组织研究的可能方向。

## 一　深入推进群团改革的关键议题

深入推进群团改革，发挥群团组织枢纽型作用，要从关键议题入手。关键议题，涉及群团组织面临的关键困境。群团组织导向政治动员的功能定位是什么，群团组织的能力建设通过什么路径实现。在这一部分，本书将结论性地回答上述问题。概而言之，群团组织应当聚焦社会服务，通过社会服务抓住群众，实现政治动员；群团组织应当不断探索社会协同的各种形式，利用社会力量提高自身能力；群团组织还应正视互联网的作用，通过互联网对自身工作方式进行革新，提升工作效能。

### 1. 把社会服务作为群团组织的基本职责

*（1）历史定位：加强社会服务是群团工作的着力点和抓手*

1936 年，我们党早期工人运动领袖刘少奇同志在一篇文章中曾指出："我们的同志参加这些群众团体总不要忘记这些团体原来的目的。比如工人必须为工人的经济利益而斗争……他们对于各种团体原来的任务根本没有兴趣，忘记它，抛开它，把一切学术团体、文化教育团体、同乡会等变成单纯的政治机关……这是以后必须改正的。”[①] 实际上，刘少奇的这段话讲述的就是当时群团组织政治目标和工作手段，即“公转”和“自转”的关系。

2015 年，在中央党的群团工作会议上，习近平总书记指出：“服务党和国家工作大局是党的群团工作的主线，服务群众是群团组织的职责。群团组织既要围绕党和国家工作大局搞好‘公转’，又要聚焦服务群众搞好‘自转’。”[②] 从革命到建设到改革，中国共产党当前正处在改革再出发的阶段。中国共产党正在经历执政的关键节点。一个“公转”，一个“自转”，这是习近平总书记基于对中国共产党历史的熟谙，以对党负责、对群团负责的态度，对群团工作定位的强化。

“公转”，就是要求群团组织始终把政治工作摆在首位。群团组织是中国共产党的群众组织，是中国共产党的助手，是中国共产党从事政治建设的重要组成部分。中国共产党的群团组织自诞生以来，政治工作始终是群团工作的落脚点，是群团工作的目标。但新时代政治工作面临新形势、新情况、新要求。新，就是与群众就政治谈政治已经不适应群众工作的实际情况，归根结底是因为城市的单位和农村的人民公社已经解体。群团组织适应历史，才能适应群众工作，这就要求群团组织通过“自转”加强“公转”。就是要把社会服务作为群团组织的基本职责。基本职责就意味着，社会服务是群众工作的着力点，是政治动员的抓手。通过厚实着力点的接触面、增强抓手的稳固性，进而巩固落脚点和目标。

党的十九大在报告中提出“两个一百年”的奋斗目标，就是要求决胜全面建成小康社会时期要统筹推进“五位一体”总体布局。群团组织要牢牢地把社会服务嵌入“两个一百年”的奋斗目标和“五位一体”的总体布局。把社会服务作为群团组织的基本职责，就是要求群团组织围绕经济建设、文化建设、社会建设、生态文明建设开展社会服

---

① 中共中央文献研究室、中华全国总工会：《刘少奇论工人运动》，中央文献出版社 1988 年版，第 208 页。

② 中共中央文献研究室：《加强和改进新形势下党的群团工作》，《习近平关于社会主义政治建设论述摘编》，中央文献出版社 2017 年版，第 203 页。

务。群团组织的社会服务涵盖上述四大领域。群众经济、文化、社会、生态文明之所需，就是群团社会服务的切入点。党委、政府经济、文化、社会、生态文明之所求，就是群团具体工作的结合点。发力于经济建设、文化建设、社会建设、生态文明建设，才能见效于政治建设。

（2）时代要求：把社会服务作为群团组织的基本职责符合各方利益

把社会服务作为群团组织的基本职责，不是弱化群团组织的目标定位，而是强化群团组织的政治功能。当今时代，无论是党委、政府，还是群团自身，抑或广大群众，都迫切需要群团组织加强社会服务。做好社会服务，是社会结构变迁背景下群团组织链接党委、政府与广大群众的核心举措，是群团组织发挥枢纽作用的战略之举。

社会服务是广大群众之所需。群团工作首先要抓住群众的人，进而抓住群众的心。群团工作根本上还是要抓住群众的心，抓住群众的心，首要还是要抓住群众的人。没有人，何谈心？这就要求群团组织从群众的真正需求入手，把群众在生产和生活中的渴求作为工作的切入点。群团工作就是要让群众每当有所求、有所需的时候，能够想得到、找得到群团组织，群团组织要成为群众用得着、靠得住的组织。习近平总书记说，人民对美好生活的向往就是我们的奋斗目标。对于群团组织而言，就是要通过社会服务建立起群众对群团组织牢不可破的依赖关系。

单位制解体催生了群众在生产和生活中的内在需求。中华人民共和国成立以后，在城市实行了全行业的公私合营，国有企业和集体企业广泛建立。1958 年，全国范围内的合作社开始迈向人民公社。从此，群众的经济、政治、文化、社会生活都在单位内进行。单位作为中国社会的基层组织，也包揽了群众生产和生活中的一切需求。1982 年修订的《宪法》废除了人民公社制度，城市中的单位制也随着社会主义市场经济体制建设的深入推进开始解体。群众开始到市场上自主寻找职业，参与社会生活。自主性的生产和生活成为广大人民群众日常的基本需求。这是单位制解体赋予群团组织的时代任务。

生产力发展催生了群众在生产和生活中的多元需求。改革开放的进程也是我们国家生产力大幅度提升的过程。群众的就业空间极大拓展，群众的生活所需也被富有创造力的企业不断地深入开发。生产方式在变，生产力在变，群众的生产和生活需求也在相应地变。变，就是趋向多元。多元，是生产力释放背景下群众需求的特征。群团组织面对的群众已经不是过去的群众，因为群众的生产和生活需求已经呈现多种多样。群团组织要跟上群众的步伐，必然要跟上生产力大幅度提升的速度。这是生产力发展赋予群团组织的时代任务。

市场经济催生了群众在生产和生活中的兜底需求。市场经济是饱含竞争性的经济形态，优胜劣汰是市场经济的常态。市场经济的内在特性决定它通过市场手段可以更好地满足一部分群众需求的同时，也不可避免地无法满足另一部分相对弱势群众的需求。虽然市场经济从总体上确实普遍提升了广大人民群众的生产和生活水平，但对于弱势群众而言，随着绝对剥夺感的下降，相对剥夺感在相应提升。群团组织把群众生产和生活需求作为工作切入点，必然要把弱势群众作为工作的主要对象，必然要把他们的各类需求作为工作的主要内容。这就要求群团组织在提供社会服务的过程中，发挥兜底型的作用。这是市场经济赋予群团组织的时代任务。

社会服务是党委、政府之所求。群团工作要想党委、政府之所想，急党委、政府之所急。改革开放后，我国各级党委、政府工作的中心逻辑是发展。发展逻辑主导下的党委、政府需要通过经济增长带动区域发展。几乎对于所有地方党委、政府而言，发展并不是一个选择题，而是一个必答题。地方党政领导在位一日，就是“驾驶”党委、政府组织行驶在发展的“高速公路”上。

群团组织加强社会服务，就是保障发展之路顺畅。发展需要有社会作为保障，经济增长需要依托社会服务的支撑。离开社会事业的经济建设就是无源之水、无本之木，消极病态的社会事业很有可能是经济建设的“毒药”。在人口流动性日益增大的历史趋向下，群众在医疗卫生、教育、就业、居住等领域的社会需求与地方经济发展有着直接关系。群众是经济建设的直接参与者，群众是否能够享受到充足、优质的社会服务，直接关系到群众参与经济建设的积极性和可行性。这其中的关键，就是要加强社会服务。群团组织增强社会服务的力度，提升社会服务水平，就是加大群众对社会需求的满意度。特别是城市外来人口，他们是新城市人，无法享受到城市“土著”居民可以享受到的城市发展带来的红利，但又实实在在参与城市发展和经济发展。加强对这类流动性人口社会服务的力度，就是找准群众工作的重点目标，就是找准群众工作的关键领域。这样才能为经济建设创造良好的外部环境。

地方党委、政府忙于经济建设，并不意味着社会事业不重要，并不意味着不重视社会事业。虽然社会事业是地方党委、政府的职能领域，但在社会复杂化程度越来越高，政府规模不能相应扩大的情况下，地方党委、政府也可能会感到力不从心。简言之，地方党委、政府需要强有力的助手为社会事业添砖加瓦。新中国成立以后，经过数轮组织建设，基层群团组织的触角可以到达社会的方方面面。相较政府职能部门，群团组织在群众中开展活动的能力更强。这都是群团组织开展社会服务的有利条件。既然发展是改革的中心逻辑，就应该充分发挥组织优势和工作优势，为发展营造健康积极的外部环境。群团组织满足群众的社会需求，就是助力党委、政府的发展逻辑。

社会服务是群团组织之所能。群团组织要秉持中国特色，做群团组织力所能及的事。中国共产党的群团组织是20世纪初至20世纪中叶国际工人运动蓬勃发展的大背景下产生的。与国际上部分兄弟组织相似的地方在于，中国共产党的群团组织所指向的工人、青年等群体是与国际接轨的。然而，与国际上一部分非政治类兄弟组织有明显差异的地方在于，中国共产党的群团组织具有鲜明的政治属性，归根结底是服务于中国共产党的事业。这就意味着，群团组织的中国特色就是坚持党的领导。或者说，听从党、跟党走。

把社会服务作为群团组织的基本职责，就是坚守群团组织的中国特色，把基层群团组织从实践困局中解放出来，为群团组织松绑。要求群团组织加强社会服务，并不是让群团组织不做维权。一方面，从政策和理论上为群团组织面临维权时的潜在困境解围。群团组织可以从事维权，也可以善于维权，但群团组织不是必然要从事维权。在条件适宜的情况下，群团组织可以继续从事维权。但如果条件不适宜，政策和理论可以赋予群团组织回避维权的合法性；另一方面，加强社会服务是群团组织围绕党和群众利益结合点的合法性赋予。加强社会服务既是当前基层党委、政府对于群团组织的要求，也是广大群众对群团组织的期待。群团组织之所能，只能是党委、政府要求的，也是广大群众期待的。我国的群团组织既要秉持中国特色，也要与国际接轨，关键就是要找到利益结合点。

### 2. 把社会协同作为群团组织的工作路径

加强群团组织能力建设，关键就是社会协同。回望党史，群团组织通过社会协同提升自身能力早已有之。1931 年，刘少奇曾经在一篇文章中指出："工人阶级的组织，有政党，有工会，还有辅助组织（工人合作社、俱乐部及其他文化的、互助的工人团体）。辅助组织不能代替工会，更不能代替政党。"① 刘少奇所说的辅助组织，就是当时的社会组织，就是当时群团组织应该充分加以利用的社会力量。刘少奇在文中阐述了当时群团组织之所以要借助辅助组织增强自身工作能力的缘由。时代不同，社会环境不同，利用社会力量的缘由也不尽相同。然而，不同时代的共通之处是，群团组织始终需要社会力量，需要把社会协同作为群团组织重要的工作路径。在国家/社会的理论框架下，社会协同既是国家对群团组织的要求，也是社会对群团组织的诉求。

（1）社会协同是国家对群团组织的期待

全面深化改革总目标赋予群团组织加强社会协同的任务。党的十八届三中全会提出，全面深化改革的总目标是完善和发展中国特色社会主义制度，推进国家治理体系和治理能力现代化。两个治理现代化，事关全局、事关整体，是经济、政治、文化、社会、生态文明的现代化。在统筹推进"五位一体"总体布局的进程中，群团组织"有为才有位"，提升群团组织的组织能力，事关群团组织能够多大程度参与到"五位一体"总体布局中。可以说，对于群团组织而言，全面深化改革，就是要通过改革提升群团组织的组织能力。提升组织能力，改变群团组织的面貌，增强群团组织发动和动员广大人民群众的能力。

---

① 中共中央文献研究室、中华全国总工会：《刘少奇论工人运动》，中央文献出版社 1988 年版，第 57 页。

本轮群团改革以来，从上海、重庆等试点单位，到各个省、市群团组织，一直到基层群团组织，都尝试在组织层面贯彻落实中央对群团组织的改革部署。相应的改革举措包括专兼挂、减上补下等。不能将这些改革举措理解为，仅仅是为群团组织增加几个干部或工作人员。事实上，组织层面的改革是为群团组织增强社会协同水平提供条件和保障。通过组织层面的新动作，为社会协同创造新的路径。群团组织要实质性地提升组织能力，还是要通过社会协同，向社会要人，向社会要钱。可以说，组织层面的改革举措根本上还是为了群团组织加强社会协同提供新动力，进而提升群团组织的组织能力。

群团组织提升组织能力是为了服务群众，也要依靠群众。推进国家治理体系和治理能力现代化，必然要坚持以人民为中心。以人民为中心，就是始终秉持发展为人民、发展靠人民的宗旨。深化改革不竭动力蕴藏在群众中，蕴藏在社会中。我们党从革命年代一路成功地走来，胜利的法宝之一就是群众路线。革命年代，群团组织相较党组织离群众更接近、更亲近。改革再出发，群团组织更不能离开群众，离开群众就无法服务群众。当前已经处于全面深化改革再出发的阶段，但坚持以人民为中心仍旧是我们党继续取得成功的法宝。

（2）社会协同是社会力量对群团组织的期待

在中国国家/社会关系中，国家是激发社会力量产生的主导性力量。这意味着国家催生社会，并且决定社会的发展方向和发展进程。从实践层面来看，国家主导性也表现为，社会力量对国家组织有很强的依赖性。换言之，有相当多的社会力量期待获得国家组织各种形式的支持，以寻求自身发展。在社会内生性生长动力相对不足的情况下，群团组织作为国家组织的一种，而且与社会力量具有天然亲近感，更是社会力量谋求自我发展对之抱有较大期待的一类主体。特别是对于社会力量中的社会组织而言，过多强调其独立性与自主性，与其说是实践诉求，不如说是基于西方话语的理论诉求。本土社会组织不仅不过分追求独立性与自主性，很多情况下为了获得生存反而追求对包括群团组织在内的国家组织的依附。

当前，购买服务是群团组织履行社会协同非常重要的一种形式。但是反过来看，很多社会力量对购买服务的依赖反映其资源来源渠道相对单一。基于众多社会、文化及政策背景的限制，例如，社会捐赠氛围相对较弱，公益性捐赠税前扣除程序的不成熟，社会组织“造血”机制的薄弱，很多社会组织把购买服务作为资源来源非常重要的渠道，甚至是唯一渠道。这种情况下，作为购买方的群团组织之于社会力量的生存和发展具有决定性的意义。社会力量对群团组织抱有极大的期待。

另外，社会力量参与群团组织购买服务对其积累组织声誉具有正面作用。在我国实际环境下，社会组织与国家组织的亲密程度是其组织声誉非常重要的来源。与国家组织越是亲密，与之亲密的国家组织层级越高，社会组织的声誉度就越高。国家组织的官方形象赋予社会组织较高声誉度。因此在实践中，有相当多的社会组织试图通过寻求与各级各类国家组织合作获得组织声誉，进而谋求与其他国家组织的合作机会。从这个意义上来看，社会力量对于进入群团组织的工作范畴同样有着较大期待。

### 3. 把网上群团作为群团组织的突破方向

#### （1）网上群团就是新时代的组织建设

在群团组织近百年历程中，组织建设始终是群团工作基础性任务。为了适应从革命党到执政党的转型，也为了适应从建设时期到改革时期的时代环境，群团组织经历了数次组织转型。不论哪次转型，目的都是一样的，就是为了加强群团基层组织在群众中的覆盖面，进而增强群团基层组织的工作效能。可以说，只要群团组织存在一天，组织建设就要重视一日。放松群团基层组织建设，就是弱化群团组织的影响力。当流动性人口日益形成且规模越来越大的情况下，加强群团基层组织建设刻不容缓。

然而，固守群团实体组织建设无异于刻舟求剑。管得住档案，管不住人；管得住人，管不住心。群团实体组织的搭建模式正在与这个流动性人口迸发的社会特质格格不入。基层组织建设要加强，而且要尽快加强，但一定要创新型加强，否则不如不加强。因此，把互联网打造成群团组织的归属是新时代基层组织建设的未来方向。加强网上群团建设的首要意义就在于革新组织建设模式。

站在组织建设的高度推动网上群团，有利于群团组织重新抓住人。作为政治整合意义上的流动性人口，不是在居住地上流动，就是在工作上流动。在互联网快速发展的情况下，不管它怎么流动，都不可能流到互联网之外。对于群团组织而言，织网的过程，就是抓住人的过程。群团组织不可能不允许群众流动，那就把互联网打造成群众无论翻多少个筋斗云都飞不出的基层组织。这其中，关键是电子会籍建设。不要让纸质档案困住基层组织建设的步伐。加快推进电子会籍，进化与优化群团组织基层组织建设的模式，消除传统实体组织建设面临的根本性障碍。

站在组织建设的高度推动网上群团，有利于为群团发挥枢纽型作用打下坚实的基础。实体组织年代，群团工作要实现组织覆盖和工作覆盖的“双覆盖”。其中，组织覆盖先行，工作覆盖紧跟。组织覆盖是工作覆盖的基础，没有组织覆盖何谈工作覆盖。把群团工作搬上互联网，组织建设依旧需要先行一步。网上群团组织依旧是基础中的基础。没有组织建设，群团网上服务就会眉毛胡子一把抓，无的放矢，比如，网上普惠性服务项目，不管是不是群团目标群众，都服务一下。

因此，网上群团就是新时代的组织建设。超越组织建设谈网上群团就是不会走路学跑步，说摔就摔；就是不打地基建高楼，说倒就倒。

（2）网上群团就是新时代的组织再造

政治学、管理学、组织学中的组织再造关注行政组织、企业组织的扁平化趋势以及跨组织的整合。借用组织再造的概念，本书意指群团组织借由互联网平台实现群团纵向组织间以及群团横向组织间的整合与协同。

从国家层面的群团组织纵向往下一直到基层群团组织，相互间区隔导致上下群团组织无法形成功能上的配合。工青妇等各家群团组织在横向上缺乏制度性的联结机制，横向区隔同样存在。纵向和横向上的区隔是由群团组织所处科层体系的内卷化形成的。盲目要求打碎群团组织所处的科层体系显然不现实，但纵向和横向的组织区隔所产生的困境又必须直面。通过互联网进行群团组织再造就是一条现实路径。

通过互联网进行群团组织再造的突出意义在于，它可以在维持群团组织纵向和横向既有组织边界的情况下，实现纵向和横向的组织整合和协同。换言之，互联网的介入可以最大程度降低触动既有组织体系所需的代价，同时提升群团组织运行的效能。从一定意义上来看，互联网是个容器，它可以同时接纳层级群团组织和各类群团组织。群团组织在这个容器中既相互区分，但更重要都是可以与其他组织形成连结机制。因此，互联网空间绝不仅仅是群团组织的另一个工作空间，而是群团组织再造的场所。

基于此，对于网上群团而言，最忌讳的是群团组织关起门来自己开展互联网工作。上级群团组织不整合下级群团组织，群团组织间自管自，等等，上述工作方式实际上都是违背网上群团之于组织再造的意义。它的根源性问题在于，仅仅把互联网工作当作群团组织新增的一项工作内容，没有从群团组织改革、没有站在群团组织的发展战略的高度去理解。这类错误导向的实践表现是，在群团组织内部新增一个网络工作部门之后，没有在网络工作部门与群团传统职能部门间建立制度性机制；也没有超越单个群团组织建立制度性机制。实际上，借由互联网实现群团组织再造，是将互联网与群团既有各项职能链接，进而极大延伸既有职能范围和效能的过程。

（3）网上群团就是新时代的资源整合

互联网是资源整合的平台。互联网吸引和集聚资源，利用大数据锻造资源。利用互联网，就是进行资源整合，并有效利用资源的过程。在互联网形成过程中，资源优势已经成为线上线下差异化发展的关键之所在。人们将社交、商业、信息传播等行为从线下搬到线上，无不是希望充分利用依附互联网产生的资源。离开资源整合谈互联网，就是对互联网精髓的偏移。离开资源整合谈网上群团，就是偏离网上群团的精华。

网上群团应当成为集聚社会资源的场所。社会资源具有趋利性，但如果把社会资源集聚到群团组织的工作中来，也可以借由它的趋利性实现服务群众的目标。对于很多社会资源而言，它们渴望有合适的互联网平台对其进行整合。对于群团组织而言，可以且应当对这些社会资源加以利用。互联网是链接群团组织和社会资源的极佳媒介。它一方面满足社会资源的内在需求，同时也是做实做大做强群团组织的工作资源。特别是对于一些分散性的社会资源，群团组织的网上平台是具有相当吸引力的互联网载体。

网上群团应当成为上下级群团组织间资源整合的途径。对于基层群团组织而言，普遍存在的情况是，需要服务的群众很多，但服务群众的资源很少。对于上级群团组织而言，直接为下级群团组织注入资源不具有面上的推广可行性。借由互联网构建上下级群团组织间的协同关系，本质上就是发挥上级群团组织资源动员的优势和资源整合的能力，形成群团组织纵向上的职能分工，优化纵向组织关系。

网上群团应当打造和利用属于群团组织自己的大数据资源。信息时代，大数据就是资源。掌握大数据，就是掌握资源。由于中国互联网发展早期主要是由资本推动，相当数量的大数据都掌握在资本手中。网上群团建设可以致力于各种类型的社会服务，但社会服务远不是群团工作的终点。通过网上社会服务形成的各种大数据应当成为属于群团组织自己的宝贵资产。对这些数据的分析和运用应当成为群团组织辅助中国共产党巩固执政根基的重要途径。对于群团组织而言，第一步是要通过互联网掌握有关群众生产生活动向的大数据，第二步是要利用这些数据。

## 二　深入推进群团改革的思路转换

自中组部宣布了中央对全国妇联党组书记的人选安排决定，党的十九大之后，工青妇都已完成了主要领导的更替。这一举措确保工青妇在换届之后能够“一张蓝图绘到底、一任接着一任干”，持续深入贯彻中央对群团改革的部署。为进一步推进群团改革，需要在三个关键问题上转换思路：从“被机关化”转回群众组织、从“单打独斗”转为协同参与、从“单位群团”转向“社会群团”。

### 1. 转回群众组织

群团组织不是党委、政府部门，但按照党委、政府部门的方式进行干部安排、工作部署、考核评比、预算决算、经费审计，普遍存在“被机关化”的困扰。解决群团组织机关化的问题，要从顶层设计入手使其回归群众组织。未来，可进一步明确群团组织的“群众”属性，使其更好地回归群众、服务群众。

群团组织是党领导下的群众组织。一切不符合“群众”属性的工作方式，都应该加以摒弃。一切有利于实现“群众”属性的工作方式，都应该可以探索。给群团干部松绑，可从群团组织的“群众”属性出发，为群团组织和群团干部深入基层、走进群众创造空间和条件。

要从管理方式上为群团组织“松绑”。对群团专职干部的任命，可加强业务能力的考量，提升群团组织专业工作能力。对群团挂兼干部的选拔可以项目制为牵引，发挥挂兼干部本职工作的特长，为我所用，减少懒人庸人。对群团组织的考核和评比可与其他党政机关有所差异，充分吸纳群众意见，坚持党委领导下的群众对群团组织和群团干部的考评机制。要从组织运行上为群团组织“松绑”。对群团组织的工作部署，既要仅仅围绕党委、政府中心工作，又要始终面向群众的迫切需求和突出困难。将群团干部从各类文山会海中释放出来，使其有精力面向群众开展工作。将“十大杰出青年”等深受群众欢迎的品牌表彰项目的自主权交还给群团组织。要从经费使用上为群团组织“松绑”。建立具有适度灵活性的预算编制方式，保障群团组织既能完成党委、政府的中心工作，又能完成服务群众的具体事务。探索健全社会资金使用机制，消除群团干部的审计顾虑。

### 2. 转为协同参与

在社会复杂化程度越来越高的情况下，群团组织“单打独斗”履行职能往往使其事倍功半。想解决群团组织疲惫不堪的问题，要利用群众力量服务群众，就是要转为广泛的社会协同参与。未来，群团组织职能履行水平的高低，很大程度上由社会力量协同参与水平的高低决定。

优化制度设计，吸纳社会资金参与。群团组织可进一步强化制度设计，搭建合适的公益平台，充分吸纳社会资金参与社会服务提供，化解自身资金相对不足和绝对不足的困境。群团组织主导的慈善基金会，可以把公益资金导向党和国家的工作大局上来，也可以为社会资金提供一个安全可靠的公益渠道。既发动群众听党话、跟党走，也满足了社会的公益需求。

加强阵地建设，吸纳社会组织参与。群团组织可当进一步加强职工服务中心、工人文化宫、青少年活动中心、妇女儿童活动中心、妇女之家、调解委员会等阵地的硬件和软件建设。通过硬件建设增加群团组织的吸引力，通过软件建设强化社会组织的吸附力。一个优质的空间环境是社会组织发挥作用，提供社会服务的前提条件，也是吸引社会组织前来的诱导剂。一个顺畅的制度环境是培育与壮大社会组织，不断增强服务能力的根本保障。群团组织以阵地平台为枢纽，吸纳一批成熟的社会组织，培育一批自己担任业务主管单位的社会组织。

提升项目水平，吸纳社会人士参与。群团组织可进一步强化项目设计水平，以兼职岗位为纽带吸纳社会人士，增强群团组织的服务能力。在群团组织中选派兼职干部，不是为了增添人手数量，而是为了提升服务能力。单纯增添人手，再多人也只是提升群团组织的服务水平。可把群团组织的服务职能充分融入项目，把项目与兼职干部捆绑。借助兼职干部在本职岗位上的服务能力和社会资源，可以为群团工作添砖加瓦，实现“一个兼职干部，一群服务能手”。

### 3. 转向“社会群团”

经济社会发展的新形势决定了，依托体制内单位建立群团组织的模式已经不适可时代特质。解决群团组织的时代适应性问题，要从组织创新和资源整合入手，转向“社会群团”。“社会群团”，就是面向社会个体建群团，整合多元主体搞群团，分别解决组织和资源的问题。“社会群团”包括，“一体”，即党建带群团建，及“两翼”，即区域联建和群团共建。

党建带群团建是指，始终坚持中国共产党的领导，把群团工作纳入党建框架中。这是群团改革的根本道路，是不可动摇的方向选择。党建带群团建解决的核心问题是群团工作缺方向。群团改革，是为党更好地联系和发动群众而改，根本上是为了巩固和扩大党执政的阶级基础和群众基础。要站在党的事业的高度理解和认识群团改革。因此，可当推动党委组织部门统抓党建和群团建，形成党建带群团建的优势格局。充分发挥党委组织部门在新业态新领域党建工作中积累的制度优势和组织优势，加强非公企业和社会组织党建对群团建的引领。充分发挥党委组织部门在党建工作中形成的资源优势，把党群服务中心等载体建成群团工作的有形阵地。

区域联建是指，在产业园区、特色小镇、商圈楼宇、人才公寓等物理空间内或者同行业、互联网等虚拟空间内，建立面向同质化目标群众的跨单位群团组织。区域联建解决的核心问题是基层群团工作缺组织。新业态新领域中，组织规模相对较小，组织实力相对较弱，组织员工流动性强，呈年轻化态势，组织政治功能极端弱化。区域联建是一种适可上述特征的群团组织建立和运行方式。

可进一步制定或完善群团组织区域联建的顶层设计和制度构建，为区域联建创造充分的法律和政策依据。可创新群团建立和运行的工作程序，明确群团区域联建的牵头组织以及组织运行方式。党委组织部门或者各群团组织可制定合理的保障机制和激励机制，通过购买服务、以奖代补等形式保护基层区域性群团组织的工作积极性。加强区域性群团组织干部的培训力度，强化政治意识，提升组织管理能力。加强政治领导，避免基层区域性群团组织娱乐化和去政治化。

群团共建是指，工青妇等各家群团组织可当加强工作整合和组织整合，共同履行职能。群团共建解决的核心问题是部分群团组织缺资源。工作整合是各家群团组织在面对相同目标群众履行相近职能时，建立跨组织的工作机制，或者跨组织的工作平台，汇聚多方资源，完成具体工作。组织整合是各家群团组织或者下属事业单位面对相同目标群众履行相近职能时，合并成一体化的组织机构，实现工作目标。当前群团组织普遍面临单家力量分散、目标群众交叉、组织职能重叠的困境。群团共建可以有效维持编制规模，集聚各方资源，补齐各家短板，避免重复工作。

群团共建可由党委统一领导，分别选择条件成熟的地区和层级试点。在县一级，尝试组织整合。重新进行机构编制，试点建立群众工作部，在党委统一领导下开展工作。整合工青妇等多家群团组织的机构职能、人员编制、资金预算、办公场地、活动阵地、社会资源。在地市一级，尝试工作整合。试点建立组织间协同工作机制，在维权、服务、能力培训等多个工作领域统一开展工作。在省一级，尝试工作整合。建立枢纽型社会组织联合会、群团活动中心等统一的工作平台，共同吸纳社会力量参与，共同覆盖目标群众。

## 三　深入推进群团研究的理论呼唤

这是一个呼唤理论的时代。相较其他领域的研究，中国的群团研究更为迫切需要理论。从政党的角度对群团组织进行分析是未来群团组织研究之所在。政党社会学的分析范式可以成为群团研究的理论武器。

政党/社会关系是西方政党社会学长期热衷的分析范式。早在 1969 年，Sartori 概述性地阐释政党/社会关系不能仅仅化约为单向度的政党代表阶级和阶级利益，单向度的政党/社会关系的总体取向是前者仅仅是后者的投射。他倡导政治社会学应向政党社会学转型，这就意味着政党/社会关系还应同时关注政党如何影响社会，即双向度的学术关切[①]。

近来，有中国学者通过“反映社会”和“塑造社会”引介了西方学术界关于政党/社会关系的两条路径[②]。以社会学的经典方式概言之，到底是社会先于政党，还是政党先于社会。虽然，就连涉足其中的中外学者都一再强调两条路径的相融相通，但在政党/社会范式下，这实际上是两种截然对立的分析路径。社会先于政党，着重强调政党只是对社会结构等社会事实的被动反映，政党的行动只是对社会结构和社会事实的应对，具有鲜明的客观主义立场。政党先于社会，着重强调政党对社会结构、思想文化等社会事实的建构，使得社会事实的建构不再主体缺位，具有鲜明的主观主义立场。

事实上近十年来，国内学术界也在逐步关注政党/社会的相关议题。这一时期我们国家正在经历巨大的社会变迁，无论是经济形态、社会结

---

① Sartori, Giovanni. From the Sociology of Politics to Political Sociology: Government and Opposition, 1969, Vol. 4, No. 2, pp. 195 - 214.

② 张跃然：《反映社会还是塑造社会？——国外社会学讨论“政党—社会关系”的两条路径》，《社会学研究》2018 年第 3 期。

构、精神文化各方面都处于急剧转型之中。概言之，政党的社会基础发生巨大的变化，以致政党不得不面临“代表性断裂”① 的困局。政党研究相应关注的核心问题是作为执政党的中国共产党如何加强自身调适以适应社会矛盾频发②、公共服务供给不足的社会治理现状③以及新领域新阶层兴起等社会既有现实。换言之，主流观点还是采用社会先于政党的路径。这一路径的潜在假设是，社会条件既定的情况下，政党如何通过自身革新以适应外部环境，进而巩固执政合法性。至于中国共产党如何进行自身革新，大致可分为两个相互独立但又不可分割方向。其一，政党应当加强组织结构④的调整。一方面是要加强城市⑤和农村基层党组织的建设，增强中国共产党基层组织的触角，提升执政党应对日益复杂的社会环境的能力；另一方面是要在非公有制经济和社会组织领域加强党组织建设⑥，重点是探索体制外组织和体制外社会成员参与党建工作的动力⑦。其二，政党应当推动组织要素的调整。一方面，政党应当就自身功能进行调整⑧，从管控型政党转向服务型政党⑨，特别是加强公共服务以应对民生问题的能力⑩。另一方面，政党应当加强意识

① 汪晖：《代表性断裂与“后政党政治”》，《开放时代》2014 年第 2 期。

② 赖海榕：《我国执政党建设面临的挑战与机遇——柏林“政党转型的机遇与挑战”国际会议综述》，《经济社会体制比较》2007 年第 4 期。

③ 谢忠文：《当代中国社会治理的政党在场与嵌入路径——一项政党与社会关系调适的研究》，《西南大学学报》（社会科学版）2015 年第 4 期。

④ 周建勇：《中国共产党转型研究：政党—社会关系视角》，《上海行政学院学报》2011 年第 4 期。

⑤ 张汉：《城市基层党组织调适的策略与结构——一个组织研究的视角》，《复旦政治学评论》2017 年第 1 期。

⑥ 张汉；《政党调适理论视野中的城市商圈党建：理论脉络与研究议题》，《中共浙江省委党校学报》2016 年第 3 期。

⑦ 葛亮：《制度环境与社会组织党建的动力机制研究——以 Z 市雪菜饼协会为个案》，《社会主义研究》2018 年第 1 期。

⑧ 孙柏瑛、蔡磊：《十年来基层社会治理中党组织的行动路线——基于多案例的比较分析》，《中国行政管理》2014 年第 8 期。

⑨ 齐卫平、姜裕富：《服务型政党建设与党的组织功能创新——基于政党功能的政治学分析》，《河南师范大学学报》（哲学社会科学版）2013 年第 6 期。

⑩ 孙柏瑛、蔡磊：《十年来基层社会治理中党组织的行动路线——基于多案例的比较分析》，《中国行政管理》2014 年第 8 期。

形态[①]的包容性，以容纳体制外社会成员。

这一分析路径内含社会先于政党的假设，也把政党的能动性蕴含其中，但它存在的根本性问题是，政党的能动性被局限于社会基础的框架内。换言之，现代政党作为政治生活中举足轻重的主体可以发挥的建构作用在这一分析路径下被缩小了。政党只能调适自身，而不能建构社会，这显然不利于对众多群团经验的解释。

因此有众多学者在中国共产党与群众的关系问题上尝试政党塑造社会的分析路径。在他们看来，时代转型背景下，中国共产党应当适时建构"群众"基础。因为政治意义上的群众不是自然形成的，政党和群众也不仅仅是单向的代表和被代表关系。反之，政党和群众是相互塑造关系，进而，群众路线是一种政治主体性的创生过程[②]。还有学者进一步认为，当下"群众"基础可以通过制度/实践和理念/价值两条路径建构而来，借用拉克劳的话语，就是将"多元断裂点上零碎的个体凝聚成共同的表面"，因为，群众作为一种政治共同体，"是挺过经济与社会危机而不至土崩瓦解的最根本力量"[③]。简言之，他们回答的问题是，群众是执政党的社会基础，执政党不仅可以而且应当建构社会。

在中国共产党与群众关系的研究中，在革命、建设、改革的不同年代如何发动群众是学界始终关注的热点。社会动员、政治动员等学术概念也是政党塑造社会理论分析路径下的常用概念。虽然已有学者指出不能混用社会动员和政治动员，但也没有明确辨析这两个概念到底是否具有差异[④]。从学术界主流研究成果来看，在对社会动员和政治动员的研究中，主要涉及对象是相同的，就是中国共产党及其科层组织架构和群众；主要涉及的范畴是相通的，就是前者如何将后两者进行整合；主要

① 周建勇：《中国共产党转型研究：政党—社会关系视角》，《上海行政学院学报》2011年第4期。

② 汪晖：《代表性断裂与"后政党政治"》，《开放时代》2014年第2期。

③ 吴冠军：《重新激活"群众路线"的两个关键问题：为什么与如何》，《政治学研究》2016年第6期。

④ 赵智、王兆良：《从"运动"到"活动"：中国共产党政治动员研究的新范式》，《山东社会科学》2012年第6期。

关切的议题是内在一致的，就是动员的机制。因此，笔者从政治整合的意义上采用社会动员的提法。

在对中国共产党社会动员的研究中，对社会动员机制的研究是最为主流的。其分析过程往往是将中国共产党在中华人民共和国成立以后逐渐完备的科层体系纳入，以之作为参照系。一种研究视角是将社会动员视作中国共产党掌控搭建的科层组织体系之外的独立整合方式。例如，李斌的研究认为意识形态无论在革命前还是革命后都是中国共产党实施政治动员的关键机制，而政治动员又是与科层体制并行的权力技术①。然而大部分研究都是从科层体系及其附属的基层组织体系内部去研究政党动员社会的机制。例如，有学者认为改革前的单位社会结构及其掌控的资源体系是传统社会动员的机制②。有学者从科层架构内的权力文化网络以及我国的压力型体制切入研究政治动员的机制③。有学者以解放后上海的居委会为例，研究中国共产党如何在科层体制下加挂基层组织体系以实现对群众的政治动员④。概而言之，全能主义的组织体系对于中国共产党在改革前的社会动员至关重要且行之有效。

将政党社会学中政党/社会的分析范式用于未来群团研究是具有吸引力的。它的理论魅力在于，可以在宏观层面和中观层面回答中国群团组织在面对群众时的职能和定位问题。具体说来，以下问题是未来群团研究可以重点观照的。

第一，运用历史的视角对群团组织进行纵向的比较。在政党型塑社会的路径下，群团组织可以发挥社会动员的功能。那么，作为革命党附属组织的中国群团和作为执政党附属组织的群团发挥的作用有何不同？换句话说，伴随科层体系逐渐完善的历史趋势，群团组织逐渐被纳入的科层体系中，国家科层组织日趋成熟，此时的群团组织突出意义何在？

---

① 李斌：《政治动员及其历史嬗变：权力技术的视角》，《南京社会科学》2009年第11期。

② 周庆智：《传统社会动员机制面临的挑战与应对》，《国家治理》2015年第31期。

③ 孔繁斌：《全能体制下的政策过程：政治动员视角的解释》，《湖湘论坛》2009年第5期。

④ 张济顺：《上海里弄：基层政治动员与国家社会一体化走向（1950—1955）》，《中国社会科学》2004年第2期。

特别是，改革后的社会动员较之前更为突出的目标是（基层）政治参与[①]，并由此对制度化、法治化参与路径以及共享价值和共享利益的关注[②]。群团组织又如何导向这一社会动员的目标？

第二，运用组织的视角对执政党组织和政府组织与群团组织进行横向的比较。群团组织不是政党组织，也不是政府组织，但同处科层架构之下。中华人民共和国成立后的组织同构使得群团组织与政党组织和政府组织在结构、运作等方面趋同。那么，从政治整合和社会动员的角度看，群团组织与这些组织的差异何在。

第三，运用国别的视角对中国的群团组织与海外的群团组织进行横向的比较。事实上，对于众多海外工会、青年组织而言，辅助政党履行功能同样是其核心使命。但由于中西政党体制不同，对群团组织而言最大的差异在于，众多海外群团组织的核心使命是辅助政党在选举中获取选民的选票，进而获得执政地位。在政党/社会的分析范式下，一方面，政党的社会动员的确在一部分群众中实现了社会整合；但另一方面也促成了整体社会的社会分裂（Cleavage）。中国共产党是社会动员显然与之有差别。那么，中国群团组织的社会动员的特点何在。这是一个具有中国特色的研究问题，也是在全球化进程中确立中国群团话语权的过程。

① 徐勇：《社会动员、自主参与与政治整合——中国基层民主政治发展60年研究》，《社会科学战线》2009年第6期。

② 周庆智：《社会动员与政治参与——现代国家建构的视角》，《江苏师范大学学报》（哲学社会科学版）2015年第1期。

# 参考文献


**著作**

［1］ Perri 6. *Holistic Government*. Demos. 1997.

［2］ Perry etc. *Towards Holistic Governance*: *The New Reform Agenda*, Palgrave. 2002.

［3］ 陈明明等:《中国民主的制度结构: 复旦政治学评论》, 上海人民出版社 2008 年版。

［4］ 褚松燕:《在国家和社会之间: 中国政治社会团体功能研究》, 国家行政学院出版社 2014 年版。

［5］ 邓中夏:《中国职工运动简史 (1919—1926)》, 人民出版社 1953 年版。

［6］ 戈丹:《何谓治理》, 社会科学文献出版社 2010 年版

［7］［美］戈德史密斯、埃格斯:《网络化治理: 公共部门的新形态》, 孙迎春译, 北京大学出版社 2008 年版。

［8］ 罗西瑙:《没有政府的治理》, 江西人民出版社 2001 年版。

［9］ 林登:《无缝隙政府: 公共部门再造指南》, 中国人民大学出版社 2013 年版。

［10］ 马超俊:《中国劳工运动史》, 商务印书馆 1942 年版。

［11］《毛泽东文集》(第六卷), 人民出版社 1996 年版。

［12］ 舍恩伯格、库克耶:《大数据时代》, 浙江人民出版社 2013 年版。

［13］ 中共中央文献研究室:《习近平关于社会主义政治建设论述摘编》, 中央文献出版社 2017 年版。

［14］中共中央文献研究室、中华全国总工会：《刘少奇论工人运动》，中央文献出版社 1988 年版。

［15］中华全国总工会：《中共中央关于工人运动文件选编（上）》，档案出版社 1985 年版。

［16］朱力等：《现阶段我国社会矛盾演变趋势、特征及对策》，中国社会科学出版社 2018 年版。

**期刊**

［1］Anita Chan. Revolution or Corporatism? Workers and Trade Unions in Post－Mao China：*The Australian Journal of Chinese Affairs*. 1993（29）：31－61.

［2］Giovanni Sartori. From the Sociology of Politics to Political Sociology：*Government and Opposition*. 1969（4）No. 2：195－214.

［3］Gordon White. Chinese Trade Unions in the Transition from Socialism：Toward Corporatism or Civil Society，*British Journal of Industrial Relations*. 1996（34）No. 3：433－457.

［4］Christensen，Laegreid.《后新公共管理改革——作为一种新趋势的整体性政府》，《中国行政管理》，2006（9）。

［5］布成良：《论人民团体在我国协商民主中的属性和内容》，《中共天津市委党校学报》，2014（6）。

［6］蔡金荣：《走向独立社团：中国工会发展之进路选择》，《行政法学研究》，2009（3）。

［7］曹正汉：《中国上下分治的治理体制及其稳定机制》，《社会学研究》，2011（1）。

［8］柴宝勇：《论政党认同的含义及其要素》，《探索》，2009（1）。

［9］常成：《三方机制与集体争议处理》，《中国劳动关系学院学报》，2013（5）。

［10］常凯：《政治体制改革中工会与党和政府的关系》，《科学社会主义》，1988（1）。

［11］陈家建：《项目制与基层政府动员——对社会管理项目化运作的社会学考察》，《中国社会科学》，2013（2）。

［12］陈姣姣：《工会去行政化与枢纽型社会组织建设》，《工会理论研究》，2014（6）。

［13］陈天祥、应优优：《甄别性吸纳：中国国家与社会关系的新常态》，《中山大学学报》（社会科学版），2018（2）。

［14］陈晓运：《群团组织、竞合式镶嵌与统合主义的运作》，《青年研究》，2015（6）。

［15］程勉中：《区域化党建的组织网络架构思路——基于苏南区域实践的视角》，《学习与实践》，2013（7）。

［16］褚松燕：《政治社会团体之法团主义分析框架评析》，《国家行政学院学报》，2010（5）。

［17］褚松燕：《政治社会团体涵义辨析：概念比较》，《上海行政学院学报》，2011（3）。

［18］丁惠平：《支持型社会组织的分类与比较研究——从结构与行动的角度看》，《学术研究》，2017（2）。

［19］丁惠平：《市场化、全球化与网络化——当代中国社会组织变迁的影响机制及内在逻辑》，《吉林大学社会科学学报》，2017（6）。

［20］甘峰：《社会企业与社会协同治理》，《中国特色社会主义研究》，2014（3）。

［21］葛亮：《制度环境与社会组织党建的动力机制研究——以 Z 市雪菜饼协会为个案》，《社会主义研究》，2018（1）。

［22］葛亮、朱力：《非制度性依赖：中国支持型社会组织与政府关系探索》，《学习与实践》，2012（12）。

［23］葛亮、朱力：《中国社会组织研究的范式选择——基于美国范式和欧洲范式的比较分析》，《学习与实践》，2013（6）。

［24］管兵：《竞争性与反向嵌入性：政府购买服务与社会组织发展》，《公共管理学报》，2015（3）。

［25］胡恩华等：《中国工会与劳资关系调节职能——基于 1853 篇工会实践报道的研究》，《经济管理》，2016（11）。

［26］胡伟：《如何推进我国的国家治理现代化》，《探索与争鸣》，2014（7）。

［27］胡献忠：《国家与社会关系框架下共青团功能的实现》，《中国青年研究》，2010（2）。

［28］胡献忠：《共青团职能历史演进与拓展的文本分析》，《中国青年社会科学》，2015（5）。

［29］胡献忠：《变革与重构：依托互联网打造群团升级版》，《中国党政干部论坛》，2016（7）。

［30］华莉莉、张恽：《青年工作联席会议机制的构建——以上海实践为例》，《中国青年研究》，2017（9）。

［31］黄晓春、周黎安：《政府治理机制转型与社会组织发展》，《中国社会科学》，2017（11）。

［32］纪莺莺：《治理取向与制度环境：近期社会组织研究的国家中心转向》，《浙江学刊》，2016（3）。

［33］焦连志、桑玉成：《“回归社会”：非公经济组织党建的理念变革与创新》，《理论探讨》，2015（5）。

［34］康晓强：《群众团体与人民团体、社会团体》，《社会主义研究》，2016（1）。

［35］康晓强：《国内学术界关于中国共青团职能研究述评》，《科学社会主义》，2016（3）。

［36］孔繁斌：《全能体制下的政策过程：政治动员视角的解释》，《湖湘论坛》，2009（5）。

［37］郎晓波：《社会治理视野下的工会转型与政府角色研究——以浙江省 YW 市工会维权模式为个案》，《北京行政学院学报》，2008（6）。

［38］赖海榕：《我国执政党建设面临的挑战与机遇——柏林“政党转型的机遇与挑战”国际会议综述》，《经济社会体制比较》，2007（4）。

［39］李斌：《政治动员及其历史嬗变：权力技术的视角》，《南京社会科学》，2009（11）。

［40］李汉卿：《协同治理理论探析》，《理论月刊》，2014（1）。

［41］李贺平：《非正规就业群体权益保护中行业工会的作用研究》，《吉林大学社会科学学报》，2012（2）。

［42］李鸿：《非公企业工会的社会化是劳资关系协调的关键》，《理论探讨》，2011（4）。

［43］李力东：《国内外学术界关于中国工会功能的研究述评》，《政治学研究》，2012（5）。

［44］李力东：《改革开放以来中国工会维护职能的演进路径》，《中国劳动关系学院学报》，2015（5）。

［45］李培林：《我国社会组织体制的改革和未来》，《社会》，2013（3）。

［46］李荣娟、田仕兵：《整体性治理视角下的大部制改革完善探析》，《社会主义研究》，2011（3）。

［47］梁丽萍：《当代中国政治社团发展状况研究》，《当代世界与社会主义》，2009（2）。

［48］刘泰洪：《法团主义视角下的劳资冲突治理》，《中国特色社会主义研究》，2009（6）。

［49］龙宁丽：《准政府身份：工会工资集体协商的"罪与罚"？——基于浙江温岭的个案研究》，《黑龙江社会科学》，2013（4）。

［50］吕景春：《和谐劳动关系的"合作因素"及其实现机制——基于"合作主义"的视角》，《南京社会科学》，2007（9）。

［51］马雪松：《结构、资源、主体：基本公共服务协同治理》，《中国行政管理》，2016（7）。

［52］彭勃、邵春霞：《组织嵌入与功能调适：执政党基层组织研究》，《上海行政学院学报》，2012（2）。

［53］齐卫平、姜裕富：《服务型政党建设与党的组织功能创新——基于政党功能的政治学分析》，《河南师范大学学报》（哲学社会科学版），2013（6）。

［54］冉冉：《"压力型体制"下的政治激励与地方环境治理》，《经济社会体制比较》，2013（3）。

［55］邵静野、来丽梅：《社会治理体制创新中社会协同机制的构建》，《东北师大学报》，2014（1）。

［56］沈荣华、鹿斌：《制度建构：枢纽型社会组织的行动逻辑》，《中国行政管理》，2014（10）。

［57］史普原、李晨行：《派生型组织：对中国国家与社会关系形态的组织分析》，《社会学研究》，2018（4）。

［58］史献芝、赵天娥：《政党认同的生成机制：解析与建构》，《探索》，2011（5）。

［59］舒绍福、盛炜：《共青团组织参与政府购买服务：实践探索与未来推进》，《中国青年研究》，2016（5）。

［60］宋道雷：《国家与社会之间：工会双重治理机制研究》，《上海大学学报》，2017（3）。

［61］宋道雷：《共生型国家社会关系：社会治理中的政社互动视角研究》，《马克思主义与现实》，2018（3）。

［62］孙柏瑛、蔡磊：《十年来基层社会治理中党组织的行动路线——基于多案例的比较分析》，《中国行政管理》，2014（8）。

［63］孙晋：《建设枢纽型社会组织：中国工会改革发展的重大机遇和挑战》，《中国劳动关系学院学报》，2015（5）.

［64］唐睿：《“两新”组织党建“构筑利益推动点中获取认同”机制分析——基于对浦东新区四个国家级开发区基层党组织的调查》，《社会科学》，2011（7）。

［65］唐文玉：《行政吸纳服务——中国大陆国家与社会关系的一种新诠释》，《公共管理学报》，2010（1）。

［66］唐文玉：《区域化党建与执政党对社会的有机整合》，《中共中央党校学报》，2012（1）。

［67］唐文玉：《从“工具主义”到“合作治理——政府支持社会组织发展的模式转型”》，《学习与实践》，2016（9）。

［68］田丰韶：《从体制区隔走向协同治理：兰考精准脱贫的实践与思考》，《中国农业大学学报》（社会科学版），2017（5）。

［69］汪晖：《代表性断裂与“后政党政治”》，《开放时代》，2014

（2）。

［70］汪锦军：《合作治理的构建：政府与社会良性互动的生成机制》，《政治学研究》，2015（4）。

［71］汪仕凯：《从国家——社会分析框架到政治社会理论：再论现代国家的政治基础》，《社会主义研究》，2018（3）。

［72］汪新蓉：《“权利”时代我国工会职能的拓展于完善——以国家治理现代化为分析视角》，《社会主义研究》，2014（6）。

［73］王向民：《工人成熟与社会法团主义：中国工会的转型研究》，《经济社会体制比较》，2008（4）。

［74］王向民：《利益协调与社团整合：将工会建设成枢纽性社会组织的运行机制》，《工会理论研究》，2013（4）。

［75］魏国华：《智慧团建：互联网思维下共青团转型发展》，《中国青年研究》，2014（5）。

［76］闻效仪：《集体谈判的内部国家机制以温岭羊毛衫行业工价集体谈判为例》，《社会》，2011（1）。

［77］吴冠军：《重新激活“群众路线”的两个关键问题：为什么与如何》，《政治学研究》，2016（6）。

［78］吴建平：《理解法团主义——兼论其在中国国家与社会关系研究中的适用性》，《社会学研究》，2012（1）。

［79］吴建平：《地方工会“借力”运作的过程、条件与局限》，《社会学研究》，2017（2）。

［80］谢玉华、何包钢：《基于新自由主义与社团主义的工会功能分析：以沃尔玛工会为例》，《浙江社会科学》，2013（7）。

［81］谢忠文：《当代中国社会治理的政党在场与嵌入路径——一项政党与社会关系调适的研究》，《西南大学学报》（社会科学版），2015（4）。

［82］徐双敏、张景平：《枢纽型社会组织参与政府购买服务的逻辑与路径——以共青团组织为例》，《中国行政管理》，2014（7）。

［83］徐嫣、宋世明：《协同治理理论在中国的具体适用研究》，《天津社会科学》，2016（2）。

[84] 徐盈艳、黎熙元：《浮动控制与分层嵌入——服务外包下的政社关系调整机制分析》，《社会学研究》，2018（2）。

[85] 徐勇：《社会动员、自主参与与政治整合——中国基层民主政治发展60年研究》，《社会科学战线》，2009（6）。

[86] 许晓军、吴清军：《对中国工会性质特征与核心职能的学术辨析——基于国家体制框架内工会社会行为的视角》，《人文杂志》，2011（5）。

[87] 薛美琴、马超峰：《人民团体的独立性与治理转型》，《学习与实践》，2016（11）。

[88] 严国萍、任泽涛：《论社会管理体制中的社会协同》，《中国行政管理》，2013（4）。

[89] 闫亭豫：《国外协同治理研究及对我国的启示》，《江西社会科学》，2015（7）。

[90] 杨冬梅：《论完善政府与工会联席会议制度》，《学术探索》，2014（11）。

[91] 杨雪冬：《压力型体制：一个概念的简明史》，《社会科学》，2012（11）。

[92] 俞可平：《治理和善治引论》，《马克思主义与现实》，1999（5）。

[93] 郁建兴、任泽涛：《当代中国社会建设中的协同治理——一个分析框架》，《学术月刊》，2012（8）。

[94] 郁建兴、沈永东：《调适性合作：十八大以来中国政府与社会组织关系的策略性变革》，《政治学研究》，2017（3）。

[95] 岳经纶、陈泳欣：《社会管理创新与“枢纽型”社会组织的打造——以广东省总工会为例》，《黑龙江社会科学》2013（4）。

[96] 詹轶：《社会组织治理中“同心圆”架构及其“委托—代理”关系——基于S市枢纽组织的研究》，《公共管理学报》，2018（3）。

[97] 张汉：《政党调适理论视野中的城市商圈党建：理论脉络与研究议题》，《中共浙江省委党校学报》，2016（3）。

[98] 张汉：《城市基层党组织调适的策略与结构——一个组织研究的视角》，《复旦政治学评论》，2017（1）。

[99] 张汉：《“社会中的政党”与“政党中的社会”：政党社会学的历史传统与研究路径》，《经济社会体制比较》，2017（4）。

[100] 张华：《和谐社会视野下共青团的职能定位》，《中国青年研究》，2008（4）。

[101] 张华：《共青团群团职能论纲》，《北京青年政治学院学报》，2013（1）。

[102] 张济顺：《上海里弄：基层政治动员与国家社会一体化走向（1950—1955）》，《中国社会科学》，2004（2）。

[103] 张紧跟：《从结构论争到行动分析：海外中国 NGO 研究述评》，《社会》，2012（3）。

[104] 张静：《“法团主义”模式下的工会角色》，《工会理论与实践》，2001（1）。

[105] 张莉：《社会学视角下共青团职能的理论视角与类型分析——共青团职能研究回顾与前瞻》，《中国青年研究》，2018（5）。

[106] 张立驰、邓希泉：《试论共青团区域化组织格局的生成与架构》，《中国青年研究》，2014（6）。

[107] 张晓莹、赵明明：《“互联网＋”语境下工会服务职工的路径探析》，《中国劳动关系学院学报》，2017（6）。

[108] 张跃然：《反映社会还是塑造社会？——国外社会学讨论“政党—社会关系”的两条路径》，《社会学研究》，2018（3）。

[109] 张云昊：《基于国家治理体系的共青团社会职能创新及其实现路径》，《中国青年研究》，2015（5）。

[110] 张振波：《论协同治理的生成逻辑与建构路径》，《中国行政管理》，2015（1）。

[111] 赵刚印：《“两新”组织党建的战略新思维》，《中共中央党校学报》，2014（1）。

[112] 赵沛、赵天舒：《市场经济条件下中国工会转型探析》，《河南师范大学学报》，2011（6）。

［113］赵智、王兆良：《从“运动”到“活动”：中国共产党政治动员研究的新范式》，《山东社会科学》，2012（6）。

［114］郑巧、肖文涛：《协同治理：服务型政府的治道逻辑》，《中国行政管理》，2008（7）。

［115］周建勇：《中国共产党转型研究：政党—社会关系视角》，《上海行政学院学报》，2011（4）。

［116］周庆智：《社会动员与政治参与——现代国家建构的视角》，《江苏师范大学学报》（哲学社会科学版），2015（1）。

［117］周庆智：《传统社会动员机制面临的挑战与应对》，《国家治理》，2015（31）。

［118］周晓红：《文化反哺：变迁社会中的亲子传承》，《社会学研究》，2000（2）。

［119］周雪光：《西方社会学关于中国组织与制度变迁研究状况述评》，《社会学研究》，1999（4）。

［120］朱健刚、陈安娜：《嵌入中的专业社会工作与街区权力关系——对一个政府购买服务项目的个案分析》，《社会学研究》，2013（1）。

［121］朱力、葛亮：《社会协同：社会管理的重大创新》，《社会科学研究》，2013（5）。

［122］竺乾威：《从新公共管理到整体性治理》，《中国行政管理》，2008（10）。